Nantes
1905

Closmadeuc, G. de

Archives de Bretagne

Les relations du pouvoir central et de la province de Brretagne

Tome 14

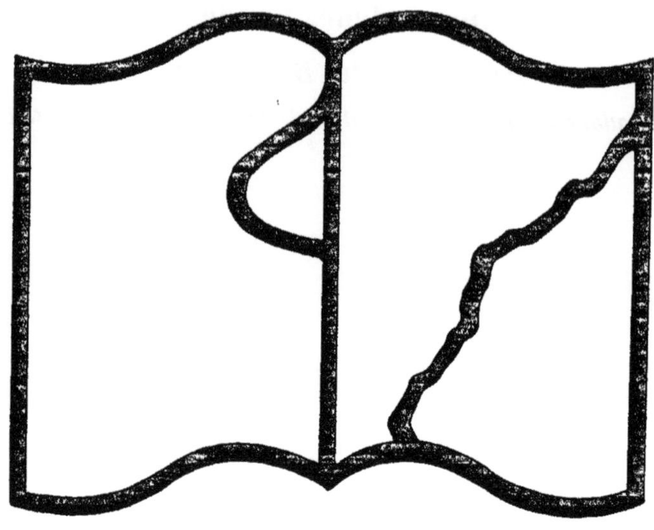

Symbole applicable
pour tout, ou partie
des documents microfilmés

Texte détérioré — reliure défectueuse

NF Z 43-120-11

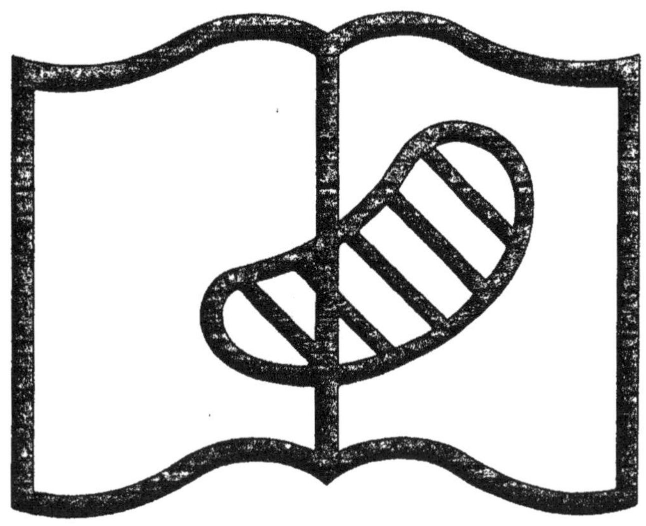

Symbole applicable
pour tout, ou partie
des documents microfilmés

Original illisible

NF Z 43-120-10

ARCHIVES
DE BRETAGNE

RECUEIL D'ACTES, DE CHRONIQUES

ET DE DOCUMENTS HISTORIQUES RARES OU INÉDITS

PUBLIÉ

PAR

LA SOCIÉTÉ DES BIBLIOPHILES BRETONS

ET DE L'HISTOIRE DE BRETAGNE

TOME XIV

LES

RELATIONS DU POUVOIR CENTRAL

ET DE LA PROVINCE DE BRETAGNE

DANS LA SECONDE MOITIÉ DU RÈGNE DE LOUIS XIV

Correspondance des Contrôleurs généraux avec la Province de Bretagne, 1689-1715

SOCIÉTÉ DES BIBLIOPHILES BRETONS

ET DE L'HISTOIRE DE BRETAGNE

MCMVII

ARCHIVES

DE BRETAGNE

Le tome XIV des ARCHIVES DE BRETAGNE (*Les Relations du Pouvoir central et de la Province de Bretagne dans la seconde moitié du règne de Louis XIV, Correspondance des Contrôleurs généraux avec la Province de Bretagne, 1689-1715*), a été tiré à 170 exemplaires in-4°, sur papier vélin alfa de luxe, pour les membres de la *Société des Bibliophiles Bretons*, et à 40 exemplaires in-4°, sur papier vélin ordinaire, pour être mis en vente.

ARCHIVES
DE BRETAGNE

RECUEIL D'ACTES, DE CHRONIQUES
ET DE DOCUMENTS HISTORIQUES RARES OU INÉDITS

PUBLIÉ

PAR

LA SOCIÉTÉ DES BIBLIOPHILES BRETONS
ET DE L'HISTOIRE DE BRETAGNE

TOME XIV

LES

RELATIONS DU POUVOIR CENTRAL
ET DE LA PROVINCE DE BRETAGNE
DANS LA SECONDE MOITIÉ DU RÈGNE DE LOUIS XIV

Correspondance des Contrôleurs généraux avec la Province de Bretagne, 1689-1715

SOCIÉTÉ DES BIBLIOPHILES BRETONS
ET DE L'HISTOIRE DE BRETAGNE

MCMVII

LES RELATIONS
DU
POUVOIR CENTRAL
ET DE
LA PROVINCE DE BRETAGNE

DANS LA SECONDE MOITIÉ DU RÈGNE
DE LOUIS XIV

Correspondance des Contrôleurs généraux avec la Province de Bretagne, 1689-1715

PUBLIÉE

PAR J. LETACONNOUX

SOCIÉTÉ DES BIBLIOPHILES BRETONS
ET DE L'HISTOIRE DE BRETAGNE

MCMVII

PRÉFACE

Il est relativement assez facile de retracer dans ses grandes lignes l'histoire de la Bretagne dans la première moitié du règne de Louis XIV.

Tout d'abord la période qui s'étend entre 1661 et 1688 a attiré l'attention de quelques travailleurs. Parmi ceux-ci, les uns se sont consacrés à l'étude des institutions, comme :

Delaisi, *La Bretagne sous l'administration de Colbert* (1661-1685) (1),

les autres à l'étude des événements, comme :

A. de la Borderie, *La Révolte du papier timbré advenue en Bretagne* (1675) (2)

Lemoine, *La Révolte dite du papier timbré ou des bonnets rouges en Bretagne en 1675* (3).

(1) Ce travail de Delaisi, encore inédit, est un mémoire présenté à la Faculté des Lettres de Rennes pour le diplôme d'études supérieures d'histoire et de géographie.

(2) Saint-Brieuc, 1884, 1 vol. in-18.

(3) Publié dans les *Annales de Bretagne*, t. XII, XIII et XIV, 1897-1899.

D'autre part, on trouve sur cette période d'utiles et nombreux renseignements :

1° Dans des ouvrages généraux comme ceux de :

De Carné, *Les États de Bretagne et l'administration de cette province jusqu'en 1789* (1).

Xavier d'Haucourt, *Les États de Bretagne sous l'Ancien Régime* (2) ; *Le Parlement de Bretagne* (3).

Saulnier de la Pinelais, *Les Gens du roi au Parlement de Bretagne* (1558-1790) (4).

et surtout dans les solides travaux de :

André Giffard, *Les Justices seigneuriales en Bretagne aux* XVIIe *et* XVIIIe *siècles* (5).

Henri Sée, *Les Classes rurales en Bretagne du* XVIe *siècle à la Révolution* (6).

2° Dans les grandes publications de :

N.-L. Caron, *Administration des États de Bretagne (1493 1790)* (7).

Clément, *Lettres, Instructions et Mémoires de Colbert* (8).

Depping, *Correspondance administrative sous le règne de Louis XIV* (9).

Au contraire l'histoire de la Bretagne, particulièrement l'histoire politique et administrative, dans la seconde moitié du règne personnel de Louis XIV, est à peine ébauchée.

MM. d'Haucourt et de Carné retracent en quelques pages très superficielles les tenues d'États entre la mort de Colbert et celle de Louis XIV.

(1) 2 vol. Paris, Didier, 1868.
(2) Dans l'*Hermine*, 1892. T. VI.
(3) Id., 1893. T. VII et VIII.
(4) Rennes et Paris, Plihon et A. Picard, 1902. In-8°.
(5) Paris, Rousseau, 1902. In-8°.
(6) Paris, 1906. In-8°.
(7) Paris, Pedone, 1872. In-8°.
(8) Paris, 1861-1882. 10 vol. In-4°.
(9) Dans la collection des documents inédits sur l'histoire de France. 4 vol. 1850-1855.

Dans la *Correspondance administrative sous le règne de Louis XIV*, les documents relatifs à la Bretagne se font de plus en plus rares à partir de 1685.

M. de Boislisle, qui a utilisé, aux Archives nationales, *La Correspondance du Contrôle général*, n'y a fait que des emprunts trop espacés (1).

C'est pourquoi j'ai entrepris, à la demande des *Bibliophiles Bretons*, de dépouiller à nouveau la *Correspondance du Contrôle général* (2).

Mon dépouillement porte exactement sur la dernière moitié du règne personnel de Louis XIV, soit sur une période de vingt-six années. Je n'ai pas cru devoir l'étendre aux quatre années qui suivent la mort de Colbert. La correspondance du Contrôle général, entre 1685 et 1688, est extrêmement pauvre et ne contient rien ou presque rien d'intéressant. On ne peut s'en étonner, si l'on songe que l'établissement de l'intendance en Bretagne ne date que de 1689.

Ce recueil n'est ni une publication intégrale, ni même un catalogue complet de la correspondance du Contrôle général avec la province de Bretagne entre 1689 et 1715. Beaucoup de pièces ne méritent pas d'être reproduites en entier et malheureusement je n'ai pas eu la place de les analyser ou de les mentionner.

Je me suis donc borné à publier ou à résumer celles qui m'ont paru avoir quelque intérêt. Si je n'ai pas négligé les documents relatifs au commerce, aux subsistances, aux défrichements de terres et dessèchements de marais, aux nouveaux convertis, à la police, aux mœurs encore violentes

(1) *Correspondance des Contrôleurs généraux des finances avec les Intendants de province*. Paris, Imprimerie nationale, 1874-1897, 3 vol. in-4.

(2) Archives Nationales (A. N.). G[7] 172 à G[7] 197. De plus j'ai consulté les fonds H et H 1, auxquels j'ai emprunté deux pièces reproduites en Appendice.

des gentilshommes, aux créations d'offices, aux établissements de droits nouveaux, aux impôts du dixième et de la capitation, aux dons gratuits demandés aux villes par la royauté, à l'arrière-ban (1), j'ai mis au premier plan tous ceux qui se rapportent aux tenues d'États, aux relations du pouvoir central et de la province, tous ceux qui permettent de savoir ce que les États, si brutalement pliés par Colbert aux volontés royales, sont devenus sous les successeurs immédiats de ce ministre autoritaire.

J. Letaconnoux.

(1) En général, d'ailleurs, le fonds G' ne fournit que peu de renseignements sur l'histoire économique et sociale de la province; sur des questions, encore peu connues, comme celles des nouveaux convertis ou de l'arrière-ban, il ne donne que quelques pièces que j'ai toutes copiées ou signalées.

LES RELATIONS
DU
POUVOIR CENTRAL
ET DE
LA PROVINCE DE BRETAGNE
DANS LA SECONDE MOITIÉ DU RÈGNE DE LOUIS XIV

M. le Duc DE CHAULNES, Gouverneur de Bretagne, au CONTROLEUR GÉNÉRAL.

22 Janvier 1689.

IL avait proposé à M. le marquis de Louvois deux expédients pour alléger les dépenses que le roi impose à la province, « dont l'un estoit de prendre quelque chose sur chaque communauté, & l'autre d'exempter les possesseurs des fiefs nobles de l'obligation qu'ils ont de monter à cheval avec la noblesse quand elle est convoquée, en les faisant contribuer d'une moindre somme que celle qu'ils dépenseroient s'ils servoient dans les régiments. » Le roi a décidé de soumettre ces deux expédients aux prochains États; or le premier

« ne regarde nullement ces Affemblées & l'autre fi peu qu'il femble que l'exécution ne mérite pas d'eftre retardée jufques au temps de la convocation des eftats... » (1)

M. DE POMEREU, *Commissaire du Roi en Bretagne,* *au* CONTROLEUR GÉNÉRAL.

27 Février 1689.

Il se met au courant de son service.

Il conte ses démêlés avec le trésorier des États.

Il signale les plaintes que soulève la mauvaise qualité du papier timbré (2).

M. DE LA FALUÈRE, *Premier Président du Parlement de Bretagne,* *au* CONTROLEUR GÉNÉRAL.

8 Mars 1689.

Il a fait enregistrer les arrêts relatifs aux étoffes de coton.

L'entretien des nouveaux convertis est assez onéreux.

Il serait préférable de les traiter moins sévèrement ; il a remarqué « qu'en leur donnant quelques marques d'humanité on les gagne, du moins on les rend plus fouples & plus difpofés à ne rien faire paroiftre au dehors de leur zèle, au lieu que la grande rigueur leur fait prendre un certain faux air de martirs qui ne faict aucun bon effect. »

Il demande si le roi consentirait à ce qu'on interprétât « favorablement la loy » à l'occasion (3).

Le CONTROLEUR GÉNÉRAL *à* M. DE LA FALUÈRE, *Premier Président du Parlement de Bretagne.*

19 Mars 1689.

Sur la conduite à tenir à l'égard des nouveaux convertis (4).

(1) A. N. G[7] 172.

(2) Boislisle, *Correspondance des Contrôleurs généraux*... T. I, n° 667.

(3) A. N. G[7] 172.

(4) Boislisle, *op. cit*... T. I, n° 675.

M. DE POMEREU, Commissaire du Roi en Bretagne, au CONTROLEUR GÉNÉRAL.

20 Mars 1689.

Sur les difficultés qu'auront les villes à faire des présents au roi (1).

M. DE LOUVOIS au CONTROLEUR GÉNÉRAL.

24 Mars 1689.

D'après une lettre qu'il a reçue, la province de Bretagne compte 46 400 feux, dont 4 000 « annoblis qui ne portent quoy que ce foit des charges de la Province, dix mil qui font amortis, poffedés par des roturiers & qui ne paient auffy aucuns droits & trente deux mil quatre cens qui font fujets à porter les charges de la province ». Il lui demande des explications à ce sujet (2).

M. DE POMEREU, Commissaire du Roi en Bretagne, au CONTROLEUR GÉNÉRAL.

3 Avril 1689.

Il lui envoie une lettre d'un des plus grands négociants de Saint-Malo, qui prête à la communauté de cette ville le dessein d'offrir cinquante mille écus au roi.

A son avis, Morlaix est une ville riche, d'où il essaiera de tirer de l'argent. Il verra aussi si Vannes ne fera pas de son côté quelques sacrifices.

Le parlement et les présidiaux se plaignent plus que jamais du mauvais papier que fournissent les commis du timbre (3).

(1) Boislisle, *op. cit.* T. I, n° 677.
(2) A. N., G⁷ 172.
(3) A. N., G⁷ 172.

13 Avril 1689.

Il a reçu l'arrêt du Conseil ordonnant de prélever 67000# sur les octrois des villes.

La ville de Vannes a fait présent au roi de 100 000# ; on pourrait ne lui demander que 92 000#, car elle est comprise pour 8 000# dans l'imposition sur les octrois des villes; on pourrait agir de même pour toutes les villes qui ont été taxées et qui ont résolu d'offrir un présent au roi.

M. le Premier Président a écrit à Nantes et à Morlaix pour savoir les intentions de ces deux villes (1).

Le CONTROLEUR GÉNÉRAL à M. DE POMEREU,
Commissaire du Roi en Bretagne.

16 Avril et 14 Mai 1689.

Sur les levées d'impôts et sur la confusion de la gestion financière en Bretagne (2).

M. DE POMEREU, Commissaire du Roi en Bretagne,
au CONTROLEUR GÉNÉRAL.

17 Avril 1689.

Il se plaint de ne pas connaître encore les agents financiers de la province et de n'avoir de relations avec eux que par correspondance (3).

M. le Duc DE CHAULNES, Gouverneur de Bretagne,
au CONTROLEUR GÉNÉRAL.

4 Mai 1689.

Morlaix offre au roi un présent de 100 000#, Nantes un présent de 50 000 écus.

(1) A. N., G⁷ 172.
(2) Boislisle, *op. cit.* T. I, n° 688.
(3) Boislisle, *op. cit.* T. I, n° 689.

Ces deux villes ne possèdent pas ces sommes; elles doivent emprunter pour les payer. Il faut leur faciliter leurs emprunts (1).

M. DE POMEREU, Commissaire du Roi en Bretagne,
au CONTROLEUR GÉNÉRAL.

4 Juin 1689.

Sur les abus auxquels a donné lieu l'emploi des paysans aux travaux des fortifications de Brest.

Il oblige les troupes à réparer les torts qu'elles ont commis en certains endroits (2).

---

26 Juin 1689.

M. le Premier Président et le Syndic de la ville de Vannes avaient convoqué le corps de ville pour délibérer sur les moyens de payer le présent au roi. M. le comte de Lannion, commandant à Vannes, a ordonné au Syndic, de la part du roi, d'ajourner l'assemblée au 24 ou 25 juin; il a prétendu que M. le duc de Chaulnes et lui avaient seuls le droit de réunir la communauté.

M. de Pomereu se plaint d'une pareille conduite, qui porte atteinte à son autorité de Commissaire du Roi (3).

Le CONTROLEUR GÉNÉRAL à M. DE POMEREU,
Commissaire du Roi en Bretagne.

20 Juillet 1689.

Sur la préparation des États prochains (4).

(1) A. N. G^7 172.

Les villes ne montraient pas toujours beaucoup d'empressement à accorder au roi les présents ou les contributions extraordinaires qu'il leur demandait.

Cf. DEPPING, *Correspondance administrative sous le règne de Louis XIV*... T. III, p. 599. Lettres de Colbert à l'évêque de Saint-Malo, mars et avril 1672.

(2) BOISLISLE, *op. cit.* T. I, n° 714.

(3) A. N. G^7, 172.

(4) BOISLISLE, *op. cit.* T. I, n° 734.

M. le Duc DE CHAULNES, Gouverneur de Bretagne,
au CONTROLEUR GÉNÉRAL.

30 Juillet 1689.

Sur la consommation du vin par les neuf régiments de la noblesse... (1).

M. DE POMEREU, Commissaire du Roi en Bretagne,
au CONTROLEUR GÉNÉRAL.

17 Août 1689.

Sur l'exemption de tailles et de fouages demandée par les habitants de Belle-Isle (2).

M. le Maréchal D'ESTRÉES, Commandant en Bretagne,
au CONTROLEUR GÉNÉRAL.

19 Septembre 1689.

Le bail des fermes de la province expirant cette année, il importe d'ouvrir les États le plus tôt possible, le 20 octobre par exemple (3).

Le CONTROLEUR GÉNÉRAL à M. DE LA FALUÈRE,
Premier Président du Parlement de Bretagne.

24 Septembre 1689.

Sur les dispositions de la compagnie, sur la création de charges de conseillers, sur la façon de faire les évocations (4).

(1) BOISLISLE, *op. cit.* T. I, n° 739.
(2) ID., *ibid.*, n° 742.
(3) A. N. G^7 172.
(4) BOISLISLE, *op. cit.* T. I, n° 756.

M. DE LA TULLAYE, Procureur général en la Chambre des Comptes de Bretagne, au CONTROLEUR GÉNÉRAL.

3 Décembre 1689.

Au sujet des amortissements dus par les communautés religieuses, et des extraits des contrats d'acquisition, postérieurs à 1641, à prendre chez les notaires (1).

Le Sieur BOULANGER, Receveur général des Finances en Bretagne, au CONTROLEUR GÉNÉRAL.

27 Décembre 1689.

Sur la création de receveurs des épices dans les juridictions de Bretagne (2).

Le CONTROLEUR GÉNÉRAL à l'ÉVÊQUE DE DOL.

28 Décembre 1689.

Sur l'édit portant création de rentes viagères et sur le choix du syndic (3).

M. DE POMEREU, Intendant, au CONTROLEUR GÉNÉRAL.

26 Juillet 1690.

Sur la création d'une compagnie du guet à Rennes (4).

Le Sieur DES GRASSIÈRES, Receveur général du Domaine en Bretagne, au CONTROLEUR GÉNÉRAL.

20 Décembre 1690.

Sur la prétention du chapitre de Guérande de lever la dîme sur les salines du roi (5).

(1) BOISLISLE, *op. cit.* T. I, n° 801.
(2) ID., *ibid*, n° 832.
(3) ID., *ibid.*, n° 833.
(4) BOISLISLE, *op. cit.* T. I, n° 860.
(5) ID., *ibid.*, n° 877.

M. DE LA LANDE-MAGON, négociant à Saint-Malo,
au CONTROLEUR GÉNÉRAL.

21 Janvier 1691.

Sur le commerce des piastres et des toiles (1).

M. DE POMEREU, Intendant, au CONTROLEUR GÉNÉRAL.

3 Mars 1691.

Sur le nettoiement de la ville de Brest (2).

Le Sieur BOULANGER, Receveur général des Finances en Bretagne,
au CONTROLEUR GÉNÉRAL.

14 Mars 1691.

Sur ses démêlés avec les Montaran au sujet des receveurs des fouages (3).

M. DE POMEREU, Intendant, au CONTROLEUR GÉNÉRAL.

20 Mars 1691.

Il appuie une requête des habitants de Groix, qui demandent prorogation d'une exemption des fouages (4).

---

21 Mars 1691.

Lettre relative au rétablissement des affaires de la communauté de Saint-Brieuc et à l'entretien du collège (5).

(1) Boislisle, *op. cit.* T. I, n° 892.
(2) Id., *ibid.*, n° 908.
(3) Id., *ibid.*, n° 915.
(4) Boislisle, *op. cit.* T. I, n° 918.
(5) Id., *ibid.*, n° 920.

M. le Maréchal D'ESTRÉES, *Commandant en Bretagne,*
au CONTROLEUR GÉNÉRAL.

8 Mai 1691.

« Je fis il y a deux jours la reveue des compagnies de nobleſſe de cet eveſché (1) & je prends la liberté de joindre icy un article (2) de l'ordre que j'ay eſté obligé de donner enſuitte de la reveue pour régler le ſervice des gentilſhommes & des autres. Il a produit l'effect que j'en eſperois, car l'alloué de Nantes m'a aſſeuré que pluſieurs perſonnes le ſont déjà venu trouver pour offrir de payer une ſomme au lieu du ſervice que l'on demande... »

Il a envoyé copie de l'ordre entier à M. de Louvois, pour qu'il informe le roi de la manière dont il a cru « que l'on pouvoit tourner le ſervice des gentilſhommes en cette province (3). »

M. DE LA FALUÈRE, *Premier Président du Parlement de Bretagne,*
au CONTROLEUR GÉNÉRAL.

10 Mai 1691.

Sur l'exemption de l'arrière-ban demandée par les avocats du Parlement (4).

Le S[r] DES GRASSIÈRES, *Receveur général du Domaine en Bretagne,*
au CONTROLEUR GÉNÉRAL.

14 Mai 1691.

Sur la prétention des directeurs de la Compagnie des Indes Orientales de ne pas payer les droits locaux pour les marchandises vendues à Nantes (5).

(1) Evêché de Nantes.

(2) « Et parce que ceux qui poſſèdent des fiefs & terres nobles ne ſont pas moins obligés au ſervice que les gentilſhommes & que preſque touts n'ont rendu aucun ſervice dans les compagnies, ils feront touts aſſemblés au plus tard le cinquième du mois prochain pour former des compagnies de cinquante hommes chacunne, commandées par un capitaine, lieutenant & cornette gentilſhommes, ou pour tel autre uſage qu'il plaira à ſa Majeſté ordonner. »

(3) A. N. G[7] 173.

(4) BOISLISLE, *op. cit.* T. I, n° 940.

(5) ID., *ibid.*, n° 941.

Le S^r DE BLAIR, intéressé aux fermes, envoyé en Bretagne, au CONTROLEUR GÉNÉRAL.

22 Mai 1691.

Sur le projet de faire passer directement dans la Loire, par la rivière du Tenu, les sels des marais salants de Bourgneuf (1).

M. DE POMEREU, Intendant, au CONTROLEUR GÉNÉRAL.

20 Juin 1691.

M. le maréchal d'Estrées ne lui a donné que quatre archers de la maréchaussée pour l'accompagner à Brest. C'est très insuffisant, car il n'a pas, comme M. le maréchal d'Estrées, des appointements pour entretenir une compagnie de gardes particuliers.

Il demande qu'on lui donne le droit de pouvoir requérir autant d'archers qu'il voudra, pour qu'il ne soit pas obligé de toujours recourir en pareil cas au gouverneur (2).

---

28 juillet 1691.

Au sujet des dépenses ordonnées par le maréchal d'Estrées à Saint-Malo, et sur la nécessité de rendre les « intendans des ſurveillans généraux en ce pays-cy comme ailleurs » (3).

L'ÉVÊQUE DE VANNES au CONTROLEUR GÉNÉRAL.

28 Juillet 1691.

Il le remercie d'avoir fait à Vannes l'honneur de la choisir pour y tenir les États.

(1) Boislisle, *op. cit.* T. I, n° 948.
(2) A. N. G⁷ 173.
(3) Boislisle, *op. cit.* T. I, n° 971.

N'étant pas sacré, il ne pourra présider les États. Il le prie de s'entremettre pour lui faire donner, en compensation, la députation, et, dans le cas où il aurait des concurrents, de l'avertir.

Le bruit court que certains prélats, imitant la conduite de l'évêque de Rennes aux derniers États, ont déjà fait des démarches auprès du roi. Il ne sait rien de précis, mais il lui serait très pénible de voir les États à Vannes pour la première fois, sans y tenir la place que sa situation actuelle lui permet d'espérer.

Avec son appui, il se flatte d'obtenir la députation (1).

M. DE POMEREU, Intendant, au CONTROLEUR GÉNÉRAL.

8 Août 1691.

Il lui expose la situation des haras, des « arts & manufactures » en Bretagne (2).

M. DE LA FALUÈRE, Premier Président du Parlement de Bretagne, au CONTROLEUR GÉNÉRAL.

22 Août 1691.

Bien qu'aucun ordre n'ait encore été donné à ce sujet, il est convaincu que les États se tiendront à Vannes dès Septembre.

Il le prie de ne pas oublier, comme aux derniers États, de lui remettre un double des instructions du roi. Il ne prétend « faire que le perſonnage qu'il [lui] plaira [lui] marquer pour le ſervice du Roy », mais il est naturel qu'il désire connaître ce que l'on communique aux commissaires du Roi (3).

---

22 Août 1691.

Les parents et les amis de M. de la Forest d'Ormaillé demandent qu'il soit rappelé d'exil.

(1) A. N. G[7] 174.
(2) Id.
(3) A. N. G[7] 174.

M. de la Faluère appuie leur requête. M. Deniau, dont la faute était plus grave, étant sur le point de rentrer dans la compagnie, M. d'Ormaillé a le droit d'espérer sa grâce.

M. de la Faluère se plaint que ce M. Deniau soit venu vingt fois à Rennes et y ait demeuré longtemps, malgré l'interdiction qui lui en avait été faite, sans aller le voir. Ce n'est pas parce qu'il a puni les écarts d'un conseiller que celui-ci se dispensera de ses devoirs envers lui. « Cela iroit a autoriſer les ſottiſes, qui arriveroient, & a donner un air de révolte contre la ſubordination », qu'il ne faut pas souffrir (1).

L'ÉVÊQUE DE RENNES au CONTROLEUR GÉNÉRAL.

2 Septembre 1691.

Il demande que la statue équestre du roi, dont les États de 1685 votèrent l'érection à Nantes, soit dressée à Rennes (2).

Le Sieur BLANCHET au CONTROLEUR GÉNÉRAL.

4 Septembre 1691.

Il se plaint que M. de Pomereu ne veuille pas lui rendre justice.

Il a fait plusieurs fournitures d'étapes en 1689, dont les fermiers généraux ne veulent pas le rembourser sans une ordonnance de l'intendant.

Depuis dix-huit mois, il demande cette ordonnance à M. de Pomereu; il ne peut l'obtenir, et M. de Pomereu a défendu à son secrétaire d'examiner ses comptes (3).

M. DE LA FALUÈRE, Premier Président du Parlement de Bretagne, au CONTROLEUR GÉNÉRAL.

10 Septembre 1691.

Il lui annonce que le don gratuit de trois millions a été accordé par les États avec empressement.

(1) A. N. G7 174.
(2) Id.
(3) A. N. G7 174.

L'ouverture des États fut faite par M. le maréchal d'Estrées, qui prononça une courte allocution. M. le Premier Président prit ensuite la parole et fut mieux écouté qu'aux États de Rennes, « dont la harangue pouvoit fans péril eftre refervée à ceux-cy (1) fi elle en euft valu la peine ou qu'il n'en euft point fait de nouvelle. »

Un différend est survenu entre M. de Rohan et les évêques. Aux derniers Etats de Saint-Brieuc, les évêques s'étaient fait donner des fauteuils à l'église. M. de Rohan déclara que cette prérogative était réservée aux présidents, que, si les évêques persistaient à l'usurper, il n'irait pas à l'église et que la noblesse ne souffrirait pas cette innovation. Dans une longue conférence, le maréchal d'Estrées a proposé des expédients; aucun n'a été accepté. M. de Rohan avait consenti à la suppression des fauteuils, « pourveu que pour distinction les Prefidents des deux ordres euffent feuls un prie dieu ou un banc a accoudoir & que les autres n'euffent rien devant eux. » Cette concession avait paru raisonnable à l'intendant et à M. de la Faluère; mais les évêques n'ont pas cédé. On a dû convertir la messe solennelle en messe basse. La messe dite, les députés sont entrés en séance et M. de Pomereu « avec fa manière galante, agréable & éloquente a fait la demande après avoir beaucoup donné de louanges à la province & beaucoup exalté le mérite des grands fujets en toutes les dignités que le Roy y a donné... » (2)

L'ÉVÊQUE DE SAINT-MALO au CONTROLEUR GÉNÉRAL.

22 Septembre 1691.

Il lui rend compte des travaux des États, dont la tenue touche à sa fin (3).

(1) États de Vannes.

(2) A. N. G^7 174.

Sur ce même sujet cf. une lettre de l'évêque de Vannes, datée du 11 septembre 1691.

(3) Boislisle, *op. cit.* T. I, n° 989.

M. DE LA FALUÈRE, Premier Président du Parlement de Bretagne, au CONTROLEUR GÉNÉRAL.

29 Septembre 1691.

Les États touchent à leur fin ; à part un petit conflit entre M. le maréchal d'Estrées et M. de Rohan, tout s'est passé tranquillement.

M. d'Estrées et M. de Rohan se sont brouillés pour deux raisons : M. d'Estrées a refusé la députation en cour au Sénéchal de Pontivy ; de son côté, M. de Rohan a prétendu publiquement que le Sénéchal de Vannes avait donné cinq cents pistoles pour obtenir la députation et Mme de Rohan répète « que s'il ne tenoist que cela on eust desinteressé M^r d'Estrées. » M. d'Estrées a déclaré vouloir s'en plaindre au roi. M. de Pomereu s'est en vain interposé ; M. de Rohan n'a pas désavoué ses propos.

Hier, aux États, M. de Rohan, contrairement à l'usage, voulut qu'on délibérât sur le chapitre des gratifications avant de nommer les députés chargés de faire « l'estat du fonds & le calcul ». Malgré l'opposition de l'Église et du Tiers, malgré les conseils des Commissaires du roi, M. de Rohan ne céda pas. M. le maréchal d'Estrées se rendit alors aux États et leur ordonna de nommer les députés. L'élection se prolongea jusqu'à cinq heures du soir et se termina assez paisiblement « presque tout le monde aiant quitté le théâtre pour aller disner... »

Ce matin, on s'attendait encore à ce qu'au sujet des gratifications M. de Rohan fît de l'opposition. On avait averti le Premier Président de préparer sa robe. Mais on n'a pas eu à intervenir.....

« La noblesse a eu aussi bien que M^r le duc de Rohan quelque chagrin des hauteurs avec lesquelles on menaça en cas de résistance de faire présider un gentilhomme au lieu de luy. » M. de Rohan lui a affirmé « la droiture de son intention pour le service... » MM. de Rohan et d'Estrées ne sont pas éloignés de se raccommoder (1).

(1) A. N. G^7 174.

M. le Maréchal D'ESTRÉES, Commandant en Bretagne, au CONTROLEUR GÉNÉRAL.

Septembre 1691.

« On achemine les affaires des eſtats & on publia dès hyer les fermes, après avoir ſigné les conditions du bail qui ſont les meſmes qu'a la dernière tenue. L'on travaille en meſme temps a différentes commiſſions, ce qui poura donner moyen de ſéparer l'aſſemblée le dernier jour de ce mois. Mr de Léon chargé des contraventions les doit repréſenter demain ou après, & les eſprits me paroiſſent tellement diſpoſés a rachepter les droits d'amortiſſements & de nouveaux acquêts deüs par les communautés laicques, auſſy bien que les preſbitères & les uſages communs, que la négociation ſera bientoſt finie; la ſomme dont il plaiſt au Roy de ſe contenter eſt d'une nature que les eſtats auront ſujet de ſe louer des bontés de ſa Majeſté....... Mr de Rohan qui n'a pas eſté moins vif que les eveſques en cette occaſion (1) ſe comporte très bien pour tout le reſte & ſe rend très facile a l'exemple de Mr l'eveſque de Dol pour l'exécution des ordres du Roy.. (2) »

L'ÉVÊQUE DE NANTES au CONTROLEUR GÉNÉRAL.

Septembre 1691.

Il propose d'établir en Bretagne un hôtel des Invalides pour les officiers et soldats de marine blessés au service du roi. Les matelots ont peu de religion. Il serait plus facile de faire leur salut en les réunissant dans un établissement comme celui des Invalides de Paris (3).

(1) A propos de la prétention des évêques d'assister à la messe du Saint-Esprit dans des fauteuils.

(2) A. N. G7 174.

(3) Boislisle, *op. cit.* T. I, n° 990.

M. DE LA CORBONNAYE-GORET, Syndic de Saint-Malo, au CONTROLEUR GÉNÉRAL.

17 Octobre 1691.

La communauté est très reconnaissante au roi d'avoir dispensé les « enfants de famille » de faire deux campagnes sur les vaisseaux royaux.

Bientôt elle aura trente corsaires armés, prêts à prendre la mer. Si ces corsaires voulaient agir de concert, ils seraient plus redoutables et ne seraient pas détruits en détail, comme il arrive souvent (1).

M. DE LA FALUÈRE, Premier Président du Parlement de Bretagne, au CONTROLEUR GÉNÉRAL.

31 Octobre 1691.

Il l'avertit qu'une nouvelle convertie, huguenote de cœur, Mme de Tourande, se prépare à sortir du royaume.

Il a écrit à M. de Torcy et l'a prié de lui donner l'ordre de l'enfermer dans un couvent.

Il est sûr de ce qu'il avance; il le tient du procureur de cette dame et de ses deux filles (2).

Le Sieur DES GRASSIÈRES, Receveur général du Domaine en Bretagne, au CONTROLEUR GÉNÉRAL.

6 Décembre 1691.

Augmentation de la redevance due par les concessionnaires de terrains ayant appartenu à la marine et sis à Kéravel près Brest (3).

(1) A. N. G[7] 174.

(2) Id.

On trouvera plus loin d'autres pièces relatives aux nouveaux convertis.

Cf. aussi quelques lettres de M. de Pontchartrain à M. de Miane et à Mme de la Garlaye dans Depping... *Correspondance administrative sous le règne de Louis XIV...* T. IV, p. 498 et 520.

(3) Boislisle, *op. cit.* T. I, n° 1021.

Le Sieur LE CLUZEAU, *Inspecteur des Manufactures à Morlaix, au* CONTROLEUR GÉNÉRAL.

29 Décembre 1691.

Les juges locaux de Bretagne sont trop absorbés pour assurer la police des villes.

Les artisans ont trop de goût pour le jeu du *papegau*, qui les détourne du travail (1).

M. DE NOINTEL, *Intendant, au* CONTROLEUR GÉNÉRAL.

13 Février 1692.

Il lui annonce qu'il a pris possession de son poste et qu'il attend ses ordres (2).

Le CONTROLEUR GÉNÉRAL *à* M. DE LA BÉDOYÈRE, *Procureur général au Parlement de Bretagne.*

20 Mars 1692.

Le roi autorise le sieur Miette à vendre les étoffes étrangères saisies chez lui, à condition qu'il renonce à faire exécuter l'arrêt, qu'il a obtenu du Parlement contre un ancien commis des manufactures (3).

M. *le Maréchal* D'ESTRÉES, *Commandant en Bretagne, au* CONTROLEUR GÉNÉRAL.

28 Mars 1692.

L'Assemblée générale des habitants de Nantes offre 200 000# pour la confirmation des privilèges de la ville (4).

(1) BOISLISLE, *op. cit.* T. I, n° 1029.
(2) A. N. G^7 175.
(3) BOISLISLE, *op. cit.* T. I, n° 1061.
(4) ID., *ibid.*, n° 1067.

Le CONTROLEUR GÉNÉRAL *à* M. DE NOINTEL, *Intendant.*

Mars 1692.

Arrêts ou règlements relatifs aux marchandises étrangères prohibées (1).

M. DE LA FALUÈRE, *Premier Président du Parlement de Bretagne, au* CONTROLEUR GÉNÉRAL.

28 Avril 1692.

Il se tient à Rennes, tous les dimanches, et même les autres jours, des réunions de nouveaux convertis.

Il lui sera facile de les découvrir ; mais le roi ne voudra peut-être pas « qu'on en fasse grand bruit » ; il attend des ordres.

Ces réunions, croit-on, se tiennent chez la D[lle] Farcy qui, bien que convertie, n'a pas renoncé à sa religion. Elles comptent plus de 60 personnes.

De pareilles réunions se tiennent ailleurs; mais il en est moins certain (2).

Le CONTROLEUR GÉNÉRAL *au Sieur* CAILLAUD, *Commis des Manufactures en Bretagne.*

30 Avril 1692.

Il faut appliquer aux contrevenants les amendes prescrites par les règlements; dans certaines circonstances pourtant, on peut user de modération (3).

(1) Boislisle, *op. cit.* T. I, n° 1068.
(2) A. N. G[7] 175.
(3) Boislisle, *op. cit.* T. I, n° 1076.

L'ARCHIDIACRE DE DOL au CONTROLEUR GÉNÉRAL.

11 Juin 1692.

L'évêque défunt de Dol a collaboré activement à la rédaction du Réglement des États. Ses papiers contiennent de nombreux mémoires relatifs à ce Réglement. Le procureur du roi au siége de Vannes les a saisis.

Les personnes, dont le Réglement a lésé les intérêts, ont seules donné l'ordre de les saisir, dans l'espoir « d'y trouver de quoi ſe ſatiſfaire. » Si le contrôleur général le juge à propos, il pourrait mander à l'intendant de les retirer des mains du procureur du roi pour les garder ou les brûler (1).

M. DE NOINTEL, Intendant, au CONTROLEUR GÉNÉRAL.

9 Juillet 1692

Il lui renvoie le mémoire présenté par le S^r le Barts le jeune au sujet des mines de plomb découvertes dans la province, et il y joint un autre mémoire, où il trouvera les renseignements demandés (2).

---

27 Juillet 1692.

Un arrêt du 7 août 1691 avait ordonné de prendre 2000# sur le produit des octrois de Landerneau et de les affecter aux réparations du chemin de Landerneau à Brest.

Cette somme est insuffisante des deux tiers.

Il lui propose de prendre encore 4000# dans la caisse de cette communauté, dont les revenus sont supérieurs aux charges (3).

---

30 Août 1692.

« Vous m'avés fait l'honneur de me mander... que le Roy a permis à Mr de Lavardin de vous envoier des mémoires ſur l'arreſt du Conſeil qui

(1) A. N. G⁷ 175.
(2) Id.
(3) A. N., G⁷ 175.

donne à l'intendant de Bretagne la liberté de diſpoſer des fonds de la province, & qu'il eſt à propos que je vous en adreſſe de mon coſté afin que le Roy puiſſe donner ſes ordres ſur ce ſujet en connaiſſance de cauſe. Trouvés bon Monſieur que j'aye l'honneur de vous repréſenter que je ne puis faire les mémoires que vous me demandés que je n'aye veu les raiſons ſur lesquelles Mr de Lavardin ſe fonde pour faire changer un uſage eſtabli avant que je fuſſe dans la province & que je vous ſupplie de vouloir bien m'envoier la copie du mémoire qu'il vous préſentera. » (1).

M. le Duc DE CHAULNES, Gouverneur de Bretagne, au CONTROLEUR GÉNÉRAL.

3 et 30 Septembre 1692.

La province offrirait volontiers au roi la statue équestre de Sa Majesté, qu'il semble bien difficile d'ériger à Nantes (2).

M. DE LA BUSNELAYE, Premier Président de la Chambre des Comptes de Nantes, au CONTROLEUR GÉNÉRAL.

20 Septembre 1692.

Il a réuni la Chambre des comptes pour lui soumettre l'édit relatif à la Paulette; la Chambre s'est conformée aux désirs du roi (3).

M. DE NOINTEL, Intendant, au CONTROLEUR GÉNÉRAL.

30 Septembre 1692.

Il envoie un projet d'arrêt tendant à enjoindre aux bouchers de Saint-Malo de tuer en dehors de la ville, soit à Paramé, soit à Saint-Servan (4).

(1) A. N. G[7] 175.
(2) Boislisle, *op. cit.* T. I, n° 1109.
(3) A. N. G[7] 175.
(4) Id.

M. le Duc DE CHAULNES, *Gouverneur de Bretagne,* *au* CONTROLEUR GÉNÉRAL.

19 Novembre 1692.

Il a examiné les différentes places de Rennes et de Nantes, où il serait possible d'élever la statue du roi; il est très indécis.

Le mieux serait de faire choisir l'emplacement par M. Mansart. Il prie Sa Majesté de vouloir bien autoriser celui-ci à faire le voyage de Bretagne (1).

M. DE NOINTEL, *Intendant, au* CONTROLEUR GÉNÉRAL.

23 Novembre 1692.

Il se plaint que les prisons de Rennes soient mal surveillées. Depuis le 5 février, vingt-six prisonniers, dont dix-huit galériens, s'en sont évadés.

Il demande de punir le geôlier qui, en compagnie de bourgeois, s'amuse souvent à boire chez lui (2).

---

7 Décembre 1692.

Il a visité les prisons, qu'il a trouvées petites et mal bâties. 8000 # seraient nécessaires pour les mettre en bon état; cette somme est trop élevée; il vaudrait mieux enfermer les galériens par exemple dans une des tours de la ville.....

Ayant appris qu'on allait sévir contre lui, le geôlier s'est enfui; on l'a remplacé (3).

(1) A. N. G^7 175.
(2) Id.
(3) A. N. G^7 175.

Le Sieur BOULANGER, Receveur général des Finances en Bretagne, au CONTROLEUR GÉNÉRAL.

20 Décembre 1692.

Il offre 800000 # pour la confirmation des feux affranchis de Bretagne et la création de receveurs généraux et particuliers des fouages extraordinaires (1).

Le Sieur PIERRE LE JEUNE, Négociant à Nantes, au CONTROLEUR GÉNÉRAL.

24 Janvier 1693.

Au sujet d'une fabrique d'eaux-de-vie des sirops de sucre, dont l'échevinage ne veut pas autoriser l'établissement (2).

M. le Duc DE CHAULNES, Gouverneur de Bretagne, au CONTROLEUR GÉNÉRAL.

30 Janvier 1693.

Sur les mesures prises pour empêcher les dragons d'enlever les sels sur les marchés (3).

M. DE NOINTEL, Intendant, au CONTROLEUR GÉNÉRAL.

1er Février 1693.

Le duc de Chaulnes a quitté Rennes jeudi dernier. Il a, par une commission signée de lui, chargé M. de la Coste de commander dans les huit évêchés, en son absence.

Cette mesure est beaucoup commentée (4).

(1) BOISLISLE, *op. cit.* T. I, n° 1152.
(2) ID., *ibid.*, n° 1162.
(3) BOISLISLE, *op. cit.* T. I, n° 1164.
(4) A N G^7 176.

25 Mars 1693.

Les derniers États ont affecté aux étapes un fonds de 150 000#. A cause de grands mouvements de troupes, ce fonds est insuffisant. Aussi la gratification de 4000#, accordée à M. de Pomereu sur l'excédent du budget des étapes, ne peut-elle être payée. Selon l'usage, il importe que les États la paient

« On eft affes utile a la province dans la place que j'ay l'avantage d'occuper pour pouvoir fe flatter de mériter d'elle cette légère reconnaiffance quand elle eft approuvée & ordonnée par fa Majefté (1). »

---

15 Avril 1693.

Au sujet de la charge de lesteur et de délesteur de la rivière de Nantes (2).

M. DE LA FALUÈRE, Premier Président du Parlement de Bretagne, au CONTROLEUR GÉNÉRAL.

22 Avril 1693.

Au sujet des vins d'Espagne, que les marchands vendent sans payer le droit de devoir, et que les fermiers demandent à débiter eux-mêmes au détail... (3).

L'ÉVÊQUE DE VANNES au CONTROLEUR GÉNÉRAL.

23 Avril 1693.

Il a su que les États se réuniraient à Vannes.

Il lui est reconnaissant d'avoir choisi cette ville (4).

(1) A N. G⁷ 176.
(2) Boislisle, *op. cit.* T. I, nº 1180.
(3) Boislisle, *op. cit.* T. I, nº 1183.
(4) A. N. G⁷ 176.

Le Sieur DE LA LANDE-MAGON, *Négociant à Saint-Malo, au* CONTROLEUR GÉNÉRAL.

13 Mai 1693.

Il défend les droits d'une Société, qui a avancé de l'argent à la ville de Saint-Malo pour lui permettre de fournir au roi les sommes demandées en 1689 et 1692 (1).

L'ÉVÊQUE DE DOL *au* CONTROLEUR GÉNÉRAL.

16 Août 1693.

« Je croirois manquer a ce qui vous eſt deubt ſi je ne me donois l'honneur de vous écrire devant que l'on me charge de quelque commiſſion pour les eſtats afin de ſcavoire de vous Monſieur ſi je feroi aſſès heureux pour vous y eſtre agréable; comme l'on m'a parlé des contraventions (2) je vous ſupplie de treuver bon que j'oiye l'honneur de vous en rendre conte dans le temps des eſtats & de profiter des occaſions qui ſe préſenteront pour vous aſſeurer Monſieur que je feroi gloire d'eſtre toute ma vie avec un attachement inviolable..... voſtre trés humble... » (3).

M. DE NOINTEL, *Intendant, au* CONTROLEUR GÉNÉRAL.

23 Août 1693.

Au sujet d'un octroi levé sur les vins passant sous les ponts de Nantes et destiné à la reconstruction de l'église cathédrale (4).

(1) BOISLISLE, *op. cit.* T. I, n° 1192.

(2) L'évêque de Dol fut empêché par la maladie d'assister aux États. Ce fut l'évêque de Rennes, qui fut chargé de rendre compte des contraventions au contrat.

(3) A. N. G7 176.

(4) BOISLISLE, *op. cit.* T. I, n° 1219.

M. DE LA GUIBOURGÈRE au CONTROLEUR GÉNÉRAL.

30 Août 1693.

La session des États sera prochainement ouverte. C'est au contrôleur général qu'il doit la place qu'il y occupera.

Il lui demande ses ordres. Parmi les nombreux « serviteurs », que le contrôleur général compte dans les États, aucun ne lui est plus dévoué (1).

M. DE LA BÉDOYÈRE, Procureur général au Parlement de Bretagne, au CONTROLEUR GÉNÉRAL.

30 Août 1693.

Sur la requête de gens, qui n'ont point produit leurs titres à la dernière réformation de la noblesse, et qui demandent à bénéficier des arrêts de réformation confirmant dans leur qualité des personnes de leur nom... (2).

M. DE BRÉQUIGNY, Président au Parlement de Bretagne, au CONTROLEUR GÉNÉRAL.

30 Septembre 1693.

Il se croit fondé, ainsi que les autres présidents, à demander qu'on lui donne un fauteuil aux assemblées générales des États et aux séances particulières, tenues chez le duc de Chaulnes.

Du temps où M. le Chancelier et son gendre M. du Harlay étaient Commissaires du roi, les présidents au Parlement recevaient des fauteuils. Aujourd'hui leur réclamation est d'autant plus justifiée, que le premier commissaire du Conseil est un simple maître des requêtes (3).

(1) A. N. G^7 176.
(2) Boislisle, *op. cit.* T. I, n° 1222.
(3) A. N. G^7 176.

L'ÉVÊQUE DE LÉON au CONTROLEUR GÉNÉRAL.

6 Octobre 1693.

M. de Coislin fait tout ce qui dépend de lui pour réconcilier le duc de Chaulnes et l'évêque de Saint-Malo. — La question du gouvernement de Saint-Malo, qui suscitera d'éternels différends, rend cette réconciliation très difficile. Pendant cet hiver, que M. de Saint-Malo doit passer à Paris, il y aura une trêve; mais, au printemps, « la bile ne manquera pas de s'émouvoir (1). »

M. DE LA FALUÈRE, Premier Président du Parlement de Bretagne, au CONTROLEUR GÉNÉRAL.

6 Octobre 1693.

... « Je ne puis m'empescher Monsieur de vous parler aussi d'un incident qui commence a naistre & que je ne doute pas que le Roy n'ait la bonté d'étouffer incessamment. C'est au sujet du *Te Deum* que la prise toutte apparente de Charleroy nous donnera lieu de chanter. La place du milieu du chœur avec un prie Dieu que Mr le duc de Chaulnes pretend embarasse MMrs les prélats a qui franchement un grain d'humilité feroit du bien. Mr de Vannes, ami de Mr de Saint-Malo, ne feroit pas difficulté de luy donner sans que ce seroit condamner son confrère qui luy a refusé ou prétend refuser pareil honneur dans le chœur de son église. Autre difficulté c'est que Mr de Chaulnes voudroit que MMrs les evesques qui se mettent entre le sanctuaire & le chœur avec MMrs des Estats se missent tout à fait dans le sanctuaire ou dans les bancs des chanoines afin de luy laisser de son prie Dieu la voie libre sur l'autel. Le premier de ces deux partis ne se peut exécuter à cause du peu d'espace que l'evesque officiant & ses assistants leur laisseroient, quant à l'autre l'humilité episcopale s'y accommoderoit

(1) A. N. G7 176.

ſans qu'après eux les abbés en rochet & camail ſe plaçant il y aurait trop d'egalité entre le premier & le ſecond ordre; ceux-cy qui ne veulent pas ſe mettre plus bas qu'immédiatement après le dernier eveſque allèguent l'ancien uſage qui eſtoit tel il y a vingt ans. Mr de Coiſlin de ſa part donne les mains à tout & comme il ſcait parfaittement les eſtats il me paroiſt fort inclinant à ſe mettre comme au temps paſſé dans les chaires du chœur. Cette facilité embaraſſe tellement les prélats que j'en ſcay qui ont propoſé de faire en ſorte que pendant la tenue des eſtats le Roy n'envoie point de lettre pour le *Te Deum* ce qui a fort ſcandaliſé la nobleſſe qui tient a bon augure que dans ce temps on ait cette cérémonie a faire & qui ſ'en fait une grande joie & ce n'eſt pas le ſeul corps qui ne trouve pas cet expédient honneſte... » (1).

M. DE NOINTEL, *Intendant, au* CONTROLEUR GÉNÉRAL.

8 Octobre 1693.

L'Hôtel-Dieu et l'hôpital de Saint-Malo sont dépourvus de médecins depuis la mort des deux derniers, auxquels la communauté n'a point encore donné de successeurs. On songe à en faire venir un de Paris, qui soit plus habile que ses prédécesseurs (2).

M. *le Duc* DE CHAULNES, *Gouverneur de Bretagne, au* CONTROLEUR GÉNÉRAL.

13 Octobre 1693.

La session des États s'avance; la séance des contraventions a eu lieu hier... (3)

(1) Voir à propos de deux *Te Deum*, chantés précédemment à Saint-Malo, sans que M. de Chaulnes en ait été averti, une lettre de l'évêque de Saint-Malo du 3 novembre 1693 et des copies de lettres de M. de Torcy du 20 octobre de la même année.
A. N. G7 176.
Les contestations de ce genre étaient assez fréquentes. — Cf. DEPPING. Correspondance administrative..... Lettre de M. de Pontchartrain au Parlement de Rennes. 24 janvier 1711. T. II, p. 455.

(2) A. N. G7 176.

(3) BOISLISLE, *op. cit.* T. I, n° 1244.

24 Octobre 1693.

« J'ay séparé Monsieur le 23 les Estats qui jusqu'à la fin ont donné des marques continuelles de leur soumission & du désir qu'ils ont eu de plaire au Roy par leur conduitte, qui a esté si bonne que dans tout le cours des estats ils n'ont esté troublés par aucun contretemps, a quoy M. l'evesque de Vannes & M. le Duc de Coislin ont entièrement contribué par leur sçavoir faire, aussi Monsieur c'est tout vous dire que vos instructions ont été totallement exécutées, en sorte que le combat n'a finy que faute de combatants... (1). »

M. DE LA FALUÈRE, *Premier Président du Parlement de Bretagne,* *au* CONTROLEUR GÉNÉRAL.

6 Décembre 1693.

On n'a jamais pu encore lever en entier une taxe de 12000# établie, au profit de l'hôpital de Rennes, sur les « personnes y ayant maison & domicile, soit à louage ou autrement. »

Il y aurait lieu de remplacer cette taxe par un impôt sur les boissons (2).

Les HABITANTS *de la Ville de Saint-Malo au* CONTROLEUR GÉNÉRAL.

Décembre 1693.

Les Anglais n'ont pu bombarder la ville.

La ville est écrasée de charges ; elle demande qu'on la ménage (3).

M. DE NOINTEL, *Intendant, au* CONTROLEUR GÉNÉRAL.

27 Janvier 1694.

Sur l'utilité et les moyens d'ériger la ville de Port-Louis en communauté..... (4).

(1) A. N. G^7 176.
(2) Boislisle, *op. cit.* T. I, n° 1264.
(3) Boislisle, *op. cit.* T. I, n° 1271.
(4) Id., *ibid.*, n° 1280.

Le Sieur AUMAISTRE, *Maire de Saint-Malo,*
au CONTROLEUR GÉNÉRAL.

31 Janvier 1694.

Depuis la guerre, la ville de Saint-Malo a été imposée extraordinairement de 3 210 000#. On lui demande encore 88 000# pour la taxe des maisons.

Or elle n'a pour deniers communs que 4 ou 5 000#.

Il propose de créer un commissaire d'artillerie dans la ville et château de Saint-Malo et de donner le prix de cette charge à la ville (1).

M. DE NOINTEL, *Intendant, au* CONTROLEUR GÉNÉRAL.

3 Février 1694.

Il y aurait avantage à mettre en adjudication le droit de sortie sur les eaux-de-vie de Bretagne, dont la perception a été confiée aux commis de la prévôté de Nantes (2).

M. DE LA FALUÈRE, *Premier Président du Parlement de Bretagne,*
au CONTROLEUR GÉNÉRAL.

21 Mars 1694.

Au sujet de fers venus d'Espagne par la voie de Bayonne pour le compte de marchands rennais et imposés, contrairement aux privilèges accordés à Bayonne en 1643 (3).

(1) Pour se créer d'autres ressources, la ville de Saint-Malo demanda de doubler les droits de pancarte et de quai et de pouvoir les aliéner (Lettre de M. de Nointel, 14 mars 1694).

On le lui accorda. L'intendant proposa en outre de lui permettre de lever un droit de 2 sols par pot de vin et de 6 deniers par pot de cidre ou de bière sur les débitants de Saint-Servan. Lettres de M. de Nointel, 17 avril et 5 mai 1694.

A. N. G7 177.

(2) BOISLISLE, *op. cit.* T. I, n° 1283.

(3) ID., *ibid.*, n° 1302.

Extrait d'une LETTRE *du* MAIRE DE SAINT-MALO.

28 Avril 1694.

Les quatre manufactures d'amidon, qui se sont établies aux environs de Saint-Malo, consomment beaucoup de blé. La récolte s'annonçant mauvaise, il faudrait les fermer (1).

M. DE NOINTEL, *Intendant, au* CONTROLEUR GÉNÉRAL.

2 Mai 1694.

Des lettres cachetées ont été saisies sur un muletier. Bien qu'il soit défendu aux voituriers de transporter des lettres cachetées, M. de Campagnolle prétend les autoriser à prendre les lettres à lui adressées (2).

---

2 Mai 1694.

La crainte de la disette a déjà provoqué des troubles dans les environs d'Ancenis (3).

---

21 Juillet 1694.

La chèreté et la mauvaise qualité des vins causent un préjudice considérable au sous-fermier des devoirs de l'évêché de Tréguier...(4).

1er Août 1694.

Sur la façon de distribuer le tabac aux soldats... (5).

---

4 Août 1694.

Sur les moyens, proposés par la communauté de Saint-Malo, pour avancer les 160000 #, destinées à la construction de galères et de brûlots... (6).

(1) A. N. G7 177.
(2) BOISLISLE, *op. cit* T. I, n° 1315.
(3) ID., *ibid.*, n° 1314.
(4) BOISLISLE, *op. cit.* T. I, n° 1354.
(5) ID., *ibid.*, n° 1357.
(6) ID., *ibid.*, n° 1358.

Le Sieur BOULANGER, Receveur général des Finances en Bretagne, au CONTROLEUR GÉNÉRAL.

22 Août 1694.

Au sujet de la réformation du domaine et de quelques poursuites, qu'il serait bon d'arrêter (1).

M. DE NOINTEL, Intendant, au CONTROLEUR GÉNÉRAL.

25 Août 1694.

« Le Sr Aumaiſtre maire par commiſſion de la ville de Saint-Malo, jouit de 150# de gages & de 400# pour la députation aux eſtats qui ſont attribués a ſa place par l'arreſt du Conſeil de 1681 ; ce ſont les ſeuls gages qu'avoient les ſindics avant l'edit de creation des charges de Maires & il n'y a que les villes de Rennes & de Nantes ou ils fuſſent un peu plus conſidérables ; le fonds de la ſomme de 1 000# qu'il demande par la lettre qu'il a eu l'honneur de vous écrire eſt deſtiné aux dépenſes extraordinaires des forts par un arreſt du Conſeil de 1692, & je ne vois pas Monſieur qu'il ait aucune raiſon légitime de pretendre une augmentation de gages puiſque tous les ſyndics qui l'ont precedé dans les meſmes fonctions ſe ſont contentés de ceux qui leur eſtoient attribués par l'arreſt de 1681 ; ce ſeroit meſme le moïen de l'éloigner de l'envie d'acheter la charge de Maire... » (2).

M. DE LA FALUÈRE, Premier Président du Parlement de Bretagne, au CONTROLEUR GÉNÉRAL.

25 Août 1694.

Au sujet du tirage au sort pour les milices et sur la possibilité de vendre l'exemption de la milice (3).

(1) BOISLISLE, *op. cit.* T. I, n° 1364.

(2) A. N. G7 177. — Le 29 juillet 1696, M. de Nointel donne un avis défavorable sur une nouvelle demande de gratification faite par le maire de Saint-Malo, cf. A. N. G7 179.

(3) BOISLISLE, *op. cit.* T. I, n° 1365.

8 Septembre et 17 Octobre 1694.

Sur la nécessité d'exiler momentanément de Rennes le conseiller de Kerméno, qui exerce une pression sur les témoins et les juges d'un procès, qu'on lui intente (1).

M. DE LA FALUÈRE, *Premier Président du Parlement de Bretagne*, au CONTROLEUR GÉNÉRAL.

12 Septembre 1694.

« Je prends la liberté de vous envoié un rapport de l'eſtat de quatre galeriens qui ne font que manger le pain du Roy inutilement. S'il vous plaiſt de vouloir envoier des lettres de commutation de peine vous ferez une œuvre de juſtice & la charité tout enſemble.

Nous avons ici un conflict de juridiction ſur les affaires des barbiers perruquiers entre M. l'intendant & moy qui n'aura aucunes ſuittes parce que nous nous accordons fort bien & que les arreſts du Conſeil qui nous en oſtent la connoiſſance & la luy renvoient nous impoſent ſilence. Cependant Monſieur je terminerois auſſi ſommairement leurs conteſtations & pour le moins avec auſſi peu de frais... Je puis dire que... leurs privilèges n'en ſeroient pas en moins bonne ſituation & que le Roy ny perdroit pas... » (2).

M DE NOINTEL, *Intendant*, au CONTROLEUR GÉNÉRAL.

14 Novembre, 19 Décembre 1694.
2 et 26 Janvier 1695.

Il demande à imposer sur la province les frais de construction des corps de garde élevés sur les côtes (3).

(1) BOISLISLE, *op. cit.* T. I, n° 1369. Cf. aussi, sur cette affaire, deux lettres du même du 11 septembre et du 22 octobre. A. N. G⁷ 177.

(2) A. N. G⁷ 177.

(3) BOISLISLE, *op. cit.* T. I, n° 1378.

Analyse d'une LETTRE *du* CURÉ DE GUINGAMP *et de la Dame* BOBOUY.

18 Novembre 1694.

« Cette dame a eſtably en cette ville depuis la guerre une maiſon pour y renfermer les filles de mauvaiſes vies.

Les cavalliers qui ſont à Guingamp ont percé cette maiſon, y ont entré de force le piſtollet a la main, & ont enlevé touttes les filles qu'ils y ont trouvé.

Depuis la dame Bobouy n'eſt pas en ſeureté... » (1).

M. DE NOINTEL, *Intendant, au* CONTROLEUR GÉNÉRAL.

20 Novembre 1694.

Il lui enverra incessamment le procès-verbal d'établissement du bureau des finances... (2).

M. DE LA FALUÈRE, *Premier Président du Parlement de Bretagne, au* CONTROLEUR GÉNÉRAL.

22 Novembre 1694.

Il réclame contre l'habitude de renvoyer devant l'intendant les contestations entre les officiers nouvellement créés... (3).

M. DE NOINTEL, *Intendant, au* CONTROLEUR GÉNÉRAL.

1er Décembre 1694.

L'arrêt du conseil du 18 mai dernier lui a ordonné d'établir un bureau des finances dans la province et d'envoyer au greffe de la Chambre des comptes une expédition du procès-verbal d'établissement.

(1) A. N. G7 177.

(2) Boislisle, *op. cit.* T. I, n° 1378.

(3) Id., *ibid.*, n° 1381. Sur ce sujet cf. une lettre du même du 6 septembre, A. N. G7 177.

La Chambre des comptes n'enregistrera pas ce procès-verbal, si une lettre de cachet ne le lui prescrit; il demande qu'on lui expédie cette lettre. C'est l'usage qu'il a toujours vu suivre (1).

---

29 Décembre 1694.

Sur les communautés de religieuses pénitentes et sur les moyens de chasser de Brest les femmes et les filles qui y sont enfermées (2).

Le CONTROLEUR GÉNÉRAL à M. DE NOINTEL, Intendant.

10 Janvier et 21 Février 1695.

Il lui ordonne de vérifier les états des octrois et des baux de ces octrois fournis par les villes... (3).

Le Sieur AUMAISTRE, Maire de Saint-Malo, au CONTROLEUR GÉNÉRAL.

20 Février 1695.

Il le prie de ne pas repousser l'intervention du duc de Chaulnes en faveur des marchands malouins, qu'on veut obliger à tenir leurs registres sur papier timbré. M. Colbert les avait déchargés de cette obligation (4).

Extrait d'une LETTRE de M. DE LÉON.

28 Février 1695.

« L'on parle d'une ſomme fort extraordinaire pour l'aſſemblée prochaine du Clergé, la difficulté ne ſera qu'au ſujet des fonds; ſ'il faloit venir a des aliénations, il ſeroit temps de prendre quelques meſures du coſté de Rome. » (5).

(1) A. N. G^7 177.
(2) BOISLISLE, *op. cit.* T. I, n° 1389.
(3) ID., *ibid.*, n° 1396.
(4) A. N. G^7 178.
(5) Id.

Le Sieur BOULANGER, *Receveur général des Finances en Bretagne, au* CONTROLEUR GÉNÉRAL.

29 Mars 1695.

Sur les torts que lui cause le retard apporté par les receveurs des fermiers généraux dans leurs paiements (1).

M. DE NOINTEL, *Intendant, au* CONTROLEUR GÉNÉRAL.

6 Avril 1695.

Les députés des États ont coutume d'aller chercher à Paris la réponse du roi à leurs remontrances, en Avril ou en Mai.

La nomination d'un nouveau gouverneur, le comte de Toulouse, est une raison de presser leur voyage; ils doivent lui présenter leurs respects au plus tôt. Mais la mort de l'évêque de Tréguier, député de l'Église, et la maladie de M. du Bois de la Roche, député de la noblesse, réduisent la députation au sénéchal de Fougères et au syndic de la Province. Il est fâcheux que la députation ne soit pas au complet pour présenter ses premiers respects au comte de Toulouse.

Il demande au contrôleur général de fixer aux députés la date de leur départ. Il veut savoir aussi si les communautés de la province devront nommer des députés chargés d'aller saluer le comte de Toulouse (2).

---

24 Avril 1695.

Les Malouins, ayant besoin de 30000# pour armer des brûlots, demandent à étendre à la paroisse de Saint-Servan la perception d'un droit sur les boissons (3).

(1) BOISLISLE, *op. cit.* T. I, nº 1414.
(2) A. N. G[7] 178.
(3) BOISLISLE, *op. cit.* T. I, nº 1425.

1er Mai 1695.

La tenue des États est proche.

Il demande s'il doit présenter au contrôleur général un mémoire relatif aux fonds nécessaires pour 1696 et 1697.

La province est si écrasée de charges extraordinaires et ses revenus si dépensés d'avance, qu'à son avis, le produit de la ferme des grands et des petits devoirs sera insuffisant (1).

M. DE LA FALUÈRE, Premier Président du Parlement de Bretagne, au CONTROLEUR GÉNÉRAL.

9 Mai 1695.

« En procédant à l'enregiſtrement des derniers edits & de la déclaration qu'il a pleu au Roy de vous envoier je me ſuis chargé au nom de la compaignie de vous ſuplier d'interpoſer vos bons offices auprès du Roy afin de retrancher une clauſe inutille par laquelle Sa Majeſté attribue pendant deux ans la connoiſſance des conteſtations qui ſurviendront au ſujet des contraventions à Mr l'intendant & par appel au Conſeil après lequel temps elle la laiſſe aux tribunaux ordinaires & par appel au Parlement. Vous eſtes témoin Monſieur de l'obeiſſance & de la facilité avec laquelle nous nous ſommes toujours preſtés a faire obſerver les edits & la Compaignie a creu ne point déplaire au Roy en luy demandant de vouloir bien nous confier cette juridiction dès à préſent. C'eſt un petit point d'honneur que le zèle & la ſoumiſſion de ce Parlement luy font ſouhaiter & qu'il aura lieu d'eſpérer ſi [vous] voulés bien joindre voſtre ſuffrage a ſa très humble ſuplication... » (2).

M. DE NOINTEL, Intendant, au CONTROLEUR GÉNÉRAL.

31 Juillet 1695.

« Le commis chargé du recouvrement des augmentations de gages attribués aux preſidiaux & juſtices royalles de cette province m'a marqué

(1) A. N. G7 178.

(2) A. N. G7 178.

avoir receu un ordre exprés des traitants generaux de faire mettre en prison quelques officiers des juridictions qui n'ont pas satisfait aux sommes pour lesquelles elles sont emploiées dans les rolles; je luy ay dit d'en surseoir l'execution jusqu'a ce que j'eusse eu l'honneur de vous en demander vos dernières intentions & j'ay cru Monsieur pouvoir prendre ce parti là pour vous representer que le temps de l'assemblée des estats n'estant pas éloigné vous trouverés peut estre a propos qu'on differe ces contrainctes la jusqu'au mois de novembre qu'ils seront separés... » (1).

---

3 Août 1695.

Il est d'avis de soumettre les habitants de Belle-Isle au paiement des grands et petits devoirs (2).

M. DE LAVARDIN, *Lieutenant Général en Bretagne,* au CONTROLEUR GÉNÉRAL.

30 Août 1695.

Il se plaint que le secrétaire du comte de Toulouse ait envoyé directement à son maître les paquets pour les États... pour y « joindre des lettres d'accompagnement, » et compte les adresser, sans son intermédiaire, aux villes et aux particuliers... (3).

M. DE NOINTEL, *Intendant,* au CONTROLEUR GÉNÉRAL.

31 Août 1695.

Au sujet de l'élection du député de Nantes aux États (4).

(1) A. N. G^7 178.
(2) Boislisle, *op. cit.* T. I, n° 1449.
(3) Boislisle, *op. cit.* T. I, n° 1458.
(4) Id., *ibid.*, n° 1460.

M. DE LA FALUÈRE, *Premier Président du Parlement de Bretagne*, *au* CONTROLEUR GÉNÉRAL.

7 Septembre 1695.

Il lui signale la femme d'un sénéchal de M. du Bordage, qui, « ſous les apparences d'une bonne converſion conſerve un eſprit auſſi huguenot qu'elle l'avoit avant d'avoir embraſſé la religion catolicque. » C'est le Sr de Grandmaison, son mari, qui s'en est aperçu. Il a saisi une lettre adressée par le Sr de la Haye, réfugié à Bergen-op-Zoom, à Mme de Grandmaison et le brouillon de la réponse que celle-ci lui destinait.

Jusqu'alors, M. de la Faluère s'est borné à inviter le mari à la surveiller. Il demande des ordres à ce sujet (1).

M. DE NOINTEL, *Intendant*, *au* CONTROLEUR GÉNÉRAL.

18 Septembre 1695.

Sur la négligence avec laquelle sont dressés les devis d'ouvrages publics, et sur l'utilité de nommer une commission pour dresser les devis et recevoir les ouvrages (2).

M. DE LA FALUÈRE, *Premier Président du Parlement de Bretagne*, *au* CONTROLEUR GÉNÉRAL.

26 Septembre 1695.

Des incidents pourront éclater au cours de la session des États.

M. de Rohan avait demandé la maison de M. le Doux. M. de Nointel, qui y a déjà logé aux derniers États, à l'exemple de M. de Pomereu (3), prétend qu'elle doit lui être réservée.

(1) A. N. G[7] 178.

(2) BOISLISLE, *op. cit.* T. I, n° 1468.

(3) Le prédécesseur de M. de Nointel.

Puisque cette maison a toujours été occupée par les Commissaires du Conseil, il vaut mieux la leur laisser. On n'aurait pas dû cependant traiter M. de Rohan avec tant de hauteur (1).

M. DE NOINTEL, Intendant, au CONTROLEUR GÉNÉRAL.

15 et 16 Octobre 1695.

L'ouverture des États a eu lieu le 15, après-midi. Un instant, on a cru qu'il ne serait point dit de messe du Saint-Esprit. M. de Rohan ayant émis à nouveau la prétention d'occuper le fauteuil et de recevoir les honneurs de l'Église, les évêques s'étaient résolus à ne point chanter de messe solennelle.

La messe du Saint-Esprit a pourtant été chantée. Personne, il est vrai, n'eut le fauteuil ni les honneurs de l'Eglise.

Le don gratuit a été accordé instantanément (2).

L'ÉVÊQUE DE LÉON au CONTROLEUR GÉNÉRAL.

18 Octobre 1695.

Les États travaillent avec calme. « Tout le monde paroit dans une grande union, mais le diable n'y perd rien..... Mr de Lavardin veut aſſiſter a la meſſe que nous chanterons pour rendre grâce a Dieu de nous avoir donné Mr le Comte de Toulouſe pour gouverneur. Il prétend avoir les meſmes honneurs que l'on rendit a Mr de Chaulnes en 1673 après la révocation de pluſieurs édiƈts qui ſ'exécutoient au Parlement de Rennes, on fit un feu de joye ou l'on brulla Moulinet & l'on chanta un *Te Deum* où l'on fit des honneurs extraordinaires à Mr de Chaulnes; on l'eût mis

(1) Sur le même sujet, cf. une Lettre de M. de Lavardin du 27 septembre, une autre de l'évêque de Vannes du 8 octobre. Ce dernier propose d'offrir l'hospitalité à l'intendant ou à M. de Rohan.

L'intendant céda. Il écrivit au maréchal des logis des États de lui donner la maison, dont M. de Rohan ne voudrait pas : Cf. Lettre de M. de Nointel au Contrôleur général, 12 octobre 1695.

A. N. G7 178.

(2) A. N. G7 178.

ſur l'autel ſ'il eut voulu Mr Colbert ayant expreſſement écrit que c'etoit a ſa prière & a ſa conſidération que le Roy accordoit la révocation de ces édicts... » Mr de Chaulnes prit le soin de faire insérer le compte rendu de cette cérémonie dans les registres des États. On ne manquera pas de l'invoquer aujourd'hui. « Et l'on ajoute que Mr de Lavardin veut baiſer l'evangile & la paix apres l'eveque célebrant & avant l'eveque préſident des etats ce qui eſt une autre nouveauté inouie, mais nous nous ſoumettrons a ce qui plaira a Sa Majeſté d'en ordonner... » (1).

M. DE NOINTEL, Intendant, au CONTROLEUR GÉNÉRAL.

22 Octobre 1695.

M. de Rohan a démissionné de la principauté de Landerneau en faveur de son fils, M. le prince de Léon. M. de Nointel envoie au Contrôleur général une copie de cette démission, que les États ont acceptée sans opposition, bien que M. le duc de Rohan se soit réservé le droit de présider aux États quand bon lui semblera, à l'exclusion de son fils (2).

1er Novembre 1695.

... « L'affaire de la décharge des eccléſiaſtiques de la ſomme de 56652# 4 ſols 2 deniers pour laquelle ils avoient eſté compris dans les rolles des taxes des maiſons eſt terminée & les etats ſont convenus d'y donner leur conſentement; les ordres de la nobleſſe & du tiers ont eu beaucoup de peine à ſ'y rendre; ils ont même fait mettre ſur leurs regiſtres qu'ils n'y ont conſenti que ſur l'ordre exprés du Roy qui leur a eſté marqué par MMrs les commiſſaires de Sa Majeſté & déclaré qu'ils en feront leurs très humbles remonſtrances... (3). »

---

5 Novembre 1695.

Il a reçu ses ordres au sujet de la capitation; il va s'efforcer de les exécuter.

(1) A. N. G7 178.
(2) Id.
(3) A. N. G7 178.

« Si le ſentiment des perſonnes les plus ſenſées de l'aſſemblée des eſtats avoit eſté ſuivi la propoſition qui en avoit eſté faite auroit eſté acceptée dès la première fois, mais les jeunes gens dont le nombre eſtoit le plus grand ſ'y oppoſèrent & la pluralité des voix l'emporta (1). »

L'ÉVÊQUE DE DOL au CONTROLEUR GÉNÉRAL.

5 novembre 1695.

« Je ſerois trop heureux de mériter par quelque endroit les bontés dont vous m'honorez j'avois creu treuver dans la Comiſſion des contraventions une occaſion favorable aiiant pris toutes les meſures que je croiiois neceſſaires pour fixer la capitation & la faire agréer aux eſtats je n'avois rien oublié pour tacher de leur faire entendre que ce ſeroit un advantage conſidérable pour la province & que cela leur doneroit lieu de faire cognoiſtre leur zèle pour le ſervice de ſa majeſté. j'avois comuniqué mon deſſein à MM[rs] les commiſſaires & aux preſidens qui l'avoient fort apreuvé, les eſtats dirent que ſans un ordre exprés cela ne pouvoit leur convenir dont je suis très faché. »

A l'occasion de la messe chantée en l'honneur de M. le comte de Toulouse, un nouvel incident s'est produit. Tandis que les Commissaires du roi et les présidents de la noblesse et de l'Église avaient des fauteuils, on n'a donné aux évêques qu'un petit banc ou une place debout, derrière les Commissaires et le président de l'Église. Les évêques n'ont pas cru de leur dignité d' « aſſiſter d'une manière si indécente dans l'egliſe ils ont prié M[r] l'eveſque de Vannes de ſi treuver & M[r] l'eveſque de Saint Brieuc de dire la meſſe par le reſpect que l'on a pour Monſieur le comte de Touloſe... » (2).

L'ÉVÊQUE DE SAINT-MALO au CONTROLEUR GÉNÉRAL.

5 Novembre 1695.

Il lui rend compte de la session des États (3).

(1) A. N G[7] 178.
(2) Id.
(3) Boislisle, *op. cit.* T. I, n° 1478.

8 Novembre 1695.

On a de nouveau agité la question de l'abonnement à la capitation. La noblesse et le tiers ne pouvaient s'entendre ; la noblesse refusait absolument d'assurer la levée de cet impôt; le tiers, sans refuser, demandait « tant de modifications... difficiles & faćtieuſes qu'elles la rendoient preſque impraticable. Nous autres de l'Egliſe qui ſommes perſonnellement exempts de cette impoſition quoyque nous y ſoyons ſubjets par nos domeſtiques & nos fermiers, nous en uſâmes en péres communs & leur marquâmes tant d'envie de les réunir & les faire ſe raprocher de ſentiments, ne voulant point prendre de party entr'eux, qu'en un mot Monſieur, la nobleſſe qui ne voulu jamais opiner que par billets & qui nous tint juſques à quatre heures du ſoir quaſy tous à jeun ſe radoucit tellement que les uns fatigués de criailler & les autres d'attendre ſi longtemps ſur le theâtre, ils témoignerent à nos députés qu'ils ſuivroient volontiers nos ſentiments ſi nous voulions bien leur envoyer par nos députés nos réſolutions formées ce qui nous fiſt prendre notre parti bruſquement pour profiter de ces bons moments des deux ordres égallement par nous préparés au bien de la paix avec ces voyes douces & engageantes; nous leur envoyaſmes donc nos avis à tous, & comme le tiers eſtoit déclaré par ces députés vouloir bien abonner cette impoſition a treize cens cinquante mil livres mais a une quantité de conditions, & entr'autres que ſans aucune cauſe & pretexte que ce fuſt, le Roy ne pouroit la faire augmenter, & qu'elle finiroit avec la guerre, & en un mot qu'elle ſeroit levée par nos propres députés dans la province avec tant de reſerves extraordinaires..., qu'au lieu d'embraſſer tout cela à la fois nous n'en priſmes que la moitié... envoyant dire que nous eſtions de l'avis du tiers pour abonner la capitation & la lever ſur nous meſmes, mais que pour les moyens de le faire & ſurmonter les difficultés qui ſ'y pouroient rencontrer, les eſtats nommeraient des députés qui en iroient conférer de noſtre part avec Meſſieurs les commiſſaires du Roy.

« La choſe a donc paſſé là quoy qu'avec mil peines & traverſes tant de la part de la nobleſſe que du tiers, quoy qu'ils aient encore remis ce ſoir à demain matin à en déliberer aux Eſtats, paroiſſant tous aſſés échauffés.....

« Venons maintenant ſ'il vous plaiſt Monſieur, aux inconvénients qui ſe trouvent exiſter dans cette affaire & qui nous embarraſſent beaucoup icy car aprés ſ'eſtre réſolu à porter cet abonnement à quatorze cens mil francs, dont vous devez, ce me ſemble bien vous contenter ſans nous obligés à en payer juſques à ſaize cent mil francs, en cas que le Roy augmentaſt ſa capitation par tout le royaume, nous avons tous eſté bien ſurpris, quand Monſieur de Lavardin, Meſſieurs les commiſſaires & Monſieur l'intendant nous ont répondu qu'ils n'avoient aucuns ordres ny inſtructions de vous, Monſieur, pour fixer cette ſomme & en traitter definitivement avec nous, mais ſeulement de recevoir nos offres les faire valloir auprés du Roy & taſcher à les lui faire agréer, que cependant les Eſtats pouvoient nommer des députés pour travailler dans la province à lever cette capitation par un tarif qu'on feroit de concert avec Monſieur l'intendant aprés la ſéparation de nos eſtats ſi les offres que nous faiſons à Sa Majeſté lui peuvent plaire.

« En vérité Monſieur vous euſſiez bien abrege matière & ſource de nos peines à tous ſi vous aviez eu la bonté de marquer à Meſſieurs les commiſſaires... à laquelle ſomme nous pouvions porter cette capitation & en un mot de quoy vous vous contenteriez, car le tout euſt finy avec nos Eſtats & on a de la peine à charger des députés de faire de pareilles négociations aprés noſtre ſéparation (1) cependant j'eſpere bien que nous en viendrons à bout, quelques criailleries que faſſent demain les deux autres ordres. » (2).

M. DE NOINTEL, *Intendant*, au CONTROLEUR GÉNÉRAL.

10 Novembre 1695.

Il avait cru pouvoir séparer les États aujourd'hui, mais il avait compté sans M. de Léon, le président de la noblesse, qui, trop absorbé par les

(1) Les Etats n'aimaient guère à confier des missions délicates à leurs députés; ils préféraient résoudre eux-mêmes des questions de cette importance. Voir plus loin ce qu'ils pensent des pouvoirs à donner aux députés en Cour : Lettre de M. le maréchal de Chateaurenault au Contrôleur général, 11 janvier 1710.

(2) A. N. G[7] 178.

plaisirs du bal, ne vient aux États que fort tard dans la matinée, et retarde la solution des affaires (1).

L'ÉVÊQUE DE LÉON au CONTROLEUR GÉNÉRAL.

12 Décembre 1695.

Le pays est infesté de loups, il faudrait obliger les gentilshommes, qui lèvent des « dixmes de la chaffe », à entretenir des lévriers à loups... (2).

M. DE LA FALUÈRE, Premier Président du Parlement de Bretagne, au CONTROLEUR GÉNÉRAL.

25 Décembre 1695.

Pour assurer la sécurité des rues, il avait été décidé d'armer une vingtaine de bourgeois chargés de faire des patrouilles. M. de Lavardin refuse de laisser acheter des armes.... (3).

M. DE LAVARDIN, Lieutenant Général en Bretagne, au CONTROLEUR GÉNÉRAL.

10 Janvier 1696.

Il explique pourquoi il s'est opposé à l'arrêt du Parlement créant une patrouille dans la Ville de Rennes.

Cette ville a été désarmée sur un ordre exprès du roi ; il ne pouvait, de sa propre initiative, lui rendre des armes, que le roi lui avait enlevées. Il faut qu'il y soit autorisé (4).

M. DE NOINTEL, Intendant, au CONTROLEUR GÉNÉRAL.

15 et 25 Janvier 1696.

Sur les moyens pris par les États pour faciliter leur emprunt de 1 200 000# (5).

(1) A. N. G⁷ 178.
(2) BOISLISLE, *op. cit.* T. I, n° 1484.
(3) ID., *ibid.*, n° 1489.
(4) A. N. G⁷ 179.
(5) BOISLISLE, *op. cit.* T. I, n° 1500.

Le Sieur DE LA LANDE LE CHAT, *Avocat du Roi en l'amirauté de Saint-Malo, au* CONTROLEUR GÉNÉRAL.

18 Janvier 1696.

Au sujet d'un procès entre un marchand et les interprètes jurés du port de Saint-Malo (1).

M. DE LA FALUÈRE, *Premier Président du Parlement de Bretagne, au* CONTROLEUR GÉNÉRAL.

8 Février 1696.

Au sujet d'un réglement établi par le Parlement et contre lequel s'élèvent les États et le comte de Toulouse.....

Le Parlement ne croit avoir à recevoir d'ordres, en matière purement judiciaire, que du roi ou du chef de la justice (2).

M. DE NOINTEL, *Intendant, au* CONTROLEUR GÉNÉRAL.

15 Février et 3 Juin 1696.

Proposition de renouveler les anciens octrois de Saint-Pol-de-Léon, d'étendre ou de créer des droits au profit de cette ville... (3).

M. DE LAVARDIN, *Lieutenant Général en Bretagne, au* CONTROLEUR GÉNÉRAL.

18 Février 1696.

Il affirme que son parent, M. de Gordes, « enfermé comme insensé... » est réellement atteint de folie (4).

(1) Boislisle, *op. cit.* T. I, n° 1502.
(2) Id., *ibid.*, n° 1510.
(3) Boislisle, *op. cit.* T. I, n° 1511.
(4) Id., *ibid.*, n° 1512.

Le Sieur BLANCHARD, *Ingénieur à Lamballe, au* CONTROLEUR GÉNÉRAL.

28 Février et 26 Avril 1696.

Au sujet d'une mine de charbon de terre située dans la paroisse de Trégomeur (1).

Le CONTROLEUR GÉNÉRAL *à* M. DE NOINTEL, *Intendant.*

17 Avril 1696.

Au sujet d'une gratification demandée par l'intendant, et d'un recouvrement de 240 000#... (2).

M. DE NOINTEL, *Intendant, au* CONTROLEUR GÉNÉRAL

30 Mai 1696.

Il a reçu des assurances que la récolte serait abondante cette année (3).

La libre circulation des grains pourrait, sans inconvénient, être autorisée dès à présent. Elle est d'autant plus attendue, qu'elle permettra aux Bretons de payer plus facilement au roi leurs impôts (4).

---

6 Juin 1696.

« L'exemption du ſervice de l'arrière ban & des contributions qui ſ'ordonnent pour raiſon d'iceluy n'eſt point un des privilèges attribués aux charges nouvellement créées dans les juridictions des admirautés de cette province. J'en ay examiné l'édict aux termes duquel le S[r] le Moir dont je vous renvoie la lettre me paroiſt mal fondé dans la plainte qu'il a pris la liberté de vous porter. » (5).

(1) Boislisle, *op. cit.* T. I, n° 1515.
(2) Id., *ibid.*, n° 1525.
(3) Le 4 juillet suivant, il constatait que des pluies continuelles avaient compromis la récolte, et que les blés avaient déjà renchéri en quelques endroits. A. N. G[7] 179.
(4) A. N. G[7] 179.
(5) Id.

Le Sieur DONDEL, *Président au Siège Présidial de Vannes, au* CONTROLEUR GÉNÉRAL.

11 Août 1696.

« Je me trouve obligé de vous porter une feconde fois mes plaintes & celles de toutte noftre compagnie des violences qu'exercent envers nous le Sieur Boulanger pour nous forcer d'acquérir les offices de commiffaires examinateurs & enquefteurs de ce fiege, noftre compagnie vous fuplie... de lire... le placet cy joint & de voir les procez verbaux d'etabliffement de garnifon & d'execution faits fur nos meubles attachés audit placet d'autant que le premier... ne nous a pas été raporté & ne le fera de longtemps pour des raifons qu'on n'ofe prendre la liberté de vous efcrire, & cependant nous demeurons toujours fous l'opreffion quoyque dans l'impuiffance de pouvoir paier lefdites charges... » (1).

M. DE LA FALUÈRE, *Premier Président du Parlement de Bretagne, au* CONTROLEUR GÉNÉRAL.

30 Octobre 1696.

Il intervient en faveur des officiers & des procureurs du siège de Morlaix, dont le Sr Boulanger exige une soumission trop forte « à caufe des offices de commiffaires. » (2).

---

10 Février 1697.

Sur l'interdiction du jeu « de baffette, pharaon & autres de ce genre. » (3).

M. DE NOINTEL, *Intendant, au* CONTROLEUR GÉNÉRAL.

24 Avril 1697.

Il lui renvoie le mémoire relatif à la restitution par les traitants du huitième denier des biens d'église aliénés dans cette province, et donne un avis défavorable (4).

(1) A. N. G[7] 179.
(2) Id.
(3) BOISLISLE, *op. cit.* T. I, n° 1594.
(4) A. N. G[7] 180.

M. DE MŒSLIEU, *Sénéchal de Lesneven*, au CONTROLEUR GÉNÉRAL.

6 Mai 1697.

Il lui envoie un procès-verbal, qu'il a dressé contre l'alloué et le procureur du roi de Brest.

Ceux-ci sont venus aujourd'hui à Lesneven au moment où, suivant les ordres de M. de la Coste, il passait en revue le ban et l'arrière-ban de l'évêché de Léon.

L'alloué lui a arraché les ordres du roi et le rôle d'une des compagnies, l'empêchant ainsi de relever les présents et les absents.

L'alloué n'a pas le droit de passer en revue les gentilshommes; ce droit n'appartient qu'aux sénéchaux (1).

M. DE NOINTEL, *Intendant*, au CONTROLEUR GÉNÉRAL.

27 Juillet 1697.

Lettre relative aux octrois de la ville de Dol, qui demande leur continuation et leur extension à plusieurs paroisses voisines (2).

---

29 Septembre 1697.

Il lui envoie son rapport sur les contestations entre les marchands de Redon, du Croisic et de Messac d'une part et les marchands de vin en gros de Rennes.

D'après ce rapport, les marchands de vin rennais avaient obtenu du Parlement que les vaisseaux chargés de vin, entrés dans le port de Redon, seraient déchargés « preferablement a touttes autres marchandises... » Les marchands de Redon, du Croisic et de Messac demandaient que les barques fussent déchargées « suivant le rang de leur arrivée sans aucunes distinction ny preferance de marchands ou marchandises ainsy qu'il se pratique dans tous les autres ports du royaume... » (3).

(1) A. N. G7 180.
(2) Boislisle, *op. cit.* T. I, nº 1639.
(3) A. N. G7 180.

M. DE LA FALUÈRE, *Premier Président du Parlement de Bretagne*, au CONTROLEUR GÉNÉRAL.

17 Octobre 1697.

Après que plusieurs expédients eurent été proposés aux prélats, il avait été convenu qu'ils n'auraient qu'un « banc d'acoudouer », que M. de la Trémoille et le Président de l'Eglise auraient un prie-Dieu plus élevé, mais que personne ne pourrait se mettre « en parallèle avec eux (1) & fur la même ligne. »

Le doyen des gentilshommes s'y étant mis, les évêques ont murmuré et se sont retirés dans le sanctuaire.

M. le Maréchal a mandé les gentilshommes et leur a ordonné de ne plus se placer aux côtés des prélats. Cet ordre les a contristés.

Pour mettre fin à des contestations, qui allongent la durée des États, il faudrait revenir à l'ancien usage : disposer les députés dans les stalles du chœur ou sur des bancs rangés autour du chœur, réserver aux présidents de l'Église et de la Noblesse deux prie-Dieu au haut bout; au besoin leur donner à chacun un fauteuil (2).

M. DE NOINTEL, *Intendant*, au CONTROLEUR GÉNÉRAL.

17 Octobre 1697.

Il lui annonce que le don gratuit a été accordé, le matin, avec empressement, sans délibération séparée des trois ordres (3).

M. le *Maréchal* D'ESTRÉES, *Commandant en Bretagne*, au CONTROLEUR GÉNÉRAL.

20 Octobre 1697.

« Nous allons entrer au premier jour dans l'examen des moyens d'eftablir le fond du don gratuit & comme de ceux, que le Roy nous a

(1) Les évêques.

(2) Cf. une longue lettre de l'évêque de Saint-Malo sur cette affaire, 17 octobre 1697. A. N. G^7 180.

(3) A. N. G^7 180.

monſtrés dans ſon inſtruction, la capitation nous paroiſt la plus commode & plus ſelon l'intention de ſa Majeſté, nous nous attacherons Mr de Nointel & moy a le faire reuſſir. Nous avons entretenu fort au long les préſidents qui agiront d'un grand concert avec nous & qui, ſuyvant le réſultat de l'entretien que nous euſmes hyer enſemble, ne choiſiront que des députés facils & de bon eſprit, pour atirer les autres dans leur opinion.

« Mr de Saint-Malo a déſiré cette députation, il n'y a pas lieu de croire qu'il l'ayt demandée a autre deſſein que de plaire. Il m'en a aſſeuré en general, car nous ne luy avons pas encore déclaré ſur quoy tomboient nos expédients pour régler les fonds & dégager cette province. Juſques icy tout le monde agit d'un grand concert, & ce me ſemble avec de bonnes intentions (1). »

L'ÉVÊQUE DE SAINT-MALO au CONTROLEUR GÉNÉRAL.

23 Octobre 1697.

... « Demain matin Monſieur, nous devons commencer à travailler tout de bon à chercher les moyens de ſatiſfaire le Roy & de prendre les voyes les plus douces & les moins déſavantageuſes à la province pour ſ'acquitter peu à peu... J'employray tout mon petit ſcavoir faire pour conduire les choſes au point que vous les déſirez, mais en vérité je ne me ſaurois diſpenſer de vous dire que je ne m'aperçois déjà que trop que cette alternative de l'entrée ou de la capitation met icy quaſy tous les eſprits dans une ſi grande conſternation qu'encor bien que la crainte de voir un eſtabliſſement de l'entrée ſur les vins ſoit icy, comme vous ſcavez, leur grande beſte, & qu'a peine une alienation de quinze ou ſeize années de ce droit d'entrée à 24# par tonneau de vin ſuffiroit-elle pour rembourſer ces deux millions la, neantmoins, Monſieur, la frayeur où ils ſont que cette capitation qui leur eſt ſi ſenſible & que la nobleſſe regarde quaſi comme une eſpèce de taille, balance ſi fort la peine que leur cauſe l'imagination qu'ils ont, & qui n'eſt peut-eſtre pas trop mal fondée, qu'après avoir eſté accoutumé à payer ce droit d'entrée des 25 ou 26 ans de ſuite à ceux qui

(1) A. N. G7 180.

avoient fait cette avance de deux millions pour eux, bien loin de faire finir ce droit, le Roy s'accoutumerait peut-estre aussi à en faire continuer la levée ... que je ne scaurois presque, Monsieur, vous faire connoistre laquelle des deux extrémités là ils ont le plus en horreur, tant il est vray qu'ils sont désolés de l'une & de l'autre.

« Cependant, Monsieur, comme les plus censés entrevoyent bien que l'entrée est plus dangereuse pour eux & plus facille à tirer à conséquence, j'espère bien dans mes raports & sur le theâtre & dans les chambres, donner de si noires couleurs à cette entrée qu'elle m'aidera beaucoup s'il plaist à dieu, à leur arracher leur consentement avec douceur pour souffrir encor cette capitation jusques à nos Estats prochains, quelque répugnance qu'ils ayent à la payer, surtout si le Roy en accorde la révocation pour tout le reste du Royaume.

« Quelques uns de ces Messieurs voulant faire diversion, & jetter une espèce de division entre les ordres, m'ont desja menacé de proposer qu'on prist la Capitation du clergé en cette province, pour diminuer d'autant leur capitation de deux millions huit cens mil livres pour les deux années prochaines, croyant par là prendre l'ordre de l'eglise par son interest, & l'empêcher de donner son consentement pour continuer encor ces deux ans icy la capitation.

« Au reste, Monsieur, comme certains jeunes emportés avoient pris à tasche de faire courir quelques faux bruits sur la levée de la capitation des deux années dernières, qu'ils prétendoient excéder de beaucoup les quatorze cens mil francs à quoy elle estoit abonnée, qui sont très faux & sans aucun fondement, Monsieur l'intendant ayant eu connoissance d'une certaine requeste qu'ils avaient voulu exposer pour cela, est bien resolu avec Messieurs les députés des Estats pour en faire la confusion toutte entière à ces faux accusateurs là, de faire examiner les comptes de cette recette & mise en plains estats, qui tous dés à présent désavouent les emportements de ces jeunes fols là, & ainsy, Monsieur, si on vous en mande quelque chose, que cela ne vous fasse, s'il vous plaist, aucune impression ny peine.

« Pour Mr du Chastelet il est revenu icy pour reprendre sa place aux Estats, mais il nous y paroist à présent assés doux & plus modéré.

« Je ne puis encor Monſieur finir celle cy ſans vous dire que Monſieur le maréchal d'Eſtrées fait icy touttes choſes d'un air ſi grand & ſi noble, que ſa manière comme ſa perſonne, ſans flatter, y plaiſent à tout le monde. Il y fait une dépenſe ſi extrême & y tient deux tables ſoir & matin, de vingt couverts chacunne, ſi prodigieuſes, qu'en conſcience nous n'y en avions pas veu de pareilles, & il tempére neantmoins tout ce faſte là d'un air ſi doux & ſi accueillant que perſonne de nous aſſeurément ne luy pleindra nos dix mil eſcus. »

Aujourd'hui, M. de la Tremoille ayant gardé la chambre, son frère le prince de Talmond a été élu président; les États lui devront faire un présent. Cet après-midi, les Etats ont ajouté 1 800# aux 4 200# qu'on avait coutume de distribuer à la noblesse besogneuse de la province, dont les rangs augmentent tous les jours. Pour éviter aux gentilshommes pauvres de venir eux-mêmes chercher leur gratification, on la remettra à leurs voisins, qui devront présenter pour eux des certificats de pauvreté, signés des évêques ou des grands vicaires (1).

M. DE NOINTEL, *Intendant, au* CONTROLEUR GÉNÉRAL.

27 et 30 Octobre 1697.

Au sujet de la tenue des États, et notamment de la capitation, que les États ne se résignent pas à accepter (2).

M. *le Maréchal* D'ESTRÉES, *Commandant en Bretagne, au* CONTROLEUR GÉNÉRAL.

3 Novembre 1697.

« Je n'aurois pas laiſſé la requeſte du ſieur Blouan (3) ſans correction, ſi Mr l'intendant n'avoit eſté d'un autre ſentiment. Il a jugé ſans doute

(1) A. N. G7 180.

(2) Boislisle, *op. cit.* T. I, no 1661.

(3) Cette requête accusait l'intendant d'avoir commis des abus dans la levée de la dernière capitation. C'est à elle, que fait allusion l'évêque de Saint-Malo dans sa lettre du 23 Octobre. Blouan et de Coetby furent l'un puni de la prison, l'autre banni des États. Cf. Lettre de M. d'Estrées du 6 novembre. A. N. G7 180.

qu'il luy feroit plus honorable que la réparation fut ordonnée par le Roy que par le commandant de la province; mon fentiment eftoit qu'un exemple au commencement des Eftats en la perfonne d'un gentilhomme emporté auroit retenu les autres, il jugoit au contraire que c'étoit le moyen de les aigrir d'avantage. C'eft par une autre raifon qu'il m'a témoigné qu'il falloit différer jufques à lundy feulement l'exécution des ordres du Roy à l'égard du fieur Blouan & du fieur de Coethy, mais ce ne feroit pas affez pour contenir les gentilfhommes & le tiers eftat dans des bornes plus eftroittes de foumiffion pour une autre tenue d'Eftats fi l'on ne faifoit que ces deux exemples, dans les deux ordres, de ceux qui ont paru plus efchauffés par un efprit de cabale, & particulierement dans le Tiers car il n'a pas efté moins vif que les gentilfhommes pour ne pas dire davantage. (1) ».

M. DE LA FALUÈRE, *Premier Président du Parlement de Bretagne,* au CONTROLEUR GÉNÉRAL.

3 Novembre 1697.

..... « On peut vous dire Monfieur que jufques à présent [les fentiments] n'ont point changé & que vrayfemblablement ils ne changeront point. Le mot ou fi on peut parler ainfi la vifion de la capitation a tellement préoccupé l'imagination de tout le monde que le feul mot fait frayeur & je dois vous dire comme une vérité certaine que cette frayeur f'eft tellement répandu dans la province qu'encor que par la grâce du feigneur tout y foit calme & foumis, cela ne laiffe pas d'y caufer un certain murmure qui marque bien le chagrin avec lequel les peuples receuvront une impofition continue pendant que le Roy a la bonté d'en décharger le royaume...

« ..... Il eft certain que l'on fe plaint en beaucoup d'endroits que la diftribution [de la capitation] a efté très mal faitte & l'on a mefme adjoufté qu'elle avoit excédé de beaucoup la fixation. Je n'en fcay rien & fuis perfuadé que cela vient f'il eft vray des commiffaires qui y ont travaillé

(1) A. N. G[7] 180.

& non de M. de Nointel qui dans d'autres emplois où je l'ay connu a eu un bon renom & qui paroiſt dans la ſuavité d'un homme de bien quoyque dans de certaines occaſions boutonné un peu plus haut qu'il n'eſt ni neceſſaire ni utille.... » (1).

M. DE NOINTEL, Intendant, au CONTROLEUR GÉNÉRAL.

6 Novembre 1697.

Sur les critiques des États contre la capitation (2).

M. le Maréchal D'ESTRÉES, Commandant en Bretagne, au CONTROLEUR GÉNÉRAL.

13 Novembre 1697.

Les enchères des fermes sont montées trop haut. — La Compagnie Le Barst agit avec plus de passion que de réflexion.

L'un des présidents des États, M. de Rennes, s'occupe de l'adjudication des fermes « avec plus de deſſein de cabale que de déſir de faire du bien à la province. » Il entreprend les gentilshommes et les fermiers, encourage ceux-ci, leur promet son appui. Le Sr Mahieu, intendant de Mr de la Trémoille, par haine pour les anciens adjudicataires, se joint à lui et pousse les enchères le plus possible.

Celles-ci sont déjà trop haut. S'il ne faut pas que les fermiers fassent des profits excessifs, il ne faut pas non plus qu'ils subissent de grosses pertes (3).

M. DE LA FALUÈRE, Premier Président du Parlement de Bretagne, au CONTROLEUR GÉNÉRAL.

20 Novembre 1697.

La récolte des grains — le blé noir excepté — a été médiocre. Il serait utile de créer des magasins ou greniers de réserves (4).

(1) A. N. G⁷ 180.
(2) Boislisle, *op. cit.* T. I, n° 1662.
(3) A. N. G⁷ 180.
(4) Boislisle, *op. cit.* T. I, n° 1668.

M. DE NOINTEL, Intendant, au CONTROLEUR GÉNÉRAL.

29 Décembre 1697.

Il lui adresse un « Mémoire concernant le droit de charoy dont le gouverneur de Concarneau se fait payer par les habitans des paroisses dépendantes du dit gouvernement. »

Le gouverneur Sr de Vaucouleurs « se fait payer 60 sols par chaque charoy d'une certaine quantité que les habitans des douze paroisses de son gouvernement doivent fournir à proportion de leur grandeur ». Ce droit lui rapporte par an de 6 à 700#. Il prétend l'avoir établi pour décharger les paroisses de l'obligation de charroyer les bois nécessaires au chauffage de la garnison.

Ce prétexte est spécieux. Il n'y avait pas de garnison à Concarneau avant que le roi n'y envoyât une compagnie d'infanterie, à laquelle il fournit lui-même le bois.

M. de Nointel estime le droit illégal (1).

Le CONTROLEUR GÉNÉRAL à M. DE NOINTEL, Intendant.

31 Décembre 1697.

Il le charge d'une enquête en Bretagne sur la consommation, la provenance et la fabrication des étoffes (2).

M. DE NOINTEL, Intendant, au CONTROLEUR GÉNÉRAL.

5 Janvier 1698.

Le courrier, chargé des lettres de Basse-Bretagne, a été assassiné. Les vols sont fréquents dans les campagnes; la maréchaussée est insuffisante (3) ...

(1) A. N. G[7] 181.
(2) Boislisle, *op. cit.* T. I, n° 1678.
(3) Boislisle, *op. cit.* T. I, n° 1681.

12 Janvier 1698.

Il l'entretient de la plainte du médecin du Croisic, qui prétend que le receveur des octrois ne veut pas lui payer ses gages (1).

M. DE LA BÉDOYÈRE, *Procureur Général au Parlement*, *au* CONTROLEUR GÉNÉRAL.

22 Janvier 1698.

Il lui signale la cherté des grains. A Redon, le tonneau de froment vaut 150#, au lieu de 90 ou 100#, son prix ordinaire; celui de seigle 100# au lieu de 60 (2).

M. DE NOINTEL, *Intendant, au* CONTROLEUR GÉNÉRAL.

23 Février 1698.

Il lui annonce qu'il a reçu ses ordres relatifs aux droits d'entrée, que prescrira le nouveau tarif « auquel Sa Majeſté fait travailler avec MM[rs] les Commiſſaires de Hollande », et qu'il les exécutera (3).

M. DE LA FALUÈRE, *Premier Président du Parlement de Bretagne*, *au* CONTROLEUR GÉNÉRAL.

26 Février 1698.

« Je reçois encor journellement des plaintes pour raiſon des taxes nouvellement impoſées tant pour le droit de bourſes communes que du petit ſceau ſur leſquelles ne me jugeant pas compétent je ſuis obligé de renvoier les parties. Cependant Monſieur leurs importunités m'obligent de vous en reparler. Ce n'eſt quaſi rien que les bourſes communes & cependant on fait des frais qui cauſent de grands cris. Je receus il y a quatre ou cinq jours une lettre des Procureurs de Morlaix qui ſe plaignent

(1) A. N. G[7] 181.
(2) Id.
(3) A. N. G[7] 181.

que pour une taxe de huit cents livres quelques uns d'entre eux ont des garnifons qui les mettent au defefpoir. Si vous m'euffiez permis l'année paffée de me mefler de cette affaire j'ofe me vanter dans le train où je la voiais qu'en partant d'ici un mois plus tard que je ne fis je l'euffe abfolument terminée.

« Quand au petit fceau pour lequel on fignifie une taxe de dix mil livres aux officiers du fiege roial de cette ville ils propofent du confentement des habitants de prendre cette fomme fur une augmentation d'entrées ne la pouvant paier de leur fonds. Je prends la liberté de vous en parler après avoir longtemps réfifté; la compreffion qu'ils m'ont fait m'a obligé de le faire. Il eft certain & vous le fcavez Monfieur que cette jurifdiction à la referve de la ville n'eft rien. » (1).

M. DE LA FALUÈRE, *Premier Président du Parlement de Bretagne,* *au* CONTROLEUR GÉNÉRAL.

6 Mars 1698.

Il se plaint des manœuvres des faux sauniers et lui soumet un règlement sur la contrebande (2).

M. DE NOINTEL, *Intendant, au* CONTROLEUR GÉNÉRAL.

9 Mars 1698.

Il appuie une requête des Jésuites de Quimper et demande, pour leur permettre d'achever leur église, qu'on les laisse toucher, pendant neuf ans, 3 200# à prendre sur les deniers communs et les deniers d'octroi de la ville de Quimper (3).

---

26 Mars 1698.

Il examine le placet des habitants de Port-Louis et propose de faire droit à leur demande, en leur accordant l'érection en communauté; il est

(1) A. N. G^7 181.
(2) Id.
(3) A. N. G^7 181.

d'avis de leur permettre de « lever un sol par pot de vin & six deniers par pot de cidre & bierre qui se vendront en détail en la dite ville du Port-Louis dont l'adjudication sera faite pour la première fois seulement par le s[r] Commissaire départy en la dite province de Bretagne, pour le produit en estre emploié chaque année à l'acquitement des charges ordinaires & extraordinaires de la dite ville suivant qu'elles seront réglées par l'état qui en sera arresté par ledit s[r] Commissaire départy & ensuite confirmé par Sa Majesté (1). »

---

2 Avril 1698.

Sur les causes qui ont amené la diminution du produit d'un droit sur les eaux-de-vie, perçu à la sortie de Bretagne (2).

PROJET D'ARRÊT présenté par M. DE NOINTEL, Intendant.

6 Avril 1698.

« Sur ce qui a esté représenté au Roy estant en son conseil que les Estats de la province de Bretagne aiant esté condemnés par arrest rendu au Conseil le 29 Mars 1689, de paier aux créanciers de la dite province les arrérages & interests à eux deubs par contracts & obligations soufferts par le s[r] d'Harouis (3) trésorier des dits États en vertu des procurations qu'ils lui en avoient données; sçavoir au denier vingt à ceux des dits créanciers qui se sont trouvés dans le contenu des sommes portées par les procurations du 7 Septembre 1679 & des années 1681, 1683 & 1685 : à raison du denier vingt-deux à ceux des dits créanciers qui se sont trouvés dans l'excédant des sommes portées par les dites procurations & à raison du denier vingt-quatre aux créanciers porteurs de quittances d'avance du dit

(1) A. N. G[7] 181.

(2) Boislisle, *op. cit.* T. I, n° 1710.

(3) M. d'Harrouys avait été déclaré en faillite en 1687 et enfermé à la Bastille; ses biens furent mis sous sequestre, mais ils étaient, à l'insu des États, frappés d'une hypothèque prise en 1657. La liquidation de cette faillite ne devait finir qu'en 1723, à une époque où les principaux intéressés avaient disparu.

Sur M. d'Harrouys et le rôle du trésorier des États, cf. F. Delaisi, *Les États de Bretagne sous l'administration de Colbert*, 1661-1683. (Ce travail est encore inédit.)

^{r} d'Harouis pour le contenu en chacune d'icelles : aucuns des créanciers des dits billets d'avance ont proposé de remettre à la dite province un sixiesme de leur principal, à condition que la dite province leur passera un contract de constitution au denier vingt de ce qui leur restera deub, ledit sixiesme déduit ; & quoique cette proposition soit egallement avantageuse à la dite province en ce qu'elle se trouvera par ce moïen là déchargée du sixiesme du principal des dits billets, & qu'en paiant l'interest au denier vingt au lieu du denier vingt quatre de ce qui restera deub, elle n'en paiera pas pour cela davantage d'interest auxdits créanciers qu'elle fait à présent au denier vingt-quatre : & aux dits particuliers créanciers en ce que ces billets d'avance estant convertis en constitution au denier vingt, ils se procureront un interest égal à celui dont ils sont actuellement paiés & que les dits contracts qui leur seront consentis par les dits Estats auront cours dans le commerce ordinaire de la province & qu'ils pourront revendre dans les occasions avec plus de facilité qu'ils ne feroient lesdits billets d'avance ; neantmoins ladite province ny lesdits particuliers ne peuvent profiter de cette proposition ny faire cette conversion de billets en contracts de constitution qu'il ne leur soit permis par arrest du Conseil :...... a quoy Sa Majesté voulant pourveoir..... le Roy en son conseil a permis & permet aux gens des trois Estats de la dite province de Bretagne de convertir les dits billets d'avance par eux deus en contracts de constitution de rente au denier vingt, à condition de remettre par les creanciers porteurs des dits billets d'avance, au profit de la dite province le sixiéme des sommes principalles a eux deües & de se contenter de l'interest au denier vingt de ce qui leur restera deub déduction faite du sixiesme du principal de leurs dits billets d'avance... » (1).

M. DE NOINTEL, Intendant, au CONTROLEUR GÉNÉRAL.

20 Avril 1698.

Des cadets de la noblesse s'associent pour la contrebande du tabac... (2).

(1) A. N. G^{7} 181.

(2) Boislisle, *op. cit.* T. I, n° 1713.

La COMMUNAUTÉ DE BREST au CONTROLEUR GÉNÉRAL.

3 Mai 1698.

Elle paie, chaque année, sur ses deniers d'octroi : le logement du duc d'Estrées, soit 2 500 #, non compris la location des meubles (1); le logement de M. de Bouvidal, soit 700#; le logement de M. Sorel, inspecteur de la marine, soit 500#; le logement de M. des Grassières, soit 600#.

Ces charges consomment tous les produits de l'octroi. Étant donné que M. des Grassières n'est pas venu à Brest depuis quatre ans et qu'il fait occuper son logement par le Sr Jouin, la communauté demande à ne plus fournir ce logement que lorsque M. des Grassières se rendra à Brest (2) pour le service du roi (3).

M. DE LA FALUÈRE, Premier Président du Parlement de Bretagne, au CONTROLEUR GÉNÉRAL.

25 Juin 1698.

Le Sr de Frémeur avait tué, dans une querelle, au sortir d'un souper, M. de Pennevery. La victime avait eu tous les torts. « L'affaire fut accommodée pour de l'argent & des lettres de grâce entérinées. »

Mais le chevalier de Pennevery, officier au Régiment le Nevet, fit dire à M. de Frémeur que « là où il le trouveroit il vengeroit la mort de ſon frère ». M. de Pennevery rencontra M. de Frémeur près de Plélan, l'aborda le pistolet à la main et lui en tira un coup. M. de Frémeur, tombé à terre, voulut se servir de son épée, mais M. de Pennevery lui passa la sienne au travers du corps. « Il n'y a point d'argent à donner pour rachepter cette mort, car le meurtrier n'a preſque rien vaillant... » (4).

(1) Si l'on tient compte des frais qu'ont entraînés les réparations et modifications exigées par M. d'Estrées, le loyer des deux dernières années s'est élevé à 10 000#.

(2) Cette requête de la ville de Brest, soumise à M. des Grassières, fut approuvée par lui. Cf. sa lettre au Contrôleur général du 20 mai 1698.

(3) A. N. G7 181.

(4) Id.

Les affaires de ce genre n'étaient pas rares encore à la fin du XVIIe siècle. — Le Pre-

16 Juillet 1698.

..... « Il arriva hier au matin, à quatre heures à Rennes, un estrange accident. Le Sieur Dupin Pontbriant attendant Mr de Beauvais son rapporteur avant d'aller au pallais, le sieur de Ravenel contre qui il avoit procès luy voulut faire mettre l'espée à la main & sur ce que ce gentilhomme que l'on dit néantmoins avoir eu de la bravoure dist qu'il estoit deffendu de se battre, de Ravenel luy donna un coup de tranchant de son espée & luy escharpa rudement le visage. Le pauvre Pontbriant sur cela mettant l'espée ou l'ayant déjà mise à la main en receut deux coups dont il mourut sur le champ...

« J'exhorte en vain le grand prévost de faire mieux son devoir. Ces Messieurs seroient assez aises d'estre dans l'indépendance & celuy-cy à l'heure que j'ay l'honneur de vous en parler a eu jusques à présent depuis près de cent cinquante jours cinq prisonniers à Rennes sans les juger & ils y seroient encore sans que je luy en ay voulu faire payer les geolages. Les assassinats sont fréquents... » (1).

---

16 Août 1698.

Il se plaint de la maréchaussée. Celle-ci est paresseuse, indisciplinée, fait peu de tournées et n'arrête pas de malfaiteurs.

Les assassinats sont fréquents; les chemins peuplés de malfaiteurs.

Seuls, les huissiers et les sergents sont de quelque utilité.

Il demande qu'on crée à Rennes une compagnie du guet, soit 1 chevalier, 1 exempt et 12 archers, pour assurer la sécurité des rues, la nuit (2).

---

20 Août 1698.

Les procès-verbaux faits par les commis des fermes générales à M. de Langle, au sujet d'un carrosse sont inexacts... Il serait juste de punir ces commis (3).

mier Président dut en signaler plusieurs autres au Contrôleur général.

Cf. aussi DEPPING, *op. cit.*, Lettre de M. de Pontchartrain à M. de la Bédoyère, 24 mai 1702. T. II, p. 367.

(1) A. N. G7 181.

(2) Id.

(3) BOISLISLE, *op. cit.* T. I, n° 1745.

M. DE NOINTEL, Intendant, au CONTROLEUR GÉNÉRAL.

2 Septembre 1698.

« J'ai receu un arreſt du Conſeil... qui me commet pour inſtruire le procès à quelques particuliers accuſés d'avoir fait entrer des draperies étrangères par deſſus les murs du chateau de St Malo, d'intelligence avec la garde bourgeoiſe de la ville; permettez moy de vous ſupplier, Monſieur, de vouloir bien faire expédier un ſecond arreſt qui me donne le pouvoir de faire faire cette procédure par un ſubdélégué, l'affaire ſera pluſtoſt inſtruite & je feray dans peu en eſtat d'avoir l'honneur de vous en rendre compte... » (1).

M. DE LA FALUÈRE, Premier Président du Parlement de Bretagne, à Mme DE PONTCHARTRAIN.

3 Septembre 1698.

Il lui annonce qu'il va, selon le désir de Mme de Maintenon, rechercher si les demoiselles le Gonidec, désireuses d'entrer à Saint-Cyr, sont nobles (2).

M. DE LA FALUÈRE, Premier Président du Parlement de Bretagne, au CONTROLEUR GÉNÉRAL.

16 Septembre 1698.

« Il a eſté donné un arreſt au Conſeil Royal pour ne point colloquer d'argent ſur les Eſtats de la province à moindre denier qu'au denier vingt. Ce réglement très bon pour le temps préſent peut avoir des conſéquences pour le commerce de l'argent qui dans la ſuite ſuivant les différentes ſituations peut n'eſtre pas ſi aiſé à trouver qu'à préſent... » (3).

(1) A. N. G[7] 181.

(2) Id.

Le contrôleur général saisit directement l'intendant de cette affaire, et c'est à l'intendant que le sieur le Gonidec remit ses titres de noblesse.

Cf. Lettres de M. de Nointel au Contrôleur général, 2 et 19 novembre 1698.

(3) A. N. G[7] 181.

19 Octobre 1698.

Le prix des grains enchérit; il faudrait empêcher toute exportation (1).

M. DE NOINTEL, *Intendant, au* CONTROLEUR GÉNÉRAL.

2 Novembre 1698.

« L'inſtruction... de la procédure criminelle commencée par les juges des traites de Saint-Malo contre quelques particuliers accuſés d'y avoir fait entrer des draperies étrangéres eſt faite & le procés eſt en eſtat d'eſtre jugé; mais comme j'ay reconnu qu'il n'y a pas aſſes de preuve pour aſſeoir une condemnation qui ſerve d'exemple j'ay crû devoir vous adreſſer un mémoire de l'affaire ſur lequel je vous ſupplie Monſieur de me faire ſçavoir vos derniers ordres.

« Les meſmes juges ont inſtruit & jugé une autre affaire de pareille nature contre le nommé la Marche qui demeuroit dans le chateau de Saint-Malo laquelle eſt de plus grande conſéquence & mérite plus d'attention... » (2).

Le Sieur DE LA LANDE-MAGON, *Négociant à Saint-Malo, au* CONTROLEUR GÉNÉRAL.

2 Novembre
et 26 Décembre 1698.

Mémoires sur l'importation de la cochenille (3).

---

16 Décembre 1698.

Le Sr de la Lande-Magon représente qu'il a avantage à expédier la cochenille de Saint-Malo à Paris et à Rouen par la voie de terre. La prime d'assurance, dans le cas d'expédition par mer, serait plus élevée que

(1) Boislisle, *op. cit.* T. I, n° 1769.
(2) A. N. G[7] 181.
(3) Boislisle, *op. cit.* T. I, n° 1778.

les frais de voiture qui sont de 6 à 7 # le cent pesant, de Saint-Malo à Rouen, et de 9 à 18 de Saint-Malo à Paris.

De plus, la voie de terre est plus rapide, on n'a pas toujours des barques à sa disposition ; le vent n'est pas toujours favorable. Au lieu d'arriver en sept jours à Rouen et en douze à Paris, la cochenille « courroit hasard d'estre des deux & trois mois sur la mer... »

Les négociants de Saint-Malo ne sauraient faire le commerce en Espagne et aux Indes sans troquer leurs marchandises contre la cochenille, l'indigo, les cuirs, le bois de campêche, les laines et les vins... (1).

M. DE LA FALUÈRE, Premier Président du Parlement de Bretagne, au CONTROLEUR GÉNÉRAL.

6 Janvier 1699.

Au sujet du produit d'une amende et d'une confiscation encourues par un commis des fermes pour avoir importé des harengs, salés à l'étranger, et que réclament concurremment les fermiers généraux et les receveurs des amendes (2).

M. DE LA BÉDOYÈRE, Procureur Général au Parlement, au CONTROLEUR GÉNÉRAL.

27 Janvier 1699.

« Un misérable galérien m'a prié de vous envoyer son arrest, persuadé que quand vous verres qu'il n'a esté condamné que pour cinq ans & qu'il y a longtemps que le temps de sa condamnation est expiré que vous le feres mettre en liberté... » (3).

(1) A. N. G⁷ 181. Dans une lettre du 11 janvier 1699, M. de Nointel souscrit aux raisons de M. de la Lande-Magon (A. N. G⁷ 181).

(2) Boislisle, *op. cit.* T. I, n° 1821.

(3) A. N. G⁷ 181.

M. DE NOINTEL, Intendant, au CONTROLEUR GÉNÉRAL.

11 Février 1699.

Il a visité les marais de Dol et de Roz-sur-Couesnon, où les dernières marées ont fait de grands ravages. Des réparations y sont nécessaires. Il lui enverra incessamment le devis des ouvrages à y entreprendre (1).

M. DE LA BÉDOYÈRE, Procureur Général au Parlement, au CONTROLEUR GÉNÉRAL.

11 Février 1699.

On l'a averti que des grains, achetés dans les paroisses de Ploubalay, Saint-Briac et Pleurtuit, étaient expédiés à Jersey et Guernesey.

Il a commis les juges royaux de Dinan pour poursuivre les fraudeurs (2).

---

5 Mars 1699.

« Nous ſommes un peu embarraſſés au ſujet d'une déclaration du Roy portant amniſtie pour les faux ſonniers qui déclareront dans un certain temps aux juges du lieu avoir fait le faux ſonnage. Cette déclaration n'a point été enregiſtrée au Parlement; cependant pluſieurs faux ſonniers veullent ſ'en ſervir, les intéreſſés dans les gabelles prétendent qu'elle ne doit point avoir lieu en Bretagne..... vos ordres ſur cela nous ſeront abſolument néceſſaires. » (3).

M. DE NOINTEL, Intendant, au CONTROLEUR GÉNÉRAL.

8 Mars 1699.

Le prix des grains a diminué dans quelques marchés. Il se maintient dans quelques autres, mais n'augmente pas.

On compte sur une bonne récolte (4).

(1) A. N. G[7] 181.
(2) Id.
(3) A. N. G[7] 181.
(4) Id.

M. DE LA BÉDOYÈRE, Procureur Général au Parlement, au CONTROLEUR GÉNÉRAL.

8 Avril 1699.

Averti que certains particuliers de Bazouges refusaient d'ouvrir leurs greniers où ils « avaient fait des amas de bleds » et vendaient leurs grains à des inconnus, il a ordonné aux juges de Bazouges de faire ouvrir les magasins de grains s'ils le jugent à propos et de veiller à l'exécution de la déclaration royale de Décembre 1698, qui défend le transport des blés à l'étranger.

Pareil ordre est envoyé aux juges de Dol.

Les grains se font plus rares et plus chers; on cherche à prévenir la disette. En beaucoup d'endroits, en Basse-Bretagne, les récoltes n'ont pas encore été battues (1).

M. DE MONTARAN, Fermier des Devoirs de Bretagne, au CONTROLEUR GÉNÉRAL.

22 Avril 1699.

Il demande qu'on interdise le débit des vins d'Espagne en barils de moins de six pots, dans l'intérêt des fermes et des vignerons français (2).

MÉMOIRE à insérer dans l'Instruction pour MM^rs LES COMMISSAIRES DU ROY aux Estats de Bretagne.

1er Mai 1699.

« Le Roy ayant par ses Edits des mois de May, Juillet & Décembre 1690 & mars 1696 créé des offices d'experts priseurs & arpenteurs jurés & de greffiers de l'Escritoire dans les villes où il y a cours supérieures ou jurisdictions royalles il en a esté vendu dans la province de Bretagne pour 213 503 #.

(1) L'intendant est d'avis de prendre une ordonnance pour obliger les paysans bas-bretons à battre leurs récoltes. Lettre du 22 avril 1699 au Contrôleur général. A. N. G7 181.

(2) BOISLISLE, *op. cit.* T. I, n° 1855.

« Et il y en refte encore à vendre compris les prifeurs nobles créés par Edit du mois de mars 1696 pour 310388 #.

« Depuis Sa Majefté ayant par Edit du mois de Novembre 1697 uny à ces offices les fonctions & les droits utils de la petite voirie en payant par ceux qui en font pourveus une nouvelle finance qui dans la fuite a efté réglée a la mefme fomme qu'ils avoient payé pour l'acquifition de leurs charges, prefque toutes les provinces du Royaume ont demandé a eftre déchargées de l'eftabliffement de ces offices aux offres de rembourfer ceux qui en font pourveus de leur finance, frais, & loyaux coufts, de payer ce qui feroit réglé, tant pour la petite voirie, que pour les offices qui reftoient à vendre, ce qui leur a efté accordé.

« L'on a propofé la même chofe à Mr de Nointel pour la province de Bretagne & bien que le Roy puft efpérer tirer de cette province plus de 600000 # de cette affaire néantmoins Sa Majefté a bien voulu fe contenter de 286497 # & les 2 fols pour livre en rembourfant par la province les offices vendus.

« Quoyque ce party foit très favorable pour la province, MMrs les députés des Eftats ont fait difficulté d'y confentir fur ce qu'ils ont prétendu n'avoir pas un pouvoir fuffifant pour cela; en forte que la conclufion de cette affaire a efté remife à la prochaine affemblée des Eftats.

« L'intention du Roy eft que MMrs les commiffaires employent tous leurs foins pour la terminer & qu'ils agiffent de manière que le prix de cet abonnement foit payé dans le courant de cette année, ou au plus tard dans les trois premiers mois de l'année prochaine. » (1).

M. DE LA FALUÈRE, Premier Président du Parlement de Bretagne, au CONTROLEUR GÉNÉRAL.

1er Mai 1699.

Sur l'arrestation de quelques particuliers qui, aux environs de Lesneven, « fe mefloient de chercher des tréfors » et se livraient à des pratiques de sorcellerie (2).

(1) A. N. G7 181.

(2) Boislisle, *op. cit.* T. I, no 1858.

Le RECTEUR de la Paroisse DE LANDELEAU au CONTROLEUR GÉNÉRAL.

5 Mai 1699.

Il se plaint des violences du Sr de Mesuillac (1), qui tient le pays dans sa « fugeftion », qui a poussé quelques habitants à tenter d'arracher aux mains de leur curé le cahier des délibérations des paroissiens, qui a toujours chez lui plusieurs valets armés, qui a enlevé plusieurs filles et les a forcées d'épouser ses domestiques (2).

M. DE LA FALUÈRE, Premier Président du Parlement de Bretagne, au CONTROLEUR GÉNÉRAL.

17 Mai 1699.

Il lui soumet ce qu'il compte faire pour assurer les subsistances de Rennes. Si quelqu'un avait voulu « fe charger de mettre dans un magazin de la ville pour huit ou dix mil efcus de bleds que nous trouvions moyen de lui faire prefter avec le fecours de ce que les marchands peuvent en avoir dans leurs magazins » l'abondance et le bon marché des grains eussent été assurés. Il a dû mander les marchands pour leur ordonner de porter aux marchés une quantité de grains déterminée d'après l'importance de leurs provisions (3).

M. DE NOINTEL, Intendant, au CONTROLEUR GÉNÉRAL.

17 Mai 1699.

Le prix des grains a encore augmenté. La récolte s'annonce bien (4).

(1) Aujourd'hui Muzillac.

(2) A. N. G[7] 181.

(3) A. N. G[7] 181. Cf. aussi Lettre de M. de la Bédoyère du 27 mai.

(4) A. N. G[7] 181.

Cette année-là, le prix des grains resta assez élevé. A Vannes, il fut :

En juillet, de 200# le tonneau de petit froment,
— de 180# le tonneau de gros et commun froment,
En Juillet, de 155# le tonneau de seigle.
En Août, de 195# le tonneau de petit froment,
— de 165# le tonneau de gros et commun froment,
— de 125# le tonneau de seigle.

A. N. G[7] 181. Mémoires du prix auquel les grains se sont vendus... au marché de Vannes... Cf. aussi Lettres du même, 29 juin et 22 juillet 1699.

M. DE LA FALUÈRE, Premier Président du Parlement de Bretagne, au CONTROLEUR GÉNÉRAL.

17 Mai 1699.

Il se plaint qu'on ait refusé à la première présidente l'exemption « de ports de lettres » accordée à Mme de Nointel (1).

Le SÉNÉCHAL DE BOURGNEUF au CONTROLEUR GÉNÉRAL.

18 Mai 1699.

Des gens travaillant dans la forêt de Princé, ont, à main armée, forcé les portes de la prison de Bourgneuf, enlevé un prisonnier accusé d'assassinat, obligé les habitants de Saint-Hilaire à leur donner de l'argent. La maréchaussée de Bretagne ne suffit pas à assurer l'ordre (2).

M. DE LA FALUÈRE, Premier Président du Parlement de Bretagne, au CONTROLEUR GÉNÉRAL.

24 Mai 1699.

Le prix des grains a un peu diminué; la veille, il a baissé de 40 sous par mille. Quelques petites villes pourtant ont manqué de grains pendant un ou deux marchés. Il a, par arrêt, prescrit aux paysans bas-bretons de battre des blés, demeurés en gerbes « depui plus de deux ou trois années en beaucoup d'endroits » (3).

---

31 Mai 1699.

... « Il y a encore des gens qui retiennent leurs bleds dans les greniers... Ces jours paſſés la Préſidente de Rochefort... avoit vendu pour cinquente mil francs de bleds, elle ſ'en eſt déditte, ſi elle continue à les

(1) BOISLISLE, *op. cit.* T. I, n° 1864.

(2) A. N. G7 181. Cf. aussi Lettres de M. de la Bédoyère, des 22 et 27 mai, du 3 juin.

(3) A. N. G7 181.

garder ſans les vouloir vendre à ceux qui ſe préſentent pour les achepter, ne trouverez-vous pas à propos, Monſieur, que je la menace de l'y forcer... » (1).

M. DE NOINTEL, *Intendant, au* CONTROLEUR GÉNÉRAL.

27 Mai 1699.

Il propose de faire vendre aux enchères des pierres jadis destinées à la construction d'un pont près de Redon et encore inemployées, et d'affecter le produit de la vente à l'achat des grains nécessaires aux hôpitaux de Rennes et de Redon (2).

La COMMUNAUTÉ DE VITRÉ *au* CONTROLEUR GÉNÉRAL.

7 Juin 1699.

La Communauté de Vitré remontre qu'elle souffre de la disette. M. du Plessix Geffrard ayant fait acheter des grains à Angers et les ayant fait expédier par la Loire à Château-Gontier, les officiers de cette ville menacent de les vendre sur place.

D'autre part il est à craindre que le bureau des traites ne les arrête à son tour.

Elle demande au roi de lever tous ces obstacles (3).

M. DE NOINTEL, *Intendant, au* CONTROLEUR GÉNÉRAL.

19 Juin 1699.

Il dément qu'on ait fait des envois de grains à l'étranger, qu'on en ait jeté dans la rivière de Nantes et il lui envoie l'ordonnance fixant le prix du pain dans cette dernière ville (4).

(1) A. N. G^7 181.
(2) Id.
(3) A. N. G^7 181. Cf. aussi, lettre du Sr de la Morandière Le Moyne, du même jour.
(4) A. N. G^7 181.

21 Juin 1699.

La ferme des devoirs conteste sans motif à l'aumônier du château de Brest le produit d'un droit sur chaque barque de vin entrée dans le port (1).

L'ÉVÊQUE DE LÉON au CONTROLEUR GÉNÉRAL.

22 Juin 1699.

L'état de sa santé l'empêche de se rendre à l'Assemblée de Tours qui, sur les ordres du roi, doit se réunir « au ſujet du bref du Pape ſur le Livre de Monſieur de Cambray ». Il veut savoir si le roi admettra son excuse (2).

L'ÉVÊQUE DE TRÉGUIER au CONTROLEUR GÉNÉRAL.

18 Juillet 1699.

« Nous ne pouvons, Monſieur, traiter d'une affaire importante à nos Etats ſans demander vos ordres... »

Il l'entretient des difficultés que les États ont à recouvrer les 131 000# que leur doit un Sr Charpentier, et lui fait part des propositions de leur débiteur (3).

M. DE NOINTEL, Intendant, au CONTROLEUR GÉNÉRAL.

19 Juillet 1699.

« Le compte des biens provenant des conſiſtoires & de ceux des miniſtres & autres gens de la R. P. R. de cette province qui ſont ſortis du Royaume par permiſſion de Sa Majeſté n'ont point eſté rendus devant

(1) BOISLISLE, *op. cit.* T. I, n° 1877.
(2) A. N. G7 181.
(3) A. N. G7 181. Cf. une lettre de M. de Mejussaume, du même jour.

moy; c'eſt M^r le Premier Préſident du Parlement qui les a reçeus en exécution d'un ordre qui lui fut adreſcé dès l'année 1689 & le Sr Des Graſſières a eſté chargé d'en faire la recepte » (1)

M. DE ROSMADEC DE MOLAC, Lieutenant Général du Comté Nantais, au CONTROLEUR GÉNÉRAL.

29 Juillet 1699.

« ... Les Eſtats eſtant à Rennes & Mr de Lavardin tout difficultueux qu'il eſt les tenants, je ne veux rien faire que par vos ordres & ceux du Roy. La ſcéance eſt déjà réglée par l'exemple de l'année 1667 où Mr de Mazarin & mon pére ſe trouvèrent à Rennes où ils eurent pareils fauteuils couverts de meſme l'un & l'autre & de l'étoffe pareille à celle du dais ſous lequel ſur la meſme plateforme leurs fauteuils furent mis, Mr de Mazarin ayant la droite & mon père la gauche; cela a eſté confirmé depuis par l'autre exemple arrivé en 1669 où Monſieur de Chaulnes & mon père ſe trouvèrent tous deux lieutenants généraux aux eſtats de Dinan..... cela eſt prouvé... par l'extrait que j'en ay tiré des regiſtres des eſtats... . Ainſy je ne doute pas que je ne doive tenir la meſme place & ſur un pareil fauteuil ſous le meſme dais... ».

Il demande « ſi celuy qui portera la parolle après ſ'eſtre adreſſé à [celui] tenant les eſtats & en ayant la Commiſſion ne [lui] fera pas un compliment ou meſme ſ'il ne [leur] parlera pas a tous deux... »

Il prétend avoir des gardes, tout comme M. de Lavardin.

Il prie qu'on lui accorde un présent (2) pour lui permettre de tenir son rang (3).

(1) A. N. G^7 181.

(2) Cf. une autre lettre de M. de Molac du 26 septembre de la même année. Cf. aussi une lettre de M. de la Faluère du 9 août. Celui-ci souhaite qu'on fasse promettre à M. de Molac de ne pas venir aux États.

(3) A. N. G^7 181.

MEMOIRE des États de Bretagne au CONTROLEUR GÉNÉRAL.

Juillet 1699.

Ils demandent la suppression des commissaires et des contrôleurs des saisies réelles, auxquels ils rembourseront le prix de leur charge (1).

M. DE MIANE, Lieutenant de Roi du Château de Nantes, au CONTROLEUR GÉNÉRAL.

22 Août 1699.

« J'ay receu celle que vous m'aves faiſt l'honneur de m'eſcrire au ſubjet du Sieur Peletier médecin priſonnier au château; je vous diray... qu'il y a quelques jours que je luy envoyay dire de venir à la meſſe, il me fit dire, qu'il ſouffriroit pluſtôt touttes ſorttes de tourments que d'y aller. Je ne luy fis aucune violance que de luy faire obſerver une priſon très régulière..... c'eſt un homme qui a de l'eſprit, qui eſt plus a craindre, pour les nouveaux convertis, qu'un de leurs plus fameux miniſtre, c'eſt ce que je puis vous aſſurer, l'ayant entretenu pluſieurs fois pour ſcavoir ſes ſentiments. »

Il lui signale ensuite la cherté des grains, et le danger où est Nantes de manquer de blé (2).

M. DE NOINTEL, Intendant, au CONTROLEUR GÉNÉRAL.

23 Août 1699.

Il fera exécuter ses ordres relatifs à l'interdiction des loteries, mais il le prie de lui adresser des instructions spéciales au sujet de la loterie des hôpitaux de Rennes (3).

(1) A. N. G[7] 181.

(2) Id.

D'après un mémoire, joint à cette lettre de M. de Miane, à Nantes le froment valait alors 180#, le seigle 140# le tonneau.

(3) A. N. G[7] 181.

Dans une lettre du 26 août, M. de la Faluère intercède en faveur de cette loterie des hôpitaux, qui « eſt commancée ».

30 Août 1699.

Sur les moyens de mettre fin aux exactions du fermier afféagiste de la halle de Rosporden (1).

Les FERMIERS DES GABELLES *au* CONTROLEUR GÉNÉRAL.

Août 1699.

Ils accusent le Parlement d'indulgence à l'égard des faux sauniers. Des cadets, condamnés par les juges de Châteaubriant à être pendus, pour avoir fait le faux saunage à main armée, ont été acquittés par la Cour (2).

M. DE NOINTEL, *Intendant, au* CONTROLEUR GÉNÉRAL.

4 Septembre 1699.

Le produit des dernières taxes, établies « pour achever le paiement de la finance des charges de commiſſaires controlleurs & inſpecteurs de l'arrière-ban », a donné un excédent de 6655 #.

Il demande s'il doit verser cet excédent au trésor royal ou le garder, à titre de gratification (3).

M. DE LAVARDIN, *Commandant en Bretagne,*
au CONTROLEUR GÉNÉRAL (4).

12 Septembre 1699.

Il le félicite de sa nomination au contrôle général (5).

(1) Boislisle, *op. cit.* T. I, n° 1915.

(2) A. N. G⁷ 181. Sur cette affaire, cf. des lettres de M. de la Bédoyère (2 août) et de M. de la Faluère (5 et 16 août).

(3) A. N. G⁷ 181.

(4) Michel Chamillart.

(5) Boislisle, *op. cit.* T. II, n° 2.

L'ÉVEQUE DE SAINT-MALO au CONTROLEUR GÉNÉRAL.

19 Septembre 1699.

Il proteste contre les nouvelles prisons, que les ingénieurs du roi prétendent construire dans la ville, où Sa Majesté n'a ni fief ni domaine (1).

Le Sieur DUTEL, Commis des Classes, au CONTROLEUR GÉNÉRAL.

22 Septembre 1699.

La récolte n'a pas été bonne dans l'évêché de Quimper. Les grains y sont d'un quart plus chers que l'an passé à la même saison.

Il en reste peu de vieux; l'exportation ne peut qu'en faire augmenter le prix; aussi renvoie-t'il au Conseil toutes les demandes de passeports.

Les habitants du Croisic et du bourg de Batz, qui troquent leur sel contre des grains, ont le privilège de les transporter chez eux sans passeport. Ce privilège favorise la fraude (2).

M. DE NOINTEL, Intendant, au CONTROLEUR GÉNÉRAL.

8 Octobre 1699.

Pour prévenir la cherté des grains, il propose d'engager les marchands malouins à acheter des grains en Barbarie et en Morée, s'ils y sont à bon marché, et à les embarquer sur les vaisseaux qui transportent leur pêche en Provence et en Italie (3).

(1) BOISLISLE, *op. cit.* T. II, n° 5.

(2) A. N. G[7] 181.

(3) Le contrôleur général y consentit, mais les marchands se dérobèrent. Ils ignoraient le cours des grains en Morée et par conséquent craignaient de revendre à perte. Ils voulaient bien prendre des grains achetés par le roi et les transporter à un fret raisonnable. (Lettre du même au même, du 13 décembre 1699.) A. N. G[7] 181.

M. DE LAVARDIN, Commandant en Bretagne, au CONTROLEUR GÉNÉRAL.

13 Octobre 1699.

« J'auray ſeulement l'honneur de vous rendre compte de l'impoſſibilité qu'il y a d'ouvrir apprès demain 15e les Eſtats, car a neuf heures du ſoir le 13e je recoys mes inſtructions, miſes à la poſte le 10e à Paris.

« Mr l'eveſque de Vannes eſt arrivé a la vérité & Mr Dauſon codéputé du Tiers Eſtat mais Mr de Mejuſſaume notre procureur général ne l'eſt pas, dont on ne peut ſe paſſer.

« Mr le prince de Léon n'arrive qu'après demainchés Mr ſon père & comme il eſt titulaire, ſ'il eſtoit abſent, Mr de Lannion baron de Maleſtroit diſputerait la préſidence, ce qu'il faut taſcher d'éviter.

« Je ne fais que recevoir mes ordres, meſmes il en manque pluſieurs, ainſy il ne ſe peut que les Eſtats ne ſoient remis pour les ouvrir le 24e ou 25e, comme l'on fiſt il y a quatre ans... » (1).

M. DE NOINTEL, Intendant, au CONTROLEUR GÉNÉRAL.

26 Octobre 1699.

« Les Eſtats de cette province ouvrirent hier leur aſſemblée & j'ay fait aujourd'huy la demande du don gratuit, ils ont accordé avec leur empreſſement & leur zèle ordinaire la ſomme de trois millions a laquelle le Roy l'a fixé... (2).

« Il y eut hier une conteſtation aſſes conſidérable entre Mr le duc de Rohan & Mr le Marquis de Lannion comme baron de Maleſtroit; Mr de Lannion prétendant que Mr le duc de Rohan ne peut plus préſider

(1) A. N. G7 181.

(2) M. de Lavardin écrivait de son côté, le 26 octobre 1699 : « Il eſt de mon devoir de vous rendre compte que le don gratuit de trois millions vient d'eſtre accordé auſſytoſt que demandé par acclamation & ſans ſe diviſer aux chambres, mais par un cry univerſel ſur le théâtre, a peine ſuis-je rentré ches moy que les trois préſidents des ordres Mr l'eſvêque de Vannes, Mr de Léon, Mr le ſenéchal de Vannes, accompagnés de Mr l'eſvêque de Quimper & de Mr de Lannion m'ont ſuivy pour aporter le don... »

Cf. aussi la Lettre du Président des Etats, M. l'évêque de Vannes, du même jour, et celles de M. de la Faluère, des 24 et 26 octobre.

la nobleſſe à cauſe de la démiſſion qu'il a faite de la baronie de Léon a Mr ſon fils, en forma ſon oppoſition au greffe des Eſtats ſur l'avis qu'il eut que Mr le duc de Rohan eſtoit dans le deſſein de prendre la place de preſident a ſon excluſion le jour de la première ſéance. » De son côté, le duc de Rohan contesta à M. de Lannion le titre de la baronnie de Malestroit. Les commissaires du roi saisis de la contestation décidèrent les deux rivaux à prendre l'engagement écrit de ne pas revendiquer la présidence durant toute la session. La noblesse sera présidée pendant cette tenue par M. le prince de Léon; dans le cas où ce dernier s'absenterait, elle se choisira elle-même un autre président (1).

---

30 Octobre 1699.

Les États ont été réunis, depuis le vote du don gratuit, « tous les jours, ſoir & matin, & on y a fait tout ce qui eſt preſcrit par le règlement de 1687; on en a fait la lecture qui eſt la première choſe qui y eſt ordonnée, on a examiné la Commiſſion générale expédiée pour la préſente aſſemblée; on a leu les ordonnances & délibérations des précédents eſtats, le contract de ceux aſſemblés à Vitré en 1697, la ratification qui en a eſté faite par Sa Majeſté & l'arreſt de vérification de la Chambre des Comptes; les députés en cour de la précédente aſſemblée ont fait le rapport de leur députation, on a fait la lecture de leurs remonſtrances & des réponſes qui y ont eſté faites; les députés à la Chambre des Comptes ont auſſi fait leur rapport de ce qui ſ'y eſt paſſé lors de l'examen des comptes du tréſorier de la province & de ceux de la capitation des années 1696 & 1697; on a fait enfin hier & ce matin la nomination des députés pour les différentes commiſſions qui ſe doivent examiner dans cette tenue; on commencera, Monſieur, la ſemaine prochaine à traiter les affaires, qui ſont emploiées dans les Inſtructions & dans les ordres particuliers que vous aves fait l'honneur d'adreſſer à MMrs les Commiſſaires du Roy, en ſorte qu'il y a lieu d'eſpérer que l'aſſemblée ne durera pas plus qu'elle ne doit durer... » (2).

(1) A. N. G7 181.

(2) Id. Cf. encore : Lettre de M. de la Faluère du 31 octobre.

L'ÉVÊQUE DE SAINT-MALO au CONTROLEUR GÉNÉRAL.

31 Octobre 1699.

« Comme nos Eſtats ſelon toutes les apparences pourront bien, ſous le bon plaiſir du Roy & par vôtre agreement, faire tous leurs efforts pour ſ'exempter de l'exécution de l'Edit du mois de mars, & déclaration du 4 Septembre 1696 & des Arrêts du Conſeil rendus en conſéquence en 1698 & 1699 pour l'alliènation des droits d'échange, droits honorifiques & de prééminence dans les Egliſes de Bretagne contre tous les ſeigneurs particuliers de la Province, les eccléſiaſtiques d'Icelle qui y poſſédent beaucoup de fiefs conſidérables, ſ'eſtimeroient tres malheureux, ſi nonobſtant tous leurs privilèges & exemptions, ils ſe voioient aſſujettis aux taxes qu'on ſera peut-eſtre obligé d'impoſer pour cela ſur tous les autres ſeigneurs.

« Cependant, Monſieur, comme il ne nous paroit pas icy que M. l'intendant ſoit auſſi bien intentionné, que nous aurions a le ſouhaitter pour le maintien de nos droits & l'avantage de tout notre clergé en cette occaſion, je me ſents obligé... de vous demander en grâce... de vouloir bien honorer de votre protection tout le corps du clergé de cette grande province, quy a recours a vôtre équité comme à ſon unique reſſource pour ſe garentir de cet orage, quoique bientôt à la veille de ſon Aſſemblée generalle, ou il luy faudra encore fournir de groſſes ſommes au Roy..... » (1).

Le Sieur DE VILLEBAGUE-EON, Négociant à Saint-Malo, au CONTROLEUR GÉNÉRAL.

1er Novembre 1699.

Sur la nécessité de maintenir des vaisseaux de guerre dans la baie de Cadix, de supprimer les droits imposés pendant la guerre, et sur le manque de numéraire (2).

(1) A N. G[7] 181.

(2) BOISLISLE, *op. cit.* T. II, n° 34.

M. DE LAVARDIN, *Commandant en Bretagne,* *au* CONTROLEUR GÉNÉRAL.

12 Novembre 1699.

... « Il y eut encore hier quelque tumulte caufé par M^r le prince de Léon; fur le rachapt des edicts, la nobleffe & le tiers eftat eftant de mefme advis, & l'Eglife d'un différent, M^r l'Efvêque de Vannes fort fagement voulut tafcher de concilier les advis & en former un des trois corps & pour cela différer de prononcer, & Mr de Léon par un procédé fingulier & inouy au lieu d'énoncer feulement l'advis de fon corps, prononça pour tous les Eftats, ce qui eft contre tout droit & ufage; Mr de Vannes ne quita point la place, mais après quelques heures de bruit et de tintamare, Mr de Léon fift des excufes à M^r l'evefque de Vannes & l'affemblée fe calma après d'affes vives difputes, ils font réconciliés... » (1).

Le Sieur BOULANGER, *Receveur général des Finances en Bretagne,* *au* CONTROLEUR GÉNÉRAL.

17 Novembre 1699.

Sur l'urgence qu'il y a à payer les pensions accordées par le roi à quelques gentilshommes pauvres, membres des États (2).

M. DE LAVARDIN, *Commandant en Bretagne,* *au* CONTROLEUR GÉNÉRAL.

17 Novembre 1699.

Sur l'adjudication des fermes et sur la résistance opposée par les États dans « l'affaire du rachat des édits & du droit de lods & ventes pour le droit des efchanges... » (3).

(1) A. N. G⁷ 181.
(2) BOISLISLE, *op. cit.* T. II, n° 47.
(3) ID., *ibid.*, n° 45.
Cf. des lettres de MM. de Nointel et de la Faluère (17 novembre), de M. de Nointel (19, 24 novembre), de M. de Lavardin (24 novembre).

M. DE SÉVIGNÉ, Lieutenant du Roi au Comté Nantais, au CONTROLEUR GÉNÉRAL.

17 Novembre 1699.

Sur le secours qu'ont trouvé les Commissaires du roi aux États dans la personne de l'évêque de Dol (1).

L'Abbé OLIER DE VERNEUIL au CONTROLEUR GÉNÉRAL.

17 Novembre 1699.

Les fermes « furent enfin adjugées avant-hier au grand chagrin de la province qui commence à s'apercevoir de sa ruine prochaine, voiant d'un costé des interets immenses s'accumuler & de l'autre ses revenus diminués en 2 ans de cent mil écus;

« Il se passe mesme ici des choses en quantité qui ne ressentent que le brigandage & point du tout une assemblée auguste;

« Le principal est que vous voudrès bien y mettre ordre & que vous en avès le temps d'icy aux prochains etats... » (2).

M. DE LAVARDIN, Commandant en Bretagne, au CONTROLEUR GÉNÉRAL.

19 Novembre 1699.

« Nous aurions fermé les estats dès hier sans le temps que nous a fait perdre une nouvelle équipée de M[r] le prince de Léon, qui menaça hier le tiers de le faire sortir par force & par des archers, ce corps nous en porta ses plaintes, l'affaire est accomodée par les soins de M[r] votre frère & ceux que l'on a pris de nostre costé, ainsy en quatre jours il a esté

(1) BOISLISLE, *op. cit.* T. II, n° 46.
« ... Sa bonté, sa sagesse & son esprit de paix... ont été nécessaire icy pour plus d'une chose », dit de l'évêque de Dol l'abbé Olier de Verneuil dans une lettre au Contrôleur général du même jour (A. N. G[7] 181).

(2) A. N. G[7] 181.

obligé de f'excufer de fes turbulences à l'Eglife & au Tiers, les chaleurs de l'hoftel de Rohan ont prolongé nos Eftats d'une femaine entiére, en vérité gens chauts & emportés font bien embaraffants dans ces Affemblées... » (1).

23 Novembre 1699.

.. « Jamais les Eftats n'ont efté plus nombreux, il y avoit plus de quatre cent gentilfhommes & un nombre infiny de curieux venus de toutes parts. Les incidents perpetuels de la maifon de Rohan ont duré jufqu'à la fin & joints avec la pareffe de M[r] le Prince de Léon ont retardé la conclufion d'une femaine... Il eft abfolument neceffaire pour le fervice du Roy qu'il y ait un de ces Brouillons puny. Je demande à fa Majefté le chattiement du plus infolent, que je croy indifpenfable... » (2).

M. DE NOINTEL, *Intendant, au* CONTROLEUR GÉNÉRAL.

4 Décembre 1699.

État des impositions ordinaires et extraordinaires pour l'année 1700 (3).

6 Décembre 1699.

Il lui envoie la liste des commis employés dans la Province qui ont appartenu à la religion réformée et lui donne des renseignements sur leur attitude religieuse (4).

11 Décembre 1699.

« J'ay délivré tous les pafleports que vous m'aves fait l'honneur de m'adreffer pour faire tranfporter des grains à Nantes & dans le Nouveau Mémoire que je prends la liberté de vous envoier de ceux qui en demandent, vous en trouveres encore plufieurs pour la mefme ville; il ne faut pas f'en étonner Monfieur car il f'y confomme fuivant l'eftimation que j'en ay fait

(1) A. N. G[7] 181.
(2) Id.
(3) Boislisle, *op. cit.* T. II, n° 52.
(4) A. N. G[7] 181.

faire plus de trente tonneaux de toutes fortes de grains par jour & ce que le pais des environs peut en produire pour les marchés ordinaires ne va pas à fept tonneaux par jour, en forte qu'il eft néceffaire pour la fubfiftance de cette ville qu'elle tire tous les jours vingt deux à vingt trois tonneaux de grains de la Baffe Bretagne ou du Poitou ce qui va à près de fept cens tonneaux par mois, vous jugerez par là Monfieur du nombre de pafſeports que je feray obligé de vous demander pour cette ville feule d'autant plus que les batiments qui y en apportent ne font chargés pour la plupart ordinairement que de quarante tonneaux au plus. » (1).

M. DE MEJUSSEAUME, Procureur général Syndic des États de Bretagne, au CONTROLEUR GÉNÉRAL.

11 Décembre 1699.

« ... Au fujet de l'impofition & de la répartition de la fomme de cinq cent mille livres & des deux fols pour livre pour le rachapt des Edits concernant les experts jurés arpenteurs prifeurs greffiers de l'efcritoire prifeurs nobles & voyers... », il lui adresse des observations sur la nature des terres de Bretagne & les fouages (2).

MARC CRANISBROUGH au CONTROLEUR GÉNÉRAL.

1699.

Irlandais et catholique, il a suivi le roi d'Angleterre en France, et s'est établi à Morlaix pour y pratiquer le commerce. Mais les marchands de cette ville veulent l'empêcher de commercer; il demande qu'on défende aux Morlaisiens de s'y opposer (3).

(1) A. N. G⁷ 181.

(2) A. N. G⁷ 181. Cette répartition fut faite par des députés nommés par les États, qui demandèrent la permission de leur donner des gratifications (A. N. G⁷ 182, lettre de M. de Nointel, 6 août 1702).

(3) A. N. G⁷ 181.

La COMMUNAUTÉ DE SAINT-MALO au CONTROLEUR GÉNÉRAL.

23 Janvier 1700.

La communauté de Saint-Malo ayant appris que le roi, pour empêcher la fraude, songe à interdire tout commerce avec les îles de Jersey et Guernesey, le supplie de n'en rien faire, car Saint-Malo en souffrirait trop (1).

Le commerce principal que les Malouins pratiquent dans les îles est celui des laines d'Angleterre, qu'ils y prennent pour les manufactures françaises.

Ce commerce cessera, si le roi publie son interdiction, car les Anglais, auxquels il est défendu sous peine de mort, n'oseront pas charger leurs bâtiments de laines (2).

M. DE NOINTEL, Intendant, au CONTROLEUR GÉNÉRAL.

22 Avril 1700.

Les États de Bretagne demandent que les gentilshommes et les ecclésiastiques puissent faire entrer en Bretagne les vins, farines, grains, légumes et autres denrées récoltés ou préparés sur leurs terres des provinces voisines, sans payer les droits de traite.

Cette demande, remarque l'intendant, « eſt conforme aux privilèges qui ont eſté conſervés à la province & qui ſont renouvelés dans tous les contrats... » On peut y faire droit, en prenant des précautions pour prévenir la fraude (3).

(1) Ce commerce « qui eſt journalier... donne du pain à un trés grand nombre de pauvres familles qui en ſubſiſtent & particuliérement à beaucoup de matelots... dont la navigation eſt ſi bornée en temps de paix qu'ils ne ſcavent a quoy ſ'occuper pour entretenir leurs familles. »

(2) A. N. G^7 182.

(3) Id.

Cf. dans les « réponſes de Templier... » à cette requête des États, les raisons du fermier général contre l'exemption demandée (id.).

M. DE LA FALUÈRE, Premier Président du Parlement de Bretagne, au CONTROLEUR GÉNÉRAL.

28 Décembre 1700.

Au sujet d'un procès entre Mme la maréchale de Créquy et des maîtres de forges et de la hausse du prix des fers (1).

Les ÉTATS DE BRETAGNE au CONTROLEUR GÉNÉRAL.

1700.

Les États se plaignent qu'on oblige les marchands, qui exportent des grains par mer dans les autres provinces, à prendre sur leurs bateaux un homme de confiance dont ils paient la nourriture et les salaires (2).

RÉPONSE des Fermiers du Tabac à l'ÉVÊQUE DE TRÉGUIER.

Mars 1701.

Heureux d'avoir pris la nuit « un fraudeur affez fameux », des commis de la ferme du tabac poussèrent « quelques cris de joye & déchargèrent en l'air un ou deux piftolets vieux chargés » en le conduisant dans les prisons de Tréguier, voisines de l'évêché. Le lendemain le prédicateur du carême « apoftrofa... ces commis en pleine chaire & n'apuya furtout beaucoup fur ce qu'ils marchent toutes les nuits... » Le receveur du tabac représenta au prédicateur que, dans un endroit comme Tréguier où tous les habitants sont autant de fraudeurs, « ce qu'il avoit dit feroit conféquence & nuifoit aux droits du Roy.. » Le prédicateur mécontent se plaignit à l'évêque qui ouvrit une enquête contre les commis et réunit facilement contre eux plusieurs témoignages... Les Fermiers déplacèrent les commis et prièrent l'évêque de souffrir que leurs remplaçants pussent « travailler la nuit » (3).

(1) Boislisle, *op. cit.* T. II, n° 227.

(2) A. N. G7 182. Cette mesure avait pour but d'empêcher les marchands d'expédier à l'étranger les grains qu'ils déclaraient destinés aux autres provinces.

(3) A. N. G7 182.

M. DE LA BUSNELAYS, *Premier Président de la Chambre des Comptes de Nantes, au* CONTROLEUR GÉNÉRAL.

26 Mars 1701.

Au sujet de la disparition du Sieur Boulanger, receveur général des finances (1).

M. DE NOINTEL, *Intendant, au* CONTROLEUR GÉNÉRAL.

13 Avril 1701.

Il n'y a pas d'inconvénient à permettre à M. de Pontigny de planter des terres en vigne, malgré la défense royale d'établir en Bretagne de nouveaux vignobles (2).

Le Sieur DE LA LANDE-MAGON, *Négociant à Saint-Malo, au* CONTROLEUR GÉNÉRAL.

1er Mai 1701.

Il combat la proposition d'établir à Saint-Malo un bureau chargé de lever un droit de 15 sous par balle de toile (3).

M. DE LA FALUÈRE, *Premier Président du Parlement de Bretagne, au* CONTROLEUR GÉNÉRAL.

4 Mai 1701.

« Le temps de la tenue des Eſtats ayant eſté avancé cette année je ne crois pas vous dire une nouvelle bien conſidérable en prenant la liberté de vous annoncer que les deſſeins & les projets des demandeurs ne ſeront

(1) Boislisle, *op. cit.* T. II, n° 254.
Cf. aussi une lettre de M. de la Tullaye du même jour au sujet de l'inventaire que la Chambre des comptes fait chez le Sr Boulanger, et une lettre du 29 mars de M. de la Faluère, qui blâme la procédure de la chambre des comptes (A. N. G^7 182).

(2) Id., *ibid.*, n° 258.

(3) Id., *ibid.*, n° 266.

ni plus reculés ni moins ardents que nous les avons veus par le passé. Cependant ils seront avec la mesme répugnance & les mêmes aigreurs enterinés si le Roy n'a la bonté d'y apporter de la modération. M. l'Evesque de Dol Monsieur qui a esté témoin oculaire de tous les manèges que l'on fit il y a deux ans pour faire donner des sommes exorbitantes à ceux qui en demandèrent & du dépit que l'on en eut sur la prevention ou l'on estoit que Sa Majesté le vouloit ainsi vous pourra dire Monsieur combien les Estats furent mécontents de cet excès... » (1).

M. DE NOINTEL, Intendant, au CONTROLEUR GÉNÉRAL.

11 Mai 1701.

A propos de droits dont sont exempts les sels du comté Nantais et des marches communes de Poitou (2).

---

15 Mai 1701.

Il lui envoie les requêtes « présentées par le bailly de la Justice Royale de Lammeur & par le lieutenant de celle d'Antrain pour obtenir... la diminution de la somme à laquelle ils sont taxés pour la charge de garde scel de leurs juridictions; l'une & l'autre de ces juridictions avoient esté emploiées dans les premiers rolles arrestés au Conseil pour la somme de trois mille livres chacune, & sur [son] avis elles furent réduites à celle de quinze cent livres & les deux sols pour livre en sorte que c'est une seconde modération qu'ils demandent. [Il] ne laisse pas de croire... qu'il y a quelque justice de la leur accorder & mesme de faire pareille grâce a quelques autres juridictions de cette province dont le traitant aura peine a se faire paier, luy restant encore pour 29585 # de ces taxes à recouvrer ». S'il veut bien lui « permettre de les réduire à dix-huit ou vingt mille francs peut estre qu'il parviendroit a achever bientost son recouvrement... » (3).

(1) A. N. G^7 182.

(2) Boislisle, *op. cit.* T. II, nº 270.

(3) A. N. G^7 182.

18 Mai 1701.

Il se propose de régler lui-même le prix des logements pendant l'assemblée des États à Nantes, pour empêcher les conditions excessives des propriétaires nantais (1).

---

29 Mai 1701.

Il propose de transformer en droits d'entrée sur les boissons une capitation de 12 000# levée à Nantes au profit de l'hôpital et des pauvres (2).

M. DE LA FALUÈRE, Premier Président du Parlement de Bretagne, au CONTROLEUR GÉNÉRAL.

4 Juin 1701.

« J'apprends que contre ce qui a toujours efté obfervé aux Eftats Mr de la Bunelays premier Préfident des Comptes veut fe faire donner un fauteuil à l'Affemblée des commiffaires dont en terme exprés il fut débouté aux Eftats de Dinant. Si toft que j'ay fceu les menées fecrettes qu'il fait pour cela, très réfolu comme je le fus d'empefcher fa prétention, fi le Roy ne le trouve point mauvais, j'ay creu devoir avoir l'honneur de vous en donner avis & de vous fuplier d'empefcher cette innovation... » (3).

M. DE NOINTEL, Intendant, au CONTROLEUR GÉNÉRAL.

17 Juin 1701.

Mémoire sur l'augmentation du prix de la cire due au « déffaut de challeur [qui] a empefché les abeilles de produire autant » que de

(1) Boislisle, *op. cit.* T. II, n° 272.

(2) Boislisle, *op. cit.* T. II, n° 275.

(3) A. N. G[7]182. Cf. autre lettre du même sur ce sujet, 2 juillet 1701.

M. de Bréquigny de son côté (lettre du 3 juillet 1701) protesta contre la prétention de M. de la Busnelays, au nom des présidents à mortier du Parlement qui envoyèrent, le 8 juillet, un mémoire sur cette affaire au contrôleur général.

coutume, à ce « qu'il ne vient plus de cire des pays étrangers », à l'exportation des cires bretonnes en Espagne et dans les Indes espagnoles, à une consommation locale plus grande (1).

---

29 Juillet 1701.

« Mrs les Eſtats paraiſſent eſtre dans le deſſein de demander à Monſieur le duc de la Trémouille de laiſſer préſider Monſieur le prince de Tarente qui eſt icy avec luy. Ce qui m'en revient m'engage Monſieur à vous demander par avance les ordres du Roy ſur le preſent qui luy ſera fait & ſi ſa Majeſté trouvera bon qu'il ſoit traité comme les barons; le preſent qu'on leur donne la première fois qu'ils préſident eſt fixé à dix mille francs par le règlement de 1687. » (2).

---

31 Juillet 1701.

Il lui annonce l'ouverture des États. Le don gratuit de trois millions a été voté avec empressement ainsi que la capitation « ſur le pied de deux millions par chaque année & du ſol par livre pour les frais de l'impoſition & du recouvrement qui ſ'en doivent faire... » (3).

M. le Maréchal D'ESTRÉES, Commandant en Bretagne,
au CONTROLEUR GÉNÉRAL.

31 Juillet et 6 Août 1701.

Vote du don gratuit et de la capitation (4).

(1) A. N. G7 182.
(2) Id.
(3) A. N. G7 182. Les États dans la suite montrérent moins de docilité. Cf. DEPPING, *op. cit.*.. T. I, p. 557, lettre de Pontchartrain à M. de la Faluère...
(4) BOISLISLE, *op. cit.* T. II, n° 298.
Cf. aussi deux lettres du Syndic général des États, M. de Mejusseaume, et de M. de la Faluère, du 31 juillet (A. N. G7 182).

M. DE NOINTEL, Intendant, au CONTROLEUR GÉNÉRAL.

6, 13 et 23 Août 1701.

Il l'entretient de l'adjudication de la ferme des grands et petits devoirs et de la capitation. A ses lettres sont joints deux mémoires, l'un sur les comptes de la ferme générale des devoirs, l'autre sur les « Conditions particulières que demandent les Estats de la Province .. pour l'exécution de l'abonnement qu'ils ont accepté pour la capitation..... » et les « sentiments de Messieurs les Commissaires du Roy sur les dites Conditions. » (1).

---

13 Août 1701.

« Les députés des contraventions ont demandé cet après midy une conférence à Mrs les commissaires du Roy & le sujet a esté pour les engager de vous écrire & de vous supplier Monsieur de faire accorder à la province la permission de poursuivre la suppression de la charge de receveur des consignations & la subrogation en sa faveur; la réponse de Mrs les Commissaires du Roy a esté que cette affaire n'est point du nombre de celles dont il leur est permis de traiter dans cette Assemblée & qu'ils ne prendraient point la liberté de vous en écrire, mais que les députés de la province en cour pourront faire sur cela auprès de sa Majesté... telles instances qu'ils jugeront à propos... » (2).

Le Sieur DE LA LANDE-MAGON, Négociant à Saint-Malo, au CONTROLEUR GÉNÉRAL.

5 Octobre 1701.

Lettre relative au cours de monnaies espagnoles (3).

(1) A. N. G7 182. Cf. encore des lettres de M. de la Faluère des 23, 27 août.

(2) A. N. G7 182. Le 2 août, l'intendant avait transmis au Contrôleur général un autre vœu des États au sujet des offices de commissaires aux saisies réelles qu'ils désiraient vendre.

(3) Boislisle, *op. cit.* T. II, n° 322.

Le Sieur DES CASAUX DU HALLAY, *Négociant à Nantes*, *au* CONTROLEUR GÉNÉRAL.

1er Novembre 1701.

Au sujet du manque de numéraire, des ventes de la Compagnie des Indes, et du commerce que font furtivement les Anglais dans les colonies françaises (1).

« M. DE NOINTEL, *Intendant, en Réponse au Mémoire des* DÉPUTÉS DU COMMERCE. »

1701.

Il « trouve d'abord que la Dépense qu'il conviendroit faire pour semer de bois les landes & terres incultes, pour les clore par des fossés & pour l'entretenement d'iceux empescheroit les particuliers de les afféager, d'autant plus que la permission d'amortir les rentes couterait des frais assés considérables, & que l'avantage qu'on voudroit leur faire envisager seroit trop éloigné pour les y porter, que cependant on y pourroit engager les seigneurs & les Communautés religieuses qui ont des maisons voisines de ces sortes de terres.

« Il ajoute qu'on pourroit charger tous ceux qui obtiennent des permissions du Roy d'abattre des bois, de piquer de gland les endroits ou les coupes auroient esté faites. »

Il recommande « au surplus l'estroite observation de l'ordonnance de 1669. » (2).

M. DE LA FALUÈRE, *Premier Président du Parlement de Bretagne*, *au* CONTROLEUR GÉNÉRAL.

22 Janvier 1702.

Il intervient en faveur du conseiller Grimaudet « qui après avoir eu bien de la peine a trouver six mil quatre cent livres pour le fonds de ses

(1) Boislisle, *op. cit.* T. II, n° 332.

(2) A. N. G⁷ 182.

augmentations de gages a efté fort mortifié de fe voir refufé par le Sr Giraulx, Receveur de ce fonds qui luy a demandé une plus grande fomme... Dans la rareté de l'argent où l'on eft & dans la difficulté d'en trouver... il y a de la charité de ne pas refufer ceux qui après en avoir fait touttes les recherches & mefme avec quelques avances en ont enfin trouvé. » (1).

M. DE NOINTEL, Intendant, au CONTROLEUR GÉNÉRAL.

22 Janvier 1702.

Sur la mauvaise qualité des sels des greniers de Saumur et de Mer (2).

---

12 Février 1702.

Il ne convient pas d'autoriser la sortie des 400 tonneaux de blé que l'évêque de Tréguier demande à transporter.

On ne peut prévoir encore la récolte.

Des passeports pourront être accordés aux particuliers désireux d'expédier des grains dans les villes de la province qui en manqueront (3).

---

5 Mars 1702.

Demande d'instructions pour le poinçonnement des matières d'or et d'argent importées d'Espagne en fraude (4).

M. DE LA FALUÈRE, Premier Président du Parlement de Bretagne, au CONTROLEUR GÉNÉRAL.

19 Mars 1702.

Au sujet de « la connoiffance de tous les différents d'entre le Sr ... & les anciens fermiers », que M. de Nointel prétend être de sa compétence et non de la sienne (5).

(1) A. N. G7 182.
(2) Boislisle, *op. cit.* T. II, no 359.
(3) A. N. G7 182.
(4) Boislisle, *op. cit.* T. II, no 372.
(5) A. N. G7 182.

10 Mai 1702.

De nouvelles gelées ont achevé de détruire les vignes déjà fort éprouvées. Dans le comté nantais on ne récoltera que très peu de vin; car il ne reste rien des récoltes précédentes. « C'eſt une perte conſidérable pour une grande partie de ce pais là. » (1).

M. DE MEJUSSEAUME, Procureur général Syndic des États de Bretagne, au CONTROLEUR GÉNÉRAL.

11 Mai 1702.

« ... Suivant la permiſſion, on a embarqué quelques bleds dans les ports de Bretagne. Mais on ne tire pas l'utilité qu'on eſpéroit de la permiſſion..... & cela par pluſieurs raiſons. La première parce que la ſaiſon étoit trop avancée, la récolte ſe ſaiſant à la fin de ce mois en Eſpagne & en Portugal; la ſeconde raiſon eſt que les marchands de bleds n'ont pas été payés aſſes toſt du prix des bleds qu'ils avoient vendus pour les vivres de la marine & n'ont pas été en état d'en achepter d'autres. La troiſiéme raiſon eſt qu'on ne peut avoir des matelots pour la navigation des marchands parce que les commiſſaires de la marine les retiennent sous prétexte de l'armement des vaiſſeaux du Roy; on a ajouté pour quatrième raiſon que la mer ne fut pas longtemps libre & qu'ils euſſent de grands périls & riſques à courir (2) ».

M. DE NOINTEL, Intendant, au CONTROLEUR GÉNÉRAL.

26 Juin 1702.

Il a reçu des plaintes de plusieurs communautés contre M. de la Boissière, receveur général des finances. La plus grande partie des villes de la province doivent au roi un droit d'aides peu élevé, de 30 à 40# en

(1) A. N. G[7] 182. Le 30 avril, l'intendant avait écrit que la gelée n'avait pas fait autant de dégâts qu'on l'avait craint; si le mois suivant était beau, on espérait récolter à peu près « une demie vinée ». Il affirmait qu'il y avait encore du vin de la dernière récolte.

(2) A. N. G[7] 182.

général. Ce droit d'ordinaire est versé sans frais au receveur général des finances par les receveurs des octrois des communautés. Or M. de la Boissière a chargé un huissier de recouvrer ce droit et les frais de recouvrement ont parfois dépassé le montant du droit. M. de Nointel a défendu à l'huissier de ne rien exiger avant de connaître les intentions du contrôleur général. A ses yeux les plaintes des communautés sont fondées (1).

---

3 Septembre 1702.

Les États « ont fait auſſi la diſtribution des 48 000# & je me donne l'honneur ... de vous en envoier une copie; vous y trouverés une partie de 6 000# donnée à Mr l'Eveſque de Rennes qui ne paroiſt pas trop dans les régles ni dans l'uſage ordinaire, ſuivant lequel MMr les Eveſques avoient toujours coutume de deſtiner a des aumoſnes la partie qui eſtoit reſervée pour MMr de l'ordre de l'Egliſe; ce changement eſt arrivé par la conteſtation qui ſurvint entre eux & les abbés au ſujet du partage de cette ſomme dans la chaleur de laquelle un de MMr les Eveſques dit que pour les mettre d'accord il la faloit donner à Mr l'Eveſque de Rennes pour le recompenſer de la meſme ſomme qui luy avoit eſté retenue dans l'aſſemblée des eſtats de 1697 en exécution de l'Arreſt de réduction rendu enſuite du réglement de 1687; il ne crut pas d'abord que la propoſition fut ſérieuſe, mais luy aiant eſté dit tout hault ſur le théatre qu'on la luy offroit dans l'intention qu'il en profitaſt, il l'accepta; il n'y a eu que les pauvres & les hopitaux a y perdre... » (2).

(1) A. N. G^7 182.

(2) A. N. G^7 182. La copie des « gratifications des 48 000# » donne en réalité un total de 64 800# : M. d'Eſtrées, 6 000#; gentilshommes pauvres, 6000; M. de la Trémoille, président de la noblesse, 6000; les pauvres de Nantes, 12 000; M. de la Rivière, gouverneur de Saint-Brieuc, 8000; le secrétaire de M. d'Estrées, 2000; le supérieur des missions étrangères, 1 000; le P. Verjus, pour mission de la Chine, 1 000; deux commis de M. de Torcy, 2000; le gouverneur du prince de Tarente, 1 500; le maire de Nantes, 2000; la musique de Nantes, 500; le substitut du procureur général syndic, 500; l'abbesse de Moncassin, 500; l'hôtel-dieu de Nantes, 300; l'évêque de Rennes, 6000; le président de la noblesse pour donner aux vingt gentilshommes les plus anciens, 6000; le procureur du roi de Quimperlé, 2 000; les religieux de Sainte-Claire de Nantes, 100; à 34 hôpitaux de la province, 1 400# à partager par parties égales.

M. DE MEJUSSEAUME, Procureur général Syndic des États de Bretagne, au CONTROLEUR GÉNÉRAL.

4 Septembre 1702.

Il est hostile au mémoire présenté pour l'anoblissement d'un certain nombre de feux en Bretagne (1).

Le Sieur LAURENCIN, Fils, Négociant à Nantes, au CONTROLEUR GÉNÉRAL.

7 Octobre 1702.

Il soumet son élection comme député au Conseil de Commerce à l'approbation du Contrôleur général (2).

M. DE MEJUSSEAUME, Procureur Général Syndic des États de Bretagne, au CONTROLEUR GÉNÉRAL.

8 Novembre 1702
et 10 Janvier 1703.

« Rapports fur les opérations de prifée des maifons & héritage compris dans les fortifications de Brest.... » (3).

Le Sieur DES CASAUX DU HALLAY, Négociant à Nantes, au CONTROLEUR GÉNÉRAL.

14 Novembre 1702.

Il se plaint des difficultés qu'on crée aux marchands désireux d'envoyer des vaisseaux dans nos colonies (4).

(1) BOISLISLE, *op. cit.* T. II, n° 426.
(2) ID., *ibid.*, n° 440.
(3) BOISLISLE, *op. cit.* T. II, n° 448.
(4) ID., *ibid.*, n° 450.

M. DE BRÉQUIGNY, *Président au Parlement de Bretagne, au* CONTROLEUR GÉNÉRAL.

8 Décembre 1702.

« ... Les nouvelles augmentations de gages que le roy nous ordonne de prendre..... [caufent] une grande confternation dans le parlement non pas tant par raport a noftre intereft particulier que parce que nous nous voions dans l'impuiffance de pouvoir fur cela executer les ordres de fa majefté auffi prontement que nous le fouhaittons... cependant nous arreftames hier... que... nous envoirons une procuration dans toutes les villes de la province pour emprunter au nom de toute la compagnie la fomme qui eft neceffaire pour fatiffaire aux ordres du roy mais comme nous craignons de n'en trouver pas affes dans ce pais icy nous envoions a M. de la Falluére... qui eft a Paris un autant de noftre procuration pour en faire chercher ches les notaires du Chatelet car pour ce qui eft des particuliers de la Compagnie... il n'y en a pas fix qui foient en eftat de paier cette année la mefme fomme qu'ils paiérent l'an paffé lorfqu'il plut à fa majefté de nous accorder le droit annuel... le deffault d'efpeces dont on a voituré la meilleure partie hors de la province & la ceffation du commerce... rendent [cette affaire] bien difficile. » (1).

M. LE PELETIER, *Ministre d'État, à* M. DE MEJUSSEAUME, *Procureur général Syndic des États de Bretagne.*

19 Janvier 1703.

« ... L'arrêt du Confeil du 16 octobre 1701... explique fi nettement les intentions du Roy touchant le payement des interefts des fommes deues aux propriétaires que je ne doute point que fi les particuliers avec qui l'on marque que les Eftats ont traitté pour le rembourfement du

(1) A. N. G[7] 182. Cf. une lettre de M. de Cucé (18 avril 1703), d'après laquelle le Parlement n'ayant pu contracter un « emprunt général », chaque officier « cherche les moyens de payer en son particulier », et une lettre de M. de Brilhac du 22 juin (A. N. G[7] 183).

capital feulement fans intereſt, en portoient leurs plaintes a Sa Majeſté, elle n'ordonna qu'on leur payat ces intereſt, ſauf aux Eſtats a faire proceder a de nouvelles eſtimations.

« Quant a la prétention de ne payer que les fonds des heritages compris dans les fortifications & non dans les arcenaux, magaſins & autres édifices ſans leſquels il ne peut y avoir ny place ny port (1), je ne ſçay pas quelle raiſon MM. des Eſtats de Bretagne auroient de prétendre en uſer autrement qu'on ne fait dans toutes les autres provinces & pays d'Eſtats où l'on n'a jamais formé une pareille dificulté qui me paroiſt ſans fondement... » (2).

M. DE LA BUSNELAYS, Premier Président de la Chambre des Comptes de Nantes, au CONTROLEUR GÉNÉRAL.

7 Avril 1703.

Les officiers de sa compagnie ont payé en entier les sommes demandées pour augmentation de gages. Il serait juste de les récompenser. « Il y a trois choſes... qui leur feroient plaiſir ſans porter de préjudice au roy ny aux particuliers. La première feroit l'exemption des lods & ventes & rachapts dont ils ont jouy juſqu'en 1640, qui eſt attribuée aux Secrétaires du roy & l'étoit aux tréſoriers de France dont [ils] viennent de rembourſer les charges, ce feroit beaucoup plus pour l'honeur des charges que pour l'utile car peuteſtre en dix ans n'y en aura-t-il pas un exemple.

« La ſeconde feroit l'exemption de nomination aux tutelles dont mil petites charges exemptent deſjà dans la province. La troiſiéme feroit la confirmation du droit de frans ſalé que l'on veut aujourdhuy nous diſputer dont nous avons toujours jouy & dont le Parlement de cette province & la Chambre des Comptes de Paris jouit actuellement... ce droit ne portera pas grand préjudice au roy n'y ayant que quatre ou cinq officiers dans ma compagnie qui ne ſoient pas de la province... » (3).

(1) Sur cette question, voy. une lettre de M. de Mejusseaume du 23 mai 1704 (A. N. G⁷ 184).

(2) A. N. G⁷ 183.

(3) Id.

L'ÉVÊQUE DE RENNES au CONTROLEUR GÉNÉRAL.

11 Avril 1703.

Pour payer les réparations de l'église de Rennes, M. de Nointel a proposé d'imposer pendant 20 ans le clergé du diocèse de Rennes. L'évêque désapprouve ce projet; il craint fort que « les abés, chapitres, prieurs, recteurs & autres bénéficiers dudit diocèse ne veuillent pas payer les sommes auxquelles ils seront imposés, plusieurs d'entre eux [lui] ayant fait entendre... qu'une telle imposition étoit sans exemple... » (1).

Les OFFICIERS de l'Amirauté de Nantes au CONTROLEUR GÉNÉRAL.

21 Avril 1703.

Ils se plaignent qu'on exige d'eux pour augmentation de gages « des sommes si excessives... qu'elles excèdent aux uns la moitié de la finance du prix de leurs charges & aux autres elles vont beaucoup au delà du prix coustant d'icelles... (2) »; ils ne pourront trouver « de grosses sommes

(1) A. N. G⁷ 183.

(2) A l'appui de leurs plaintes, ils donnent les chiffres suivants :

NOMS DES OFFICIERS	PREMIÈRE FINANCE	AUGMENTATION RÉCLAMÉE
De Kersalio Fouquer, Lieutenant général	40 000#	9 680#
Danguy, Lieutenant particulier	15 000	7 920
Locquet, Procureur du roi	16 000	8 800
Morand, Conseiller	5 000	7 040
Bavieux, id.	id.	id.
Gellée, id.	id.	id.
Martin, id.	id.	id.
Geslin, id.	id.	id.
Mabit, Greffier	15 000	8 800

par [eux-]mêmes & encore moingt les emprunter ſur l'hypothèque de [leurs] charges qui ſont deſjà engagés par les emprunts pour les achepter » (1).

M. DE BRILHAC, Premier Président du Parlement de Bretagne, au CONTROLEUR GÉNÉRAL.

11 Juillet 1703.

« Je prends la liberté de vous envoyer un mémoire concernant l'affaire que Monſieur de Nointel veut faire au Parlement, la compagnie eſpere que vous trouverez que c'eſt luy qui veut empieter ſur les droits du Parlement & non pas le Parlement qui veut empieter ſur les ſiens, nous reſpectons tout ce qui nous vient de la part du Roy & comme il luy a plu d'attribuer à Monſieur de Nointel & les commiſſaires de la capitation tout ce qui concerne la levée qui ſ'en doit faire & ſy le Parlement eut trouvé quelque apparence que l'affaire dont il ſ'agit y eut relation jamais il ne ſ'en fut meſlé, mais j'eſpére Monſieur que vous trouverez que c'eſt une affaire dont un ſergent ſ'eſt voulu tirer par la en faiſant une plainte devant des juges incompétents... (2). Le Parlement par reſpect pour tout ce qui regarde Sa Majeſté n'a point voulu caſſer l'ordonnance de Monſieur de Nointel qui faiſait deffence d'exécuter l'arreſt, il attend que vous lui faſſiez connaître quelles ſont les intentions de Sa Majeſté... » (3).

(1) A. N. G⁷ 183. Voy. encore : les requêtes du procureur du roi, des lieutenants général et particulier du siège (mai 1703); celles de deux conseillers de l'Amirauté de Morlaix (15 mai 1703) et des lettres du lieutenant général (1er juin 1703) et du procureur du roi (8 août 1703) de ce dernier siège; une lettre du Procureur du roi de l'Amirauté de Saint-Malo (4 juin 1703. A. N., *ibid.*); une lettre d'un conseiller de l'Amirauté de Vannes (7 janvier 1704, A. N. G⁷ 184). — Sur l'avis de l'intendant, le roi accorda une diminution et taxa M. de Kersalio à 7000#, les conseillers de Nantes à 1750 (lettre des conseillers du siège de Nantes, 24 juillet 1703, A. N. G⁷ 183), ce qui n'empêcha pas le traitant de réclamer le chiffre primitif (nouvelle lettre des mêmes conseillers du 31 juillet, id., *ibid.*).

(2) Il s'agissait d'un cordonnier, qui, d'abord dénoncé pour insultes à l'huissier chargé de recouvrer la capitation, fut quelques jours après impliqué dans une rixe. Ses ouvriers malmenèrent le même huissier. Ceux-ci furent emprisonnés. L'affaire fut appelée devant le Parlement dont un arrêt ordonna au greffier de communiquer l'enquête. C'est cet arrêt que l'intendant avait défendu d'exécuter. Mémoire de M. de Brilhac, 4 juillet.

(3) A. N. G⁷ 183.

M. DE NOINTEL, *Intendant, au* CONTROLEUR GÉNÉRAL.

12 Août 1703.

Au sujet de mines de charbon de terre découvertes dans l'évêché de Saint-Brieuc par les Srs Fléau, Chesné et Blanchard (1).

---

26 Août 1703.

« Il y a peu d'officiers d'admirautés qui se soient mis en estat dans cette province de profiter de la grâce que... le Roy vouloit bien leur accorder de la jouissance a commencer du 1er janvier dernier des augmentations de gages dont ils avoient paié la finance dans le courant du mois de juillet... Il me revient que plusieurs officiers de ces compagnies travaillent à trouver de l'argent pour faire les sommes pour lesquelles ils sont emploiés dans le rolle de modération dont j'ay eu ordre d'arrester le projet & qui leur a esté signifié. » (2).

M. DE LA LANDE-MAGON, *Négociant à Saint-Malo, au* CONTROLEUR GÉNÉRAL.

23 Septembre 1703.

Sur les embarras du commerce malouin et sur la nécessité de protéger les navires français qui vont dans les mers du Sud (3).

(1) A. N. G7 183.

(2) A. N. G7 183. Voy., dans le même carton, le « Projet de modération des augmentations de gages héréditaires des officiers de la Table de marbre & Amirauté de Bretagne ».

(3) A. N. G7 183. Sur le commerce breton dans les mers du Sud, voy. E. W. Dahlgren, *Le Comte Jérôme de Pontchartrain et les armateurs de Saint-Malo*, 1712-1715, dans la *Revue Historique*, juillet 1905, t. LXXXI.

M. DE MIANE, *Lieutenant de Roi du Château de Nantes,* *au* CONTROLEUR GÉNÉRAL.

2 Octobre 1703.

Deux archers de la maréchaussée voulant « executer » à Nantes un particulier, qui n'avait pas payé sa capitation, la populace du quartier du marché se souleva et les mit en fuite.

Ils requirent les soldats de la garnison, mais M. de Miane les renvoya à l'intendant croyant « qu'il eſtoit de [ſa] prudence de ne point commettre des ſoldats de la garniſon du château avec un peuple ému qui naturellement eſt porté à l'émotion... », et il demanda son avis au Contrôleur général (1).

M. DE NOINTEL, *Intendant, au* CONTROLEUR GÉNÉRAL.

12 Octobre 1703.

Il a réuni les fermiers généraux des devoirs et leur a transmis ses propositions au sujet de la nouvelle ferme; ils ont déclaré ne pouvoir offrir que 3 900 000# pour les années 1706 et 1707 et ils ont développé leurs raisons dans un mémoire qu'il lui envoie (2).

M DE BRILHAC, *Premier Président du Parlement de Bretagne,* *au* CONTROLEUR GÉNÉRAL.

23 Octobre 1703.

« Nous avons fait aujourd'hui l'ouverture des Etats quoyque M. le maréchal d'Eſtrées fut incommodé... il n'a pas laiſſé que de ſ'y faire porter. Demain ſe fera la ſeconde ſéance pour la demande du don gratuit & de la capitation & nous avons pris ce ſoir les meſures que nous avons cru les plus convenables avec M[rs] les préſidents pour empeſcher les

(1) A. N. G^7 183.

(2) A. N. G^7 183.

difficultés que quelques perſonnes pouroient aporter ſur ce qui regarde la capitation (1) & j'eſpére que vous aprendrez que le tout ſe ſera paſſé conformément aux volontés du Roy & aux vôtres... » (2).

M. DE NOINTEL, Intendant, au CONTROLEUR GÉNÉRAL.

27 Octobre 1703.

Les États « ſ'aſſemblérent hier matin & la première choſe qui y fut agitée fut celle de la délibération qu'ils avaient faite ſur la demande du don gratuit & de la capitation; il y fut réſolu de la changer à l'égard du don gratuit & de marquer ſur les regiſtres qu'ils l'avaient acordé dés le 24e jour de ce mois, c'eſt-à-dire le jour meſme que la demande en a eſté faite, & de perſiſter pour la capitation dans celle qui a eſté priſe...; Mrs les Commiſſaires du Roy n'ont rien dit ſur ce changement & ils ont meſme cru Monſieur qu'il eſtoit mieux qu'il ne paruſt point ſur les regiſtres que le don gratuit n'avoit pas eſté accordé en la manière ordinaire, il n'y a aucun des membres de l'ordre de l'Egliſe & de celuy de la nobleſſe qui ne convienne préſentement de la faute qu'ils ont faite & qui ne vouluſt bien n'y eſtre pas tombé... » (3).

M. le Maréchal D'ESTRÉES, Commandant en Bretagne, au CONTROLEUR GÉNÉRAL.

3 Novembre 1703.

Il lui annonce que les États « ſe ſont portés à ſe conformer aux volontés de Sa Majeſté. Les Sieurs de Coueſby Keravion & de Piré à qui

(1) Le même jour, l'intendant de Nointel écrivait à ce sujet :

« ... Je crains bien Monſieur que la capitation ne reçoive quelque difficulté & que les eſtats ne ſe portent pas à l'accorder ſans demander à en délibérer, je vais me donner tous les mouvements que je croirai pouvoir contribuer a prevenir cette demarche de leur part. »

Malgré les efforts de l'intendant, les États demandèrent à examiner les comptes des capitations précédentes et remontrèrent que l'abonnement de la capitation à 2 millions par an était excessif : Lettre de M. de Mejusseaume, 25 octobre 1703.

(2) A. N. G7 183.

(3) Id.

on avoit remis les ordres du Roy avant de parler aux prefidents font partis pour fe rendre aux lieux ou il lui a pleu de les envoyer, fans qu'on eut pour ainfy dire apris le fujeɑ de leur envoy. Je fuis très perfuadé que cet exemple empefchera ceux qui ne feroient pas auffy bien intentionnéz qu'il feroit à défirér de f'efcarter & qu'il fervira mefme à avancer la tenue de ces Eftats cy... » (1).

M. DE NOINTEL, Intendant, au CONTROLEUR GÉNÉRAL.

6 Novembre 1703.

« J'ay receu la lettre que vous m'aves fait l'honneur Monfieur de m'écrire fur les mouvements qui font arrivés dans cette province; & je vous remercie de la confiance que vous aves bien voulu m'y marquer, je profiteray de vos confeils mais permettes moy de vous dire & à vous feul f'il vous plaift qu'on n'eft pas au fait des affaires de cette province, le peu de liaifon qu'on croit que j'ay avec les deux evefques qui n'ont pas fait leur devoir n'a eu aucune part au parti qu'ils ont pris. Ils ne l'ont fait uniquement que pour fe déclarer les péres de la patrie & aprés avoir veu le corps de la nobleffe fe déclarer comme il avoit fait fur le don gratuit & fur la capitation; j'ay veu mefme mes meilleurs amis dans ce corps là f'écarter du bon chemin & j'ay cru avoir entreveu qu'ils f'eftoient figurés pouvoir fe reftablir dans la liberté que les eftats avoient eu autrefois de marchander ou pour mieux dire de négotier fur le plus ou fur le moins du don gratuit; ce qui f'eft paffé aux eftats de 1701 a pu leur infpirer cette penfée là & c'eft ce qui m'a fait infifter avec fermeté à les obliger d'accorder le don gratuit; je puis dire mefme que fi je n'avois pas efté auffi ferme que je l'ay efté & que je ne me fuffe pas donné tous les mouvements que je me fuis donné parlant à certaines perfonnes qui ont du crédit dans les eftats, qu'ils auroient perfifté dans leur premiére délibération; l'ordre du tiers qui a bien fait fon devoir ne l'a fait que par l'intrigue de leur préfident qui eft mon fubdélégué ordinaire dans cette

(1) A. N. G[7] 183.

ville (1) & a qui j'avois parlé en arrivant icy sur l'avis que j'avois eu de la facheuse disposition ou estoient les esprits; ainsy Monsieur il ne faut attribuer cet événement qu'a une espèce de cabale qui s'estoit faite dans la veue de reprendre une espèce de liberté sur le don gratuit qu'ils ont perdue depuis 1677. Les esprits de cette province ne se gouvernent pas comme les autres & Mr le duc de Chaulnes dans le temps de sa plus grande authorité & du vivant de Mr Colbert a éprouvé quelquefois de ces sortes de contre temps; a l'égard des Evesques je vivois avec eux très honnestement, & si le chagrin a eu part à leur résolution ça esté autant pour faire peine à Mr l'evesque de Vannes qu'à personne, cela a paru dans trois ou quatre séances où ils ont eu ensemble des vivacités qui ne leur convenoient guéres & ce n'est pas mesme de ces estats cy qu'ils y sont tombés; voilà un détail que vous serés peut-être bien aise de scavoir.

« Si j'avois reçeu vostre lettre un jour plustost qu'elle ne m'a esté rendue j'aurois fait garder les lettres de cachet sans les donner aux gentilshommes qu'elles regardoient & les montrant aux présidents des ordres, j'aurois fait prendre la mesme délibération qui a esté prise sur le don gratuit, mais Mr le maréchal d'Estrées les leur fit rendre aussitost qu'il les eut reçues & mesme sans m'en avoir parlé; entre vous & moy il n'est plus en estat de faire les reflections qu'il auroit dû faire dans une pareille occasion ni d'avoir l'attention qu'il luy convenoit d'avoir, c'est-à-dire de m'en parler auparavant; je ne m'en suis pas plaint par cette raison là pour ne pas donner de scene au public.

« Il nous reste encore une grande affaire & c'est l'unique; c'est celle des fermes sur lesquelles les anciens fermiers demandent de grandes diminutions pour les années 1706 & 1707 dont le Roy permet à la province de faire le bail, car elle mange comme bien d'autres ses revenus par avance, ils seront tous icy aprés-demain & je les confesseray sur leur dernière résolution; les temps sont mauvais & cette province cy commence à s'en ressentir. » (2).

(1) Vannes.

(2) A. N. G⁷ 183.

La ferme des devoirs finit par être adjugée pour 4 200 000# ; cf. lettre de M. de Nointel au contrôleur général, 11 décembre 1703.

10 Novembre 1703.

« La séance des Estats fut en partie emploiée hier matin à délibérer sur la gratification que le Roy a souhaitté qu'on donne aux peres Benedictins pour les frais de l'impression de l'histoire de cette province & ils l'ont accordée paiable en six années; l'affaire a receu beaucoup de difficultés, le corps de la noblesse y aiant esté d'abord fort opposé. » (1).

Le CONTROLEUR GÉNÉRAL à M. DESMARETZ, Directeur des Finances.

21 Novembre 1703.

Il faut faire en sorte que M. de Nointel, intendant de Bretagne, engage « les anciens fermiers a prendre les fermes au moins sur le pied de quatre millions deux cent mil livres, les dernières offres ne sont qu'a quatre millions. Je suis honteux pour M. de Nointel & pour moy de veoir une aussi grande diminution qui n'est certainement fondée que sur l'authorité que se sont donnée les fermiers en se rendant les maistres des fermes pour les advances qu'ils ont faittes. Je ne sais si vous avez veu la requête imprimée qu'ils ont donnée, c'est un libelle qui mériteroit une punition exemplaire. Servez vous en dans la lettre que vous écrirez pour leur faire sentir qu'ils pourroient se repentir de se rendre trop difficiles... » (2).

M. DE NOINTEL, Intendant, au CONTROLEUR GÉNÉRAL.

29 Novembre 1703.

Il ne voit aucun inconvénient à permettre de charger des châtaignes à Nantes pour Ostende et la Suède.

(1) A. N. G⁷ 183.

(2) Id.

Les États de Bretagne et l'Intendant ne pouvaient décider les fermiers à accepter leurs conditions. Ceux-ci prétextaient de « la diminution excessive du produit des droits causée par : 1° defaut du débit des grains, 2° cessation presque entière du commerce de la mer, 3° du commerce des bestiaux & principalement des chevaux, 4° enlevement de l'argent de la province, 5° impositions & surtout la capitation dont la plus grande partie est portée par les paysans qui faisoient le plus grand produit des devoirs, 6° les avances où ils sont obligés d'entrer qui sont excessives. » (Analyse d'un Mémoire de M. de Nointel.)

Ces châtaignes sont expédiées à Nantes par les autres provinces du royaume...

On n'en consomme presque pas en Bretagne... (1).

M. DE NOINTEL, *Intendant, au* CONTROLEUR GÉNÉRAL.

2 et 23 Janvier 1704.

Au sujet des mines de charbon de l'évêché de Saint-Brieuc, et de la mine de plomb de Carnoët (2).

M. DE KERMABON-SALAUN, *Commis du Contrôle à Morlaix, au* CONTROLEUR GÉNÉRAL.

7 Janvier 1704.

Il lui envoie l'état des toiles expédiées par Morlaix en Espagne pendant l'année 1703, soit 40 500 pièces (3).

M. DE NOINTEL, *Intendant, au* CONTROLEUR GÉNÉRAL.

10 Janvier 1704.

Au sujet d'un droit du quarantième de la valeur perçu sur les marchandises venant par mer à Nantes (4).

(1) A. N. G[7] 183.

D'après de nombreux documents que j'ai pu voir aux Archives départementales de Rennes et que j'ai utilisés dans un travail sur « les Subsistances & le commerce des céréales en Bretagne au XVIIIe siècle », la consommation des châtaignes était plus importante que ne l'avance M. de Nointel. Les châtaignes entraient pour une grande part dans l'alimentation des paysans des subdélégations de Fougères et de Redon par exemple.

(2) BOISLISLE, *op. cit.* T. II, n° 557.

(3) A. N. G[7] 184.

(4) BOISLISLE, *op. cit.* T. II, n° 562.

Le CONTROLEUR GÉNÉRAL à M. DE NOINTEL, Intendant.

16 Janvier 1704.

Il approuve l'adjudication de la ferme des devoirs et des droits de courtiers-gourmets et commissionnaires-jaugeurs et l'entretient de l'emprunt de 2 400 000 # « dont le Sr de la Boiffiére a été chargé » (1).

M. DE NOINTEL, Intendant, au CONTROLEUR GÉNÉRAL.

20 Janvier 1704.

Le Premier Président, sans le consulter, a compris les officiers de la chancellerie dans la répartition de la capitation du Parlement; jusqu'ici ces officiers ont été « emploiés dans le rolle de la ville » où ils se trouvaient; l'intendant se prononce pour l'observation de cet usage (2).

---

17 Février 1704.

Il n'est pas d'avis de créer des offices de maîtres capitaines des arrimages dans les ports maritimes et fluviaux de Bretagne (3).

M. DE MONTARAN, Trésorier des États de Bretagne, à M. DESMARETZ, Directeur des Finances.

28 Février 1704.

Il demande à être délivré de garnisons établies chez lui par des particuliers « porteurs d'affignations du Tréfor royal »; il n'est pas responsable de « l'éloignement des payements » (4).

M. DE NOINTEL, Intendant, au CONTROLEUR GÉNÉRAL.

26 Mars 1704.

Au sujet de la réformation des domaines (5).

(1) BOISLISLE, *op. cit.* T. II, n° 567.
(2) A. N. G⁷ 184.
(3) Id.
(4) BOISLISLE, *op. cit.* T. II, n° 578.
(5) A. N. G⁷ 184.

M. ROBERT, Intendant de la Marine à Brest,
au CONTROLEUR GÉNÉRAL.

5 Avril 1704.

Il lui rend compte de l'approvisionnement des vaisseaux du Roi et des précautions prises pour laisser ignorer à l'ennemi l'état de l'armement (1).

M. DE NOINTEL, Intendant, au CONTROLEUR GÉNÉRAL.

13 Avril 1704.

Il lui envoie un mémoire relatif au projet de créer des offices de contrôleurs-visiteurs des toiles et draperies... « La fabrique des toiles eſt conſidérable dans cette province, mais celle des draperies ne l'eſt pas beaucoup. » Il n'est pas hostile à ce projet (2).

M. DE BRILHAC, Premier Président du Parlement de Bretagne,
au CONTROLEUR GÉNÉRAL.

16 Avril 1704.

Le Parlement a enregistré l'édit de création de la Chambre souveraine des eaux et forêts. On prétend que son exécution rapportera plus de 500 000#; « cela eſt moralement impoſſible en Bretagne ». Si le roi veut supprimer l'édit et confier au Parlement les fonctions qu'il établit, celui-ci pourra lui fournir rapidement une partie considérable de la somme escomptée (3).

L'ÉVÊQUE DE NANTES au CONTROLEUR GÉNÉRAL.

19 Avril 1704.

Le Comte de Toulouse a produit la meilleure impression sur tous. Pour gagner les Bretons, il faut de la douceur (4).

(1) BOISLISLE, *op. cit.* T. II, n° 594.
(2) A. N. G7 184.
(3) A. N. G7 184.
(4) BOISLISLE, *op. cit.* T. II, n° 601.

M. DE NOINTEL, *Intendant, au* CONTROLEUR GÉNÉRAL.

20 Avril 1704.

Les privilèges des officiers des monnaies sont considérables, mais il ne semble pas qu'on puisse leur ajouter l'exemption de la taxe des arts et métiers (1).

---

11 Mai 1704.

« Il demande le payement des gages échus de la charge de Secrétaire du Roi que possédait feu son père... » (2).

---

14 Mai 1704.

Il a été chargé de « faire la répartition d'une dernière modération montant à 7655# qui a été accordée aux officiers des admirautés de cette province » sur les augmentations de gages ordonnées par l'édit de janvier 1703 (3).

---

25 Mai 1704.

Il a écrit à tous les officiers d'artillerie des châteaux et garnisons de la province pour les inviter à se pourvoir des charges créées par l'édit d'août 1703.

Seul, un garde-magasin semble avoir l'intention d'en acheter une. Les autres officiers sont des cadets pourvus de leur place gratuitement, à titre de récompense, et incapables de payer les nouvelles charges (4).

---

11 Juin 1704.

Il lui communique ses réflexions au sujet de l'exécution de l'arrêt ordonnant la réouverture des Monnaies (5).

(1) A. N. G⁷ 184.
(2) Boislisle, *op. cit.* T. II, n° 609.
(3) A. N. G⁷ 184.
(4) A. N. G⁷ 184.
(5) Boislisle, *op. cit.* T. II, n° 623.

M. DE BRILHAC, *Premier Président du Parlement de Bretagne,* *au* CONTROLEUR GÉNÉRAL.

13 Juin 1704.

Le maréchal de Châteaurenault n'a pu le réconcilier avec M. de Nointel (1).

L'ÉVÊQUE DE TRÉGUIER *au* CONTROLEUR GÉNÉRAL.

8 Juillet 1704.

La défense signifiée aux curés de faire au prône aucune publication pour affaires temporelles n'est pas observée.

Il se plaint que dans les processions les maires aient la préséance sur les juges des seigneurs (2).

M. DE NOINTEL, *Intendant, au* CONTROLEUR GÉNÉRAL.

9 Juillet 1704.

« Les charges nouvelles ne ſont plus d'un débit facile dans cette province. » Celles qui rapportent de gros revenus à cause des droits qui y sont attachés, se vendent seules.

Il ne répond pas que les charges de maîtres des cérémonies, qu'on veut créer dans les villes, où existent un parlement, une justice royale et des officiers de corps de ville, seront bien vendues.

Pourtant elles ont « gages au denier vingt avec les meſmes privilèges, exemptions & prérogatives des compagnies des lieux de leur réſidence ».

Il faudra à ces exemptions ajouter celles de curatelle et de tutelle (3).

(1) BOISLISLE, *op. cit.* T. II, n° 624.
(2) ID., *ibid.*, n° 637.
(3) A. N. G⁷ 184.

18 Juillet 1704.

« Il y a des changeurs titulaires dans plusieurs villes de cette province & il ne sera pas nécessaire que j'en commette en grand nombre. Mon grand embarras sera de les mettre en état de faire le change & c'est a quoy je travailleray en les engageant a se faire un fonds d'espèces nouvellement réformées qui puisse suffire pour paier comptant les vieilles espèces & les matières qui leur seront portées. Je n'eus aucune peine sur cela... dans les deux réformations que j'ay veues depuis que je suis en Bretagne mais l'argent y est bien rare présentement. »

Il court une assez grande quantité de pièces de 10 sous fausses dans les marchés (1).

M. DE TOURNEMINE, Colonel de Dragons, au CONTROLEUR GÉNÉRAL.

4 Août 1704.

Le pied fourché (2) est très impopulaire à Brest. Dans toute la Basse-Bretagne, les bouchers se refusent à tuer; on doit les y obliger par la force.

Les juges ne font pas leur devoir; ils laissent tenir des discours subversifs et courir de mauvais bruits (3).

M. DE NOINTEL, Intendant, au CONTROLEUR GÉNÉRAL.

6 Août 1704.

La monnaie de Rennes manque d'espèces depuis quelque temps (4).

---

6 Août 1704.

Il lui donne les éclaircissements demandés sur le projet « de créer en titre d'offices les visiteurs establis aux bureaux des entrées & sorties du Royaume » ... (5).

(1) A. N. G⁷ 184.
(2) On désignait sous ce nom un droit levé au profit des inspecteurs des boucheries.
(3) A. N. G⁷ 184.
(4) Boislisle, *op. cit.* T. II, n° 652.
(5) A. N. G⁷ 184.

M. DESMARETZ, *Directeur des Finances, à M. DE NOINTEL, Intendant.*

12 Août 1704.

A propos des troubles provoqués par l'établissement des droits des inspecteurs des boucheries (1).

M. DE NOINTEL, *Intendant, au* CONTROLEUR GÉNÉRAL.

17 Août 1704.

« Je ne trouve aucun expédient qui puiſſe prévenir le tort que l'arreſt du parlement de cette province du 19 Juin dernier ſera au débit des offices de greſſiers des rolles des fouages & au traitant qui en eſt chargé. Il ne luy ſera pas poſſible d'avoir des commis dans chaque paroiſſe parce que les droits qui peuvent leur revenir ne ſont pas aſſes conſidérables pour trouver des gens qui veuillent accepter ces commiſſions là... Il ſemble... que le parlement ne devoit point ſtatuer ſur cette matière, l'arreſt du Conſeil du 29 Janvier dernier cy deſſus daté m'en attribuant la connoiſſance; ce petit inconvénient la ne ſeroit pas arrivé du temps de M. de la Faluère le Premier préſident. J'eſtime... que vous aurés bien de la peine a vous diſpenſer par la ſuite de caſſer l'arreſt du parlement... Si le Conſeil ne juge pas a propos de prononcer par caſſation, il pourroit recevoir le traitant oppoſant à l'arreſt & pour faire droit au ſonds renvoier devant moy en exécution de l'arreſt du 29 Janvier dernier ce qui ſera le meſme effet par l'ordonnance que je rendray ſur la requeſte qu'il me preſentera. » (2).

---

12 Octobre 1704.

Sur l'établissement de trois jeunes filles françaises, qu'on avait trouvées à bord d'un vaisseau du Roi (3).

(1) BOISLISLE, *op. cit.* T. II, n° 654.
(2) A. N. G^7 184.
(3) BOISLISLE, *op. cit.* T. II, n° 671.

22 Octobre 1704.

Les deux nouvelles converties auxquelles il a été donné, « pour contribuer à leur eſtabliſſement », une gratification de 1 200#, s'appellent Anne et Marie Madeleine Poirier (1).

---

16 Novembre 1704.

Projet de création d'offices de secrétaires-vérificateurs des titres dans les cours et juridictions (2).

M. DE MEJUSSEAUME, Procureur général Syndic des États de Bretagne, au CONTROLEUR GÉNÉRAL.

17 Novembre 1704.

Comme doyen du semestre d'août au Parlement, il est lésé par l'édit d'octobre dernier qui « contre tout l'uſage ordinaire [met] les six Préſidents aux Enqueſtes au deſſus de tous les anciens conſeillers » et de lui. M. de la Faluère, doyen du semestre de février, s'associe à sa réclamation (3).

Le Sieur DE LA LANDE-MAGON, Négociant à Saint-Malo, au CONTROLEUR GÉNÉRAL.

19 Novembre 1704.

Il représente que le roi d'Espagne n'autorisera jamais les vaisseaux français à faire le commerce des Indes, mais que les Malouins n'ont point besoin de sa permission pourvu que le roi de France leur permette « les voyages d'Amérique à la faveur deſquels » ils iront « négocier comme les Anglais & Hollandais l'ont fait de tous temps pendant la paix ». Il est nécessaire de faire concurrence aux Anglais, car ceux-ci introduisent

(1) A. N. G⁷ 184.
(2) Boislisle, *op. cit.* T. II, n° 693.
(3) A. N. G⁷ 184. Cf. des lettres de MM. de Mejusseaume et de la Faluère des 22 novembre, 7, 15 et 17 décembre, et un mémoire présenté par M. de Mejusseaume, le 27 novembre.

« leurs toiles contrefaites de Rouen, Laval & de Bretagne, auxquelles les Efpagnols f'accoûtumeront d'autant plus volontiers qu'ils fe trouveront privez pendant plufieurs années de celles de France... » (1).

M. ROBERT, Intendant de la Marine à Brest, au CONTROLEUR GÉNÉRAL.

8 Décembre 1704.

Il a reçu l'arrêt qui ajourne à la fin de décembre la clôture de la loterie royale (2).

Il engagera toutes les personnes de sa connaissance à prendre des billets, mais la misère est grande et l'argent rare à Brest (3).

ÉTAT des Liqueurs entrées en Bretagne pendant l'année 1704.

Il ressort de cet état, qui donne la part respective de chaque port breton pour l'importation des liqueurs, qu'il est entré : à Nantes 43 tonneaux de vin d'Espagne, 7 163 tonneaux de vin français, 6 556 barriques d'eau-de-vie, 91 tonneaux de vinaigre, 17 barriques de bière et 2 de cidre; dans les autres ports et havres de la province, 36 pièces de vin d'Espagne, 26018 tonneaux de vin français, 3 184 barriques d'eau-de-vie, 71 tonneaux de vinaigre, 53 de bière et 435 de cidre (4).

M. DE NOINTEL, Intendant, au CONTROLEUR GÉNÉRAL.

4 Janvier 1705.

Rapport sur les îles de Glénans (5).

(1) A. N. G^7 184.

(2) Cette clôture fut encore successivement ajournée en février (Lettre de M. Robert au Contrôleur général, 9 janvier 1705) et en avril 1705 (Lettre du même au même, 13 mars 1705. A. N. G^7 185).

(3) A. N. G^7 184.

(4) A. N. G^7 184. Dans le même carton, cf. une série de notes, mémoires, états relatifs aux fermes de la province de 1704 à 1707.

(5) BOISLISLE, *op. cit.* T. II, n° 728.

Le Sieur DES GRASSIÈRES, Receveur général du Domaine en Bretagne, au CONTROLEUR GÉNÉRAL.

24 Février 1705.

Il a fait enregistrer au Parlement de Rennes les lettres royales pour l'afféagement des terres vagues du duché de Quintin (1).

M. DE NOINTEL, Intendant, au CONTROLEUR GÉNÉRAL.

8 Mars 1705.

Sur la proposition des frères Valentin, qui offrent de payer 100000# pendant 10 ans l'autorisation de couper chaque année 10 000 pieds d'arbres dans les forêts du roi (2).

---

13 Mars 1705.

La misère est telle dans l'île de Bouin qu'il serait bon d'y surseoir au recouvrement de la capitation (3).

Le Sieur DE LA LANDE-MAGON, Négociant à Saint-Malo, au CONTROLEUR GÉNÉRAL.

15 Mars 1705.

Il attend trois vaisseaux envoyés dans la mer du Sud en 1703, il vient d'apprendre qu'ils ont fait de bonnes affaires (4).

M. DE NOINTEL, Intendant, au CONTROLEUR GÉNÉRAL.

15 Mars 1705.

« Il envoie le procès-verbal des réparations à faire à l'abbaye de Landevennec, & donne son avis sur le produit qu'on pourait tirer de la vente des bois de réserve » (5).

(1) A. N. G⁷ 185.
(2) BOISLISLE, *op. cit.* T. II, n° 763.
(3) ID., *ibid.*, n° 767.
(4) BOISLISLE, *op. cit.* T. II, n° 770.
(5) ID., *ibid.*, n° 769.

29 Mars 1705.

La Déclaration du 3 mars ordonnant « l'augmentation de deux sols par livre sur tous les droits qui se perçoivent au profit du Roy a esté enregistrée au parlement... »; elle sera exécutée le mois prochain; mais il prévoit quelques « inconvénients » qu'il expose dans un mémoire joint à sa lettre (1).

---

20 Avril 1705.

L'accusation de trahison portée contre Jean Stalpaërt, originaire de Bruges, établi à Nantes, paraît dénuée de fondement (2).

Le Sieur DE LA LANDE-MAGON, *Négociant à Saint-Malo,*
au CONTROLEUR GÉNÉRAL.

26 Avril 1705.

Il lui envoie la traduction d'une lettre du vice-roi du Pérou à l'adresse de M. Cordier, facteur de la compagnie des noirs. De cette lettre il ressort que les vaisseaux français « s'emploient généreusement à rendre les services qu'on exige d'eux », c'est-à-dire à pourchasser les pirates (3).

Le Sieur DE LA CHIPAUDIÈRE-MAGON, *Négociant à Saint-Malo,*
au CONTROLEUR GÉNÉRAL.

26 Avril et 19 Juillet 1705.

Relevé des marchandises expédiées aux Indes par les États Européens (4).

Le Sieur DE LA LANDE-MAGON, *Négociant à Saint-Malo,*
au CONTROLEUR GÉNÉRAL.

13 Mai 1705.

Il demande à être déchargé du droit de 20 % établi sur les balles de poil de chameau et de coton filé (5).

(1) A. N. G[7] 185.
(2) BOISLISLE, *op. cit.* T. II, n° 789.
(3) A. N. G[7] 185.
(4) BOISLISLE, *op. cit.* T. II, n° 793.
(5) A. N. G[7] 185.

24 Mai 1705.

Il lui rend compte des affaires négociées par ses vaisseaux dans la mer du Sud, et demande main levée de la saisie mise par l'intendant de la marine au Port-Louis sur « tous les effets de [ses] vaiſſeaux » (1).

M. DE LA CHIPAUDIÈRE-MAGON, Négociant à Saint-Malo, au CONTROLEUR GÉNÉRAL.

24 Juin 1705.

Au sujet d'un essai de contrefaçon « de platilles », toile fabriquée à Hambourg (2).

M. DESMARETZ, Directeur des Finances, à M. FERRAND, Intendant.

8 Juillet 1705.

Ordre de faire payer l'avocat qui a sollicité les arrêts confirmant les privilèges de franchise des habitants des marches communes de Bretagne et Poitou, en 1704 (3).

Le Sieur DE LA LANDE-MAGON, Négociant à Saint-Malo, au CONTROLEUR GÉNÉRAL.

17 Juillet 1705.

Au sujet du commerce malouin dans la mer du Sud et des plaintes que ce commerce provoque en Espagne (4).

M. FERRAND, Intendant, au CONTROLEUR GÉNÉRAL.

28 Juillet 1705.

Depuis son arrivée en Bretagne, des plaintes lui arrivent de toutes parts contre les commis des traitants qui font « des grands frais... dans

(1) BOISLISLE, *op. cit.* T. II, n° 811.
(2) ID., *ibid.*, n° 836.
(3) BOISLISLE, *op. cit.* T. II, n° 848.
(4) ID., *ibid.*, n° 850.

les recouvrements dont ils sont chargés, abusent des garnisons qu'ils établissent d'eux-mêmes pour des sommes très légères. » Il leur a ordonné de ne rien faire sans sa permission (1).

---

28 Septembre 1705.

Il lui demande des renseignements au sujet des diminutions de gages accordées aux officiers d'amirautés bretonnes. Il n'a rien trouvé à ce sujet dans les papiers de M. de Nointel (2).

M. DE BRILHAC, Premier Président du Parlement de Bretagne, au CONTROLEUR GÉNÉRAL.

9 Octobre 1705.

On lui apprend qu'un arrêt du Conseil « au préjudice de la déclaration royale... doit subroger M. Ferrand à la place de M. de Nointel pour connoitre des fermes. » Il ne peut croire que cette mesure ait été prise contre lui (3).

M. DE GRANDVILLE-LOCQUET, Député au Conseil de Commerce.

21 Octobre 1705.

Les négociants malouins n'ont pas voulu l'admettre à partager les bénéfices « des navires de la Mer du Sud », bien que ce fût l'intention du contrôleur général. Il demande à ce dernier la permission d'armer un vaisseau pour la mer du Sud et il lui représente « qu'il convient accorder le commandement des vaisseaux aux enfans de bonnes familles & qui sont en réputation d'estre riches afin d'anoblir le commerce pour lequel il paroist que tout le monde a du dégoût en France. » (4).

(1) A. N. G⁷ 185.
(2) Id.
(3) A. N. G⁷ 185.
(4) Id.

L'Abbé DE LA VIEUXVILLE, M. DU BOIS DE LA MOTTE, M. RÉPHART, *Membres du Bureau de la Capitation, au* CONTROLEUR GÉNÉRAL.

23 Octobre 1705.

Ils le prient de leur faire accorder une gratification par les États prochains (1).

M DE BRILHAC, *Premier Président du Parlement de Bretagne, au* CONTROLEUR GÉNÉRAL.

24 Octobre 1705.

On lui a remis un billet anonyme, venu de Toulouse et prêchant la révolte (2).

M. FERRAND, *Intendant, au* CONTROLEUR GÉNÉRAL.

27 Octobre 1705.

Il demande s'il devra exiger la capitation « conjointement avec le Don gratuit affin que l'un & l'autre ſoit accordé en meſme temps & par acclamation ». Aux derniers États, « on remit à délibérer ſur la demande de la capitation qui avoit été faite en même temps que celle du don gratuit. Le Roy n'ayant point approuvé la conduite des Etats, il y eut deux gentilſhommes exilés... »

Il lui recommande de « faire ajouter aux deux millions » de la capitation « le ſol pour livre pour les frais & non valeurs » (3).

(1) A. N. G[7] 185.
(2) BOISLISLE, *op. cit.* T. II, n° 901.
(3) A. N. G[7] 185.

M. le Maréchal DE CHATEAURENAULT, *Commandant en Bretagne, au* CONTROLEUR GÉNÉRAL.

28 Octobre 1705.

Il a vu déjà l'intendant, le premier président, le procureur général, les présidents à mortier « & autres principaux membres des Etats qui font à Rennes & aux environs... »

Il n'a pas encore reçu « les ordres, commiffions & lettres pour la convocation des Etats », que le comte de Toulouse lui a dit être fixée au 10 novembre prochain. « Il y aura bien peu de temps pour les envoyer aux membres des états les plus éloignés qui doivent f'y trouver, y ayant toute la longueur de la province depuis Vitré jufqu'en Baffe-Bretagne... » (1).

M. DE BRILHAC, *Premier Président du Parlement de Bretagne, au* CONTROLEUR GÉNÉRAL.

28 Octobre 1705.

« On a travaillé ces jours-cy à l'adjudication des fous-fermes qui ne fe font trouvé monter qu'à trois millions neuf cent foixante & douze mil livres & les fermiers généraux difent qu'ils auront de la perte fix ou fept cent mil livres... de manière qu'ils ne paraiffent pas difpofés à prendre les nouvelles. Je crois cependant devoir vous dire que f'il ne fe trouve point de fermiers pour les fermes, les Eftats feront encore bien difficiles, fans compter le peu de gouft que les Bretons témoignent pour des fonds nouveaux... » (2).

M. FERRAND, *Intendant, au* CONTROLEUR GÉNÉRAL.

30 Octobre.

Il l'avertit que le maréchal de Châteaurenault et l'évêque de Rennes ne se voient point. « Le Cérémonial en eft caufe, fans aucun autre fujet.

(1) A. N. G^7 185.

(2) A. N. G^7 185. Voy. aussi des lettres de M. Ferrand du même jour et de l'évêque de Nantes du 7 novembre.

Chacun d'eux prétend la première vifite & eft réfolu de l'attendre ». Il entend « dire icy que la vifite eft due à M[r] le Marechal; cependant [celui-ci] eft venu... à Rennes fans la recevoir & ne la recevra fûrement pas..... » Ce désaccord « ne peut faire qu'un mauvais effet & embarraffer pour les états prochains où le concert fera néceffaire dans les principaux membres pour aplanir les difficultés qui ne manqueront pas de fe préfenter... » (1).

M. DE BRILHAC, Premier Président du Parlement de Bretagne, au CONTROLEUR GÉNÉRAL.

30 Octobre 1705.

Il a reçu ses instructions et a été peiné « de n'y trouver aucun article qui [le] regardaft »; il s'était flatté de voir sa demande agréée (2). La duchesse du Lude lui a écrit que le contrôleur général était bien disposé à son égard mais qu'il voulait « feulement eftre éclaircy de quelques faits pour eftre en eftat de [lui] donner des marques » de sa bienveillance. S'il osait « demander ce que c'eft », il essayerait de le « fatiffaire entièrement » (3).

M. le Maréchal DE CHATEAURENAULT, Commandant en Bretagne, au CONTROLEUR GÉNÉRAL.

4 Novembre 1705.

Il a reçu avant-hier les « lettres de Sa Majefté pour la tenue des Etats à Vitré le 10 de ce mois »; il a « fait partir auffitoft [fes] gardes pour aller avec toute la diligence poffible les diftribuer dans toute la province »; mais on l'assure que le temps manquera pour réunir un nombre de députés suffisant pour ouvrir les États le 10 et on lui propose d'en retarder l'ouverture jusqu'au 14 « pour qu'elle fe fift plus dans les formes ».

L'evêque de Saint-Malo n'a pu faire revenir l'évêque de Rennes sur son attitude à son égard (4).

(1) A. N. G[7] 185.

(2) Il s'agit d'une demande de gratification à prendre sur le fonds des États.

(3) A. N. G[7] 185.

(4) A. N. G[7] 185. Le 11 novembre, le maréchal écrivait qu'il n'était « prefque encore arrivé perfonne pour les Etats » et qu'il comptait « cependant les ouvrir le 15 quelque peu de monde qu'il [pût] y avoir. »

M. DE BRILHAC, *Premier Président du Parlement de Bretagne,* au CONTROLEUR GÉNÉRAL.

16 Novembre 1705.

« Nous ouvrifmes hier les états & aujourd'huy M. Ferrand a demandé le don gratuit de trois millions & les deux millions de capitation par an.

« La bonne dispofition & le zéle de toute la province pour le fervice de Sa Majefté la fait paffer par deffus touttes les difficultez pour accorder par acclamations tout ce qui luy a efté demandé de la part du Roy.

« M. l'evefque de Rennes et M. le duc de la Trémoille n'ont rien négligé de ce qui pouvait faire connoitre leur zéle pour le fervice du Roy... » (1).

M. FERRAND, *Intendant,* au CONTROLEUR GÉNÉRAL.

16 Novembre 1705.

Lettre relative à la tenue des États dont l'ouverture s'est faite le 15 novembre (2).

L'ÉVÊQUE DE RENNES *au* CONTROLEUR GÉNÉRAL.

16 Novembre 1705.

« J'efpère que vous ferez content des Etats de Bretagne qui ont ce matin accordé au Roy les trois millions de don gratuit & les deux millions de capitation que Sa Majefté leur a fait demander...

« L'Eglife qui fe diftingue toujours en toutes occafions a donné les premiers exemples, n'y en ayant eu pas un feul de notre corps qui ne m'ait afeuré fur le théâtre qu'il donnoit tout ce que Sa Majefté avoit fait demander. La nobleffe & le tiers ont fi bien fuivi notre exemple que d'un confentement unanime j'ay fait publiquement l'ordonnance par laquelle

(1) A. N. G[7] 185.

(2) BOISLISLE, *op. cit.* T. II, n° 915.

les Etats accordent au Roy les sommes demandées. J'espére Monsieur de votre justice... que vous avoüerez que l'Evesque de Rennes n'est point & n'a jamais été de la manière que l'on avoit voulu vous le persuader dans les derniers Etats de Vannes & que vous me ferez la justice de croire que le Roy n'a personne au monde qui ait plus de soumission... pour son service que moy... Nous esperons que vous ne nous tiendrez pas longtemps à Vitré & si les affaires vous obligent de nous y laisser longtems je vous afeure que je vous demanderay de quoy soutenir la depense que je suis obligé de faire icy étant président des Etats. L'argent que donnent les Etats aux présidents étant si peu de chose & mes revenus si modiques qu'il me seroit impossible de vivre le reste de l'année sans votre secours... » (1).

M. le Maréchal DE CHATEAURENAULT, *Commandant en Bretagne, au* CONTROLEUR GÉNÉRAL.

22 Novembre 1705.

« Les intentions de tout le monde sont le plus favorables pour le service de Sa Majesté... & le travail du courant des états va plus vite qu'il n'a jamais été en pareille occasion. »

Il va réunir chez lui les présidents des ordres et les commissaires du roi, leur donner à souper et, après leur avoir fait connaître les intentions du roi, les inviter à les faire respecter par tous les députés (2).

M. DE BRILHAC, *Premier Président du Parlement de Bretagne, au* CONTROLEUR GÉNÉRAL.

25 Novembre 1705.

« Nous ne verrons pas sitost la fin des etats à ce que je crois. Il se trouve beaucoup de difficultez pour les fonds, ceux que vous avez marquez dans les Instructions ne peuvent suffire aux dépenses de la

(1) A. N. G[7] 185.

(2) A. N. G[7] 185.

province, il f'en faudra plus de deux millions; encore faut-il pour cela qu'il y ait des fermiers... »

« Nous avons déjà reçu [des États] différentes députations pour demander une diminution de la capitation qui ne fe peut impofer entière faute de contribuables & fubfidiairement les états demandent que l'on exécute les claufes de leur abonnement. Ils doivent fur cela donner un mémoire qui vous fera envoyé.

« Ils ont encore refufé nettement de racheter les quatre édits dont nos Inftructions font chargées & doivent encore venir pour nous le redire. J'appréhende Monfieur que cette affaire cy ne foit difficile » (1).

M. FERRAND, Intendant, au CONTROLEUR GÉNÉRAL.

29 Novembre 1705.

Il a demandé aux États la somme de 430 000# et deux sols pour livre pour le rachat des édits sur les contrôleurs des voitures, les facteurs commissionnaires des voitures, les courtiers de change...

Les États se disent dans l'impossibilité absolue de voter ces fonds. « La feule impuiffance a été le fujet de leurs remontrances » (2).

---

3 Décembre 1705.

Sur l'opposition des États à l'établissement de nouveaux impôts (3).

---

4 Décembre 1705.

Les États semblent disposés à faire un présent de 10 000# à M. le duc d'Albret et de 6 000# à Mme d'Albret. Il est nécessaire que les Commissaires du roi autorisent ces présents (4).

(1) A. N. G7 185.
(2) A. N. G7 185. Voy. encore une lettre du maréchal de Châteaurenault du 29 novembre.
(3) Boislisle, *op. cit.* T. II, n° 926.
(4) A. N. G7 185.

M. le Maréchal DE CHATEAURENAULT, Commandant en Bretagne, au CONTROLEUR GÉNÉRAL.

13 Décembre 1705.

Il a reçu la lettre dans laquelle il lui mande que le roi autorise les présents des États au duc et à la duchesse d'Albret. Il est « obligé de [lui] dire que les bonnes manières de Mr le duc de la Trémoille & de Mr & de Madame d'Albret mérite bien une considération particulière, n'oublian rien de ce qui peut les faire aimer & estimer en ce lieu... » (1).

M. FERRAND, Intendant, au CONTROLEUR GÉNÉRAL.

16 Décembre 1705.

Il a reçu ses ordres et a étudié leur exécution avec le maréchal de Châteaurenault et le premier président. « Hier le procureur general syndic fit la proposition aux Etats des ordres contenus dans [ces] dernières instructions; les Etats furent fort tranquilles quoique consternez du droit d'entrée qui leur fut proposé. Comme le Roy leur laisse la liberté d'indiquer de nouveaux fonds, nous sommes depuis hier en continuelles négotiations...

« Les Etats ont fait de grandes remontrances sur les dédommagemens accordez aux fermiers des devoirs de 1704, 1705, 1706 & 1707. [Il n'a] pu se dispenser de recevoir un mémoire qu'ils... ont donné... » (2).

REQUÊTE des États de Bretagne au CONTROLEUR GÉNÉRAL

1705.

Les Etats demandent confirmation du privilège qu'ont les ecclésiastiques, les gentilshommes et autres personnes étrangères au commerce, de transporter leurs habits et hardes particuliers sans payer aucun droit à l'entrée ou à la sortie de la province... (3).

(1) A. N. G7 185.
(2) Id.
(3) A. N. G7 185.

M. FERRAND, Intendant, au CONTROLEUR GÉNÉRAL.

1er Janvier 1706.

« Mr l'evesque de Tréguier doit partir mardy pour retourner dans son diocéze. Je n'ay pas jugé à propos de luy dire qu'il me paraissoit necessaire d'attendre les ordres du Roy, mais comme je prevois que nous pouvons rester encore icy plus d'un mois, j'apréhende que nous ne restions avec peu de monde, & si les gentilshommes n'étoient retenus pour obtenir ou se faire conserver des pensions, je ne doute pas que la plupart ne nous eut déja quitté. Je porteray Mr le Maréchal a y faire attention, en sorte que nous puissions nous dispenser d'avoir recours à l'autorité du Roy. »

Il attend ses ordres « sur l'indemnité prétendue par les fermiers de 1704, 1705, 1706 & 1707 ». Les États demandent une réponse à leur mémoire sur ce sujet; elle est nécessaire « pour fixer les dépenses... ».

« Pour vendre plus facilement les deux charges de procureur général syndic des États, il seroit à propos de ne les point déterminer précisément aux gens de robbe affin que les gens d'épée puissent également se présenter. » (1).

L'ÉVÊQUE DE NANTES au CONTROLEUR GÉNÉRAL.

2 Janvier 1706.

Sur les dégâts occasionnés dans son diocèse par une tempête (2).

M. le Maréchal DE CHATEAURENAULT, Commandant en Bretagne, au CONTROLEUR GÉNÉRAL.

3 Janvier 1706.

Il a vu les lettres adressées à MM. de Coetlogon et de Montaran. Il ne doute point qu'elles ne donnent « un succez assuré a l'application [qu'ils ont mise Mr Ferrand & lui] a les déterminer a achepter la

(1) A. N. G7 186.

(2) Boislisle, *op. cit.* T. II, n° 945.

propriété de leurs charges; c'eſt ce qui lui a paru « le plus favorable pour parvenir à la concluſion des etats. »

Il l'entretient de l'affaire des inspecteurs des boucheries. « M. Ferrand en a connu juſqu'à préſent... mais dès qu'on a parlé de réunir ce droit aux états, leurs députéz ont dreſſé les conditions de l'adjudication qui en devoit eſtre faite & ont attribué la connoiſſance des conteſtations qui ſurviendroient aux juges ordinaires, de même qu'il ſe pratique pour les devoirs des etats. Lorſque ces conditions furent apportées à Mrs les Commiſſaires pour les authoriſer, M. Ferrand ne fit aucune remontrance ſur l'attribution qui luy auroit dû être faite, ne voulant point ſ'oppoſer à ce qui pouvoit être du goût & de l'uſage des états. [Il a] appris depuis que ce renvoy aux Juges ordinaires éloignait entièrement tous ceux qui pourroient prétendre a cette ferme, & depuis quelques jours [il n'entend] plus parler de rien. Les gens d'affaires prétendent que ce droit ne peut être maintenu & conſervé que de l'autorité de M. Ferrand, & que le renvoy aux Juges ordinaires le feroit tomber abſolument par les longueurs & les frais des procédures. » Les gens d'affaires n'osent protester publiquement de peur de déplaire au premier président; M. Ferrand ne veut point prendre parti (1).

M. FERRAND, Intendant, au CONTROLEUR GÉNÉRAL.

6 Janvier 1706.

Les deux arrêts du Conseil du 26 décembre 1705 sur l'aliénation des droits d'inspecteurs des boucheries et sur la vente des charges de trésorier, procureurs syndics, greffier et substituts des procureurs des États ont été présentés aux États. Depuis trois jours, de continuelles conférences ont lieu sur l'exécution de ces deux arrêts. « On a voulu faire entendre à Mr le Maréchal que ſon caractère de premier commiſſaire du Roy en étoit bleſſé, en ce

(1) A. N. G7 186. M. Ferrand se décida à réclamer la connaissance des contestations relatives à ces droits : « Je m'y ſuis porté, dit-il, par le refus que les perſonnes qui penſent à cette ferme ſont d'aller dans les juridictions ordinaires » (Lettre au Contrôleur général du 8 Janvier, id. *ibid.*).

que la commiſſion m'étoit uniquement adreſſée, mais j'ay l'avantage de vivre avec luy d'une manière qui luy a fait rejetter tout ce qu'on a pû luy dire ſur ce ſujet; les etats de leur part on regardé cet arreſt comme un anéantiſſement de leur autorité, en ſorte qu'ils ont cherché à retrancher autant qu'ils ont pû le pouvoir que ces arreſts me donnent... J'ay prié les états d'y faire attention & de ſe contenter d'ordonner à leurs députés de leur rendre compte de ce qui ſe paſſeroit, je n'ay pû l'obtenir; ils ont ordonné par leur délibération que leurs députés ne pourroient rien conclure ſans en avoir rendu compte aux Etats, en ſorte que je me trouve dans la néceſſité de faire tout ce qu'ils voudront ſi cette délibération ſubſiſte... J'ay réclamé.. tout a été inutile & je n'ay pû obtenir... que cette délibération fût réformée...

« Vous verrés combien cette délibération eſt contraire à l'autorité du Roy & ce perſonnage que je puis faire dans une commiſſion auſſy reſtrainte. Je ne doute pas que vous ne vous portiez à la caſſer & ordonner que les arrêts du conſeil ſeront exécutez par les députés qu'ils ont nommés. J'oſe vous dire qu'il eſt extrêmement néceſſaire de faire ſentir aux états l'authorité du Roy.

« Je trouve depuis quelque temps que les états deviennent plus difficiles & je ſens bien que nous ne conviendrons jamais de la vente des charges... Je vais avoir affaire à ſix députés qui n'oſeront eux-mêmes ſe déclarer ſur ce que je leur propoſeray, dans l'apréhenſion de déplaire aux états. C'eſt ce qui m'a déterminé de me donner l'honneur de vous envoyer des projets des déclarations dont nous avons beſoin pour les inſpecteurs des boucheries & pour la vente des charges... Si vous n'avés la bonté .. de décider les affaires, nous ne ſortirons d'ici de trois mois... perſonne des états ne veut rien prendre ſur lui; il faut que tout paſſe dans l'aſſemblée, où tous les membres étant intéreſſés à diminuer les charges, on ne peut leur faire entendre ce qui eſt du bien du ſervice & ce qu'ils doivent faire pour faire le fonds de leurs dépenſes... » (1).

(1) A. N. G^7 186.
Voy. sur ce sujet des lettres de M. de Châteaurenault et de l'évêque de Rennes du même jour.

8 Janvier 1706.

« Je travaille depuis quelques jours avec Mr le Maréchal de Chateaurenault a chercher des sujets propres pour remplir les charges des états que l'on va mettre en vente. Nous avons fait convenir Mr le marquis de Coetlogon & Mr de la Guibourgère, conseiller au Parlement de cette province, de prendre chacun une charge de procureur général syndic sous vôtre bon plaisir, aux conditions qui seront réglées. Je suis persuadé que vous serés content du dernier qui a toutes les qualités requises pour bien remplir cet employ. Mr le marquis de Coetlogon a l'honneur d'estre connu de vous. Je vous suplie très humblement Monsieur de me faire savoir si vous les agreez & la conduite que je dois tenir à l'égard de ceux qui pouront se présenter pour enchérir ces charges lorsqu'elles seront mises en vente. Il me paroit que je n'en dois recevoir aucun, qui ne raporte votre agrement... » (1).

M. DE MÉJUSSEAUME, Procureur général Syndic des États de Bretagne, au CONTROLEUR GÉNÉRAL.

8 Janvier 1706.

Il est disposé à prendre les deux charges de procureurs généraux syndics des États pour lui et pour son fils (2) « au prix de cent mil écus & sur le pied d'appointement à dix huit mil livres chacune » ou à en laisser une à M. de la Guibourgère, au choix du Contrôleur Général (3).

M. le Maréchal DE CHATEAURENAULT, Commandant en Bretagne, au CONTROLEUR GÉNÉRAL.

8 Janvier 1706.

« J'ay receu, monsieur, de Mgr le comte de Toulouze l'estat des pensions, la liste des députés pour la grande & petite députation & l'estat des aumônes, je n'ay pas voulu rendre si tost publicque la liste des pensions

(1) A. N. G7 186.
(2) Le marquis de Coetlogon.
(3) A. N. G7 186.

parce que les gentilſhommes n'auraient pas manqué de demander bientoſt la permiſſion de ſ'en aller chez eux, la longueur des eſtats & leurs affaires le leur pouvant faire ſouhaitter ... » (1).

---

13 Janvier 1706.

Il a communiqué sa lettre au premier président, à M. Ferrand, au procureur général, à M. de la Guibourgére et « aux principaux des Etats » et leur a « fait entendre que le Roy laiſſoit à M. Ferrand la connoiſſance des conteſtations qui ſurviendroient dans la ferme des inſpecteurs des boucheries comme il l'avoit auparavant, quoyque les députez des Etats qui ont dreſſé les conditions de l'adjudication [l'] euſſent attribué aux juges ordinaires...

« Je n'ai point encore fait ſcavoir cet ordre aux Etats que j'ay cru qu'il n'étoit pas neceſſaire de leur faire ſcavoir dans les formalitez ordinaires par le ſindic, tout le monde cependant en ſera informé...

« Les Etats ont paru recevoir avec chagrin le dédommagement des fermiers, ils nous ont fait même une députation la plus autentique ſur cela pour nous obliger à vous en demander la diminution, mais ma réponſe a été préciſe ſur la volonté du Roy & ſur la juſtice que Sa Majeſté a voulu rendre à ces fermiers... La délibération des Etats ſans fixer rien ne répondoit que par les termes de reſpect & de ſilence, mais leur ayant fait repréſenter par le ſindic que cette réponſe ne finiſioit pas aſſez, la ſeconde a été préciſe dans les termes qu'il convenoit... » (2).

M. DE LA GUIBOURGÈRE, Conseiller au Parlement de Bretagne, au CONTROLEUR GÉNÉRAL.

17 Janvier 1706.

Il le remercie de lui accorder son « agrément pour une des charges de procureur ſindic des Etats » (3).

(1) A. N. G⁷ 186.

(2) Id., *ibid.* Par une lettre du même jour, M. Ferrand apprend au Contrôleur Général qu' « après avoir fait réiterer les ordres », les commissaires du roi ont décidé les États à accorder aux fermiers de 1704 et 1705 la somme de 911 000# et aux fermiers des devoirs de 1706 et 1707 celle de 623 000# (id., *ibid.*).

(3) A. N. G⁷ 186.

M. FERRAND, Intendant, au CONTRÔLEUR GÉNÉRAL.

22 Janvier 1706.

« Les Etats de Bretagne vont régler les conditions de l'emprunt qu'ils doivent faire pour ſubvenir aux dépenſes de 1706 & 1707. Ils ne manqueront pas... de demander permiſſion de le faire au denier 14, n'y aiant pas d'apparence que l'on puiſſe le ſoutenir au denier 16. Je prends la liberté de vous demander cette permiſſion par avance... Vôtre réponſe avancera de quelques jours la concluſion des affaires que je cherche à terminer avec toute la diligence poſſible... » (1).

---

22 Janvier 1706.

Il demande pour son neveu, M. de la Faluère, la seconde place de commissaire du Conseil, aux prochains États, qui sera « vacante par l'agrément que le Roy vient de donner à Mr de la Guibourgère de l'un des deux offices de procureur ſindic des Etats » (2).

---

24 et 31 Janvier 1706.

Les États demandent à créer une tontine pour rembourser les titulaires de quelques charges (3).

---

24 Janvier 1706.

Il lui envoie le projet d'édit pour la création des charges des États. Il sait « les raiſons qui ont empeſché le Contrôleur général de le concerter avec les États & d'ailleurs l'agrément que le Roy vient d'accorder à MM[rs] de Coetlogon & de la Guibourgère pour les charges de procureurs généraux ſindics, portant excluſion pour tous autres, ne les auroit pas rendus faciles à leur accorder des conditions raiſonnables ». Il s'est « réglé ſur le premier deſſein que les États avoient de leur donner le denier 10 de leur finance »;

(1) A. N. G[7] 186.
(2) Id.
(3) Boislisle, *op. cit.* T. II, n° 956.

il a « ſeulement ajouté 2000# par an pour le cahier de frais du député en cour & pour tous les deux un droit qui ſ'eſt payé à chaque tenue d'États à Mr de Méjuſſaume par les fermiers des devoirs lors du cautionnement, lequel droit eſt de 2000#, ce qui eſt peu conſidérable, ne produit que 500# a chacun par an ».

Il lui fait enfin observer que « prévoyant la difficulté... avec les députés des Etats, qui doivent procéder avec [lui] à la vente de ces nouvelles charges (1), il a propoſé « de faire donner à ces députés plein pouvoir de travailler avec [lui], en dérogeant a la délibération des États du 5 de ce mois.. » (2).

Le Comte DE TOULOUSE, *Gouverneur de Bretagne, au* CONTROLEUR GÉNÉRAL.

26 Janvier 1706.

« J'ay déjà receu, Monſieur, un grand nombre de lettres pour la place de ſecond commiſſaire que Mr de la Guibourgére laiſſe vacante; je crois que le plus propre à la remplir eſt celuy qui vous paroiſt l'eſtre; ainſy ſans vous faire mention des autres, ſi vous voulez bien le propoſer au Roy je ſeray très ayſe de le voir dans cette place. Je crois cependant ſi vous le jugez à propos qu'il ſeroit important que cela ſe fit ſous un très grand ſecret, & qu'il parût qu'on ne ſonge point à rien faire là deſſus avant les États prochains qui eſt le temps où cette ſorte de commiſſion a coûtume d'eſtre remplie, & cela principalement par rapport à Mr le maréchal de Chateaurenault qui ſouhaiteroit fort la faire tomber à Mr de Guerſan. Lorſque le Roy aura agréé Mr de la Faluère pour les prochains États, je vous prie de vouloir bien prendre la peine de me le faire ſavoir afin que j'en puiſſe avertir Mr Ferrand.. Peut-être ſerait-il à propos de laiſſer ignorer à Mr de la Faluère luy-même ce choix-là juſqu'à ce qu'il ſoit temps de le rendre public... » (3).

(1) Huit charges de substituts pour les neuf diocèses, afin de trouver la finance de 900000# que l'on « cherche outre les remboursements qui ſont dus à Mrs de Méjuſſaume et de Montaran ».

(2) A. N. G7 186.

(3) Id.

L'ÉVÊQUE DE RENNES au CONTROLEUR GÉNÉRAL.

27 Janvier 1706.

Depuis « la difficulté que M. Ferrand a faite [aux États] au fujet du pouvoir de leurs députés », l'affaire de la vente des charges « n'a point été fuivie & l'on n'y a point travaillé ». L'evêque de Saint-Malo et lui ont vu l'intendant qui ne leur a proposé aucun expédient, qui a même rejeté ceux qu'ils lui ont proposés, sous prétexte qu'il faut attendre l'avis de la cour; « de forte qu'apres que les Etats ont été tres longtems fans travailler a caufe d'une difficulté qui n'a aucun fondement, les Etats affemblés ayant toujours été en poffeffion de donner feulement à leurs députés des pouvoirs limités, afin qu'ils ne concluent aucune affaire fans la participation des Etats, ils reftent dans une oifiveté défagréable pour tout le monde, & ils ne f'affemblent que le lendemain des couriers, Mr l'intendant ne voulant rien faire fans arrefts du Confeil. Cette manière a tellement furpris & affligé tout le monde que l'on n'entend que des plaintes & que la plupart des particuliers f'en retournent chez eux fans fcavoir quand les Etats finiront »... Il l'assure du dévouement et de la docilité des États (1).

M. FERRAND, Intendant, au CONTROLEUR GÉNÉRAL.

10 Février 1706.

Les quatre vaisseaux, arrivés au Port-Louis, retour de la mer du Sud, contiennent environ « dix huit à dix neuf cent mil piaftres (2) non compris les efpèces des officiers & matelots qui ont été débarquées à l'arrivée des vaiffeaux & que l'on fait monter à pres d'un million. Les befoins de la province & la rareté des efpèces demanderoient que le tiers en fut porté aux monnoyes de Rennes & de Nantes, & c'eft ce qu'elle attend de votre protection... » (3).

(1) A. N. G7 186.

(2) La valeur des matières d'or et d'argent, apportées par ces quatre vaisseaux, montait exactement à 1764429 piastres (A. N. G7 186, Lettre du même au même, du 12 février 1706).

(3) A. N. G7 186. Le Contrôleur Général ordonna le transport des 3/4 de ces matières d'or et d'argent à Paris (Lettre de M. Ferrand, du 19 février 1706, id., *ibid.*).

M. DE MONTARAN, Trésorier des États de Bretagne, au CONTROLEUR GÉNÉRAL

10 Février 1706.

Il avait cru que le Contrôleur général agréerait « la propofition de fix cent mil livres... pour les charges de Tréforier des Eftats de Bretagne » ; il en donnera, si on le lui ordonne, 650 000 #, mais il le prie « de vouloir bien [s'] en contenter », car il sent que, « quoyque ces charges fuffent trop chères à fept cent mil livres », si l'on souhaitait qu'il en offrît ce prix, son zéle et son attachement « prévaudraient à toutes les autres reflexions... » (1).

M. le Maréchal DE CHATEAURENAULT, Commandant en Bretagne, au CONTROLEUR GÉNÉRAL.

10 février 1706.

« Je fis hier... la propofition aux préfidents des trois ordres pour les 143 000 # pour la révocation des trois Edits (2), voulant leur infinuer les raifons néceflaires pour la faire recevoir agréablement des Etats, devant que le procureur général findic la fift; les Commiflaires du Roy & les Evefques étoient chez moy à cette conférence. Je parlay enfuite aux principaux membres des états de manière que nous fumes affurés, M. Ferrand & moy, que la propofition feroit receüe comme elle l'a été ce matin fans qu'aucune voix y ait été contraire que celle de M. l'évêque de Rennes ».

M. Ferrand a reçu l'édit pour la vente des charges; il a été lu aux États; demain on procédera à la première adjudication de ces charges (3).

M. FERRAND, Intendant, au CONTROLEUR GÉNÉRAL.

14 Février 1706.

Les États ne veulent point accepter les conditions de la Compagnie qui offre de prendre la ferme des devoirs (4).

(1) A. N. G⁷ 186.

(2) Les édits des contrôleurs des voitures, des facteurs commissionnaires des voitures et des courtiers de vin et de banque (A. N. G⁷ 186. Lettre de M. Ferrand du même jour).

(3) A. N. G⁷ 186.

(4) Boislisle, *op. cit.* T. II, n° 973.

M. le Maréchal DE CHATEAURENAULT, *Commandant en Bretagne, au* CONTROLEUR GÉNÉRAL.

15 Février 1706.

Les Etats ont mal accueilli la « condition des fermiers... d'avoir l'interest de leurs avances au denier dix ». C'est en vain qu'on leur a fait remarquer qu'il n'y « avoit point d'autres moyens de finir, puisqu'il n'y avoit qu'une Compagnie qui ne vouloit prendre la ferme [des devoirs] qu'à cette condition ». Aux États, « M. de Rennes fit un discours véhément & impétueux contre les fermiers sur les dédommagements qu'ils avaient eu & sur l'injustice de leurs demandes. Cette harangue hors de saison & contre les règles a si bien échauffé les esprits qu'il ne nous a pas été possible de les faire revenir. Le lendemain vendredy nous eumes une longue conférence avec MM[rs] les présidents des ordres qui ne fut pas moins inutile », si bien qu'il est impossible de faire l'adjudication des devoirs.

Il lui demande de lui donner des ordres « d'une manière si précise qu'elle [le] mette en état de finir les Etats que Mr de Rennes a alongés de plus d'un mois par ses difficultés & ses oppositions continuelles à tout ce qui s'est présenté... » (1).

L'ÉVÊQUE DE NANTES *au* CONTROLEUR GÉNÉRAL.

16 Février 1706.

Il lui annonce l'arrivée d'un vaisseau, retour de la Vera-Cruz, et demande la permission d'envoyer des vaisseaux dans la mer du Sud (2).

Le CONTROLEUR GÉNÉRAL *à M.* FERRAND, *Intendant*.

19 Février 1706.

Il menace de sévir contre la Chambre des Comptes de Nantes qui « se refuse à payer 24 000 #, avec les 2 sols pour #, qu'on lui demande en

(1) A. N. G[7] 186. Sur les représentations du Contrôleur Général, l'évêque de Rennes se soumit et les États accordérent aux fermiers l'intérêt au denier dix (id., *ibid.*, Lettre de M. Ferrand du 21 février 1706).

(2) BOISLISLE, *op. cit.* T. II, n° 975.

retour de 1 200 # d'augmentation de gages & de la difpenfe du fecond degré de nobleffe. » (1).

M. DE COETLOGON, Procureur général Syndic des États,
au CONTROLEUR GÉNÉRAL.

19 Février 1706.

« Les deux charges de procureur général findic ont aujourd'huy été adjugées à M. de la Guibourgère & moy fuivant les conditions de l'édit & fur le pied de cent cinquante mil livres chacune. Pour ne pas retarder les affaires nous avons paffé par defus une obfcurité que nous avons cru dans le texte de l'édit. Une difpofition femble dire que les états auront la faculté de nous dépoffeder toutes fois & quantes même pour en furroger d'autres à notre place & non pas feulement en cas de fuppreffion. Rien n'eft plus contraire au titre d'hérédité & par là nous ferions expofés à tous les caprices de l'Affemblée & aux offres qui fe pourroient faire par d'autres pour nous dépoffeder... » Cette clause aurait besoin d'être expliquée par une déclaration, « fans cela nous trouverions malaifément de l'argent à emprunter fur l'hypothéque d'une charge qu'on regarderoit comme à la veille d'être rembourfée,.. » (2).

L'ÉVÊQUE DE RENNES au CONTROLEUR GÉNÉRAL.

21 Février 1706.

« ... Il convient au véritable zéle que j'ay pour le bien du fervice du Roy de vous défabufer de ce que l'on vous a avancé contre moy au fujet des prétendus fermiers des Etats. Je ne leur ay jamais parlé ny aux Etats, ny en particulier qu'avec beaucoup de confidération, & le jour que Mr le Maréchal de Chateaurenault vint aux Etats avec Mrs les autres commiffaires du Roy pour l'adjudication des fermes, je ne dys pas un mot aux prétendus fermiers, mais Mr le Maréchal de Chateaurenault ayant fait lire

(1) Boislisle, *op. cit.* T. II, n° 977. (2) A. N. G7 186.

un papier qui n'eſtoit point ſigné ny approuvé par les Etats, je le prié de ſe ſouvenir que les députés des Etats avoient dreſſé les conditions des baux avec les prétendus fermiers, qui avoient été approuvées par les Etats & ſignées par luy & par M[rs] les autres commiſſaires du Roy, & que le réglement des Etats portant que l'on ne pouvoit rien ajouter ny diminuer aux conditions des baux ſignées & aprouvées par M[rs] les commiſſaires du Roy, l'on le prioit de ne point ſoufrir que l'on fit rien contre le réglement des Etats ... (1).

« Si quelque prétendu fermier ... a oſé vous écrire contre moy, je ne doute point qu'il ne l'ait fait pour tacher a me faire des affaires pour le vanger de ce que j'ay refuſé de recevoir cinq cent piſtolles pour m'engager a faire en ſorte qu'ils euſſent une indemnité des pertes qu'ils prétendent avoir faites. Il eſt vray que je parlé avec zèle a celuy qui oſa me faire cette propoſition de leur part ſurpris de ce que ces meſſieurs me croyoient capables de me laiſſer ſurprendre par leur argent ...

« Ces meſmes meſſieurs ne ce ſont point rebutés de la manière dont j'en avois uſé avec eux, & ils ont pris des meſures ſi utiles pour leur intereſt, je ne ſcay point de quelle manière, mais la cabale a été ſi grande qu'ils ont eu deux cent quarante mil livres des Etats ... (2).

M. FERRAND, Intendant, au CONTROLEUR GÉNÉRAL.

24 Février 1706.

La ferme des devoirs pour 1708 et 1709 a été adjugée à la Compagnie des Sous-fermiers des aides de Normandie et à celle de Bretagne réunies, au prix de 3 100 000#, en temps de guerre, et 3 300 000#, en temps de prix, avec l'intérêt des avances au denier dix.

(1) C'est à une demande d'indemnité présentée par les fermiers des devoirs que l'evêque de Rennes s'était opposé. Lettre de M. Ferrand au Contrôleur Général, 26 mars 1706.

Le Contrôleur général avait écrit à l'évêque de Rennes pour lui reprocher sa conduite. Au reçu de cette lettre, le maréchal de Châteaurenault reçut « les aſſurances de la part de Mr de Rennes d'une ſoumiſſion aux choſes ou il avoit fait tant de réſiſtance. » Lettre du maréchal de Châteaurenault au Contrôleur Général, 21 février 1706.

(2) A. N. G[7] 186.

La ferme des inspecteurs des boucheries et autres droits a été adjugée « moiennant l'avance de 1200000# & la jouiſſance de treize années & demie ».

« Les charges des Etats ont été pareillement adjugées : les deux procureurs généraux ſindics pour 300000#; le tréſorier pour 700000#; le greffier pour 60000# & les huit ſubſtituts pour 190500#; les premières charges à ceux qui ont eu l'agrément du Roy & les ſubſtituts aux Srs de Lorgerie & Granville-Locquet qui en ont fait le partage entre eux par moitié, en ſorte que déduction faite des dédommagemens accordés à Mr de Méjuſſaume & à Mr de Montaran montant à 202000#, il revient au proffit des Etats de cette aliénation la ſomme de 1050500# » (1).

M. le Maréchal DE CHATEAURENAULT, *Commandant en Bretagne, au* CONTROLEUR GÉNÉRAL.

24 Février 1706.

Le produit de la vente des charges des États passe toutes les espérances. D'accord avec les commissaires du roi et les présidents des ordres, il a résolu, pour faire profiter la province de cet excédent de recettes, de diminuer les fouages et la taxe sur les maisons « ce qui a été une choſe agréable aux états à laquelle on n'avoit pas donné lieu de croire qu'ils duſſent ſ'attendre ... » (2).

M. FERRAND, *Intendant, au* CONTROLEUR GÉNÉRAL.

27 Février 1706.

« Les Etats ont été ſéparés aujourd'huy. J'ay eu l'honneur de vous rendre compte en détail de tout ce qui ſ'y eſt paſſé & que les ordres du Roy ont eſté entièrement exécutés ... » (3).

(1) A. N. G7 186.
(2) Id.
(3) A. N. G7 186. La taxe des maisons fut fixée à 700000# et les fouages à 24000# (Id., *ibid.* Lettre de M. Ferrand du 24 février 1706).

M. DE BRILHAC, *Premier Président du Parlement de Bretagne,* *au* CONTROLEUR GÉNÉRAL.

27 Février 1706.

... « J'auray... l'honneur de vous dire que si vous aviez eu la bonté de m'accorder quelque chose cela eut été d'un grand secours à un homme qui touche aussi peu du Roy que je le fais & qui a été obligé de faire la dépense que j'ay faitte pendant cette longue tenue.

« J'espère que .. vous y ferez quelque attention un jour, soit en me faisant avoir le brevet de retenue de dix mil écus que j'avais pris la liberté de vous demander ou autrement... vous ne sauriez obliger personne qui en ait plus de reconnaissance que moy... » (1).

M. DE COETLOGON, *Procureur général Syndic des États de Bretagne,* *au* CONTROLEUR GÉNÉRAL.

28 Février 1706.

« Les Etats furent hier terminés à la grande satisfaction de tout le monde que ce long séjour ne laissoit pas de fatiguer extrêmement. Je fus nommé pour la députation à la Cour, J'espère, Monseigneur, que vous voudrés bien me donner deux ou trois mois pour donner ordre à mes affaires de Province qui n'etoient nullement arrangées ny pour une longue tenue d'états n'y pour un long séjour à Paris & encore moins pour trouver la grosse somme que je dois pour l'acquisition de la charge de procureur général sindic des états... » (2).

M. FERRAND, *Intendant, au* CONTROLEUR GÉNÉRAL.

7 Mars 1706.

Conformément à ses ordres, il a prescrit aux particuliers possesseurs de matières et espèces étrangères, apportées de la mer du Sud et de la Vera-

(1) A. N. G[7] 186. (2) A. N. G[7] 186.

Cruz, de les livrer aux hôtels des Monnaies; il n'a pas grande confiance dans l'exécution de ses ordres : « L'éloignement que les particuliers ont a porter ces matières & eſpèces étrangères aux... Monnoies, vient de ce que l'on y paye aux armateurs le marc à 34# & que les particuliers n'en ſont payés que ſur le pied du tarif, à 31# 17 ſols, le marc, ſ'[il] ne [se] trompe... Un ſecond inconvénient auquel il eſt difficile de remédier eſt l'uſage où l'on eſt de vendre ces matières à des particuliers qui en payent un prix plus fort qu'aux monnoyes; il eſt difficile de découvrir ce commerce & par conſéquent de l'empecher. » Il est à propos qu'il prenne tôt une « réſolution ſur ces matières & eſpèces étrangères qui entrent en France pour le compte des particuliers ſur les vaiſſeaux des armateurs; on attend le retour d'autres vaiſſeaux; ceux qui ſont arrivés depuis peu ont aporté ſuivant l'opinion commune plus de deux millions d'eſpèces pour les particuliers. Il arriva hier à la Monnoye de Rennes le quart des eſpèces & matières qui ſont arrivées pour le compte du Sr Lépine d'Anican, les trois autres quarts doivent avoir été voiturés à Paris. »

« Le Sr du Halay des Cazaux mande que les piaſtres qui ont été débarquées pour ſon compte au Port Louis ſont arrivées à Nantes & qu'il les fait porter à la Monnoye de cette ville, il doit envoyer le reçu du directeur; ſa lettre porte 350000 piaſtres » (1).

---

12 Mars 1706.

« En exécution de vos ordres du 19 février dernier j'ai écrit à M^r^ le Premier Préſident de la Chambre des Comptes de Nantes une lettre très preſſante pour l'engager à déterminer ſa Compagnie de payer la ſomme de 24000# & les 2 ſols pour livre pour jouir de 1200# d'augmentation de gages & de la diſpenſe du ſecond degré néceſſaire pour établir la nobleſſe dans les familles de robe dont l'origine n'eſt pas noble. Vous verres, Monſieur, par ſa réponſe (2), ce que l'on doit attendre de cette Compagnie.

(1) A. N. G⁷ 186.

(2) M. de la Busnelays avait répondu : « Ce n'eſt pas manque de zèle... ni de ſoumiſſion... que ma compagnie n'a pas acheté les quatre diſpances d'un degré de ſervice, mais notre crédit eſt entièrement épuiſé, tant en particulier qu'en général .. » (Lettre du 11 mars 1706, A. N. G⁷ 186.)

Je ſcay que l'exemple du Parlement, qui n'a point traité de cette affaire, empêche la Chambre des Comptes de faire des ſoumiſſions, mais puiſque vous avés menacé cette dernière Compagnie de la traiter de même que les tréſoriers de France du bureau de Bourges l'ont été, il eſt à propos qu'en effet cela ſoit, autrement, Monſieur, les compagnies ne ſ'arrêteroient pas fort à tout ce qu'on leur repréſenteroit. L'arreſt que vous rendrés contre la Chambre des Comptes de Nantes ne contribuera pas peu a determiner le parlement de Bretagne a ſe rendre a nos intentions » (1).

---

26 Mars 1706.

« Les Etats de Bretagne après avoir marqué beaucoup d'opoſition pour les dedommagemens qu'ont demandé les fermiers des devoirs de 1704, 1705, 1706 & 1707, ſe ſont portés d'eux-mêmes a accorder la ſomme de 240000# aux ſous fermiers de 1702 & 1703 payable en contrats au denier 20. Ce n'a pas été à la vérité ſans de grandes conteſtations, mais les voix ont prévalu; Mr l'eveſque de Saint-Malo, à la tête des députés des Etats, vint préſenter à MMrs les Commiſſaires du Roy les deux délibérations qui avoient été priſes ſur ce ſujet; leur réponſe fut qu'ils auroient l'honneur de vous en rendre compte, c'eſt a quoy je ſatiſſais aujourdhuy en vous ſupliant... de me faire ſavoir ſi vous aprouvés ces délibérations... » (2).

---

26 Mars 1706.

Il arrive beaucoup de piastres à la Monnaie de Rennes; plusieurs négociants se préparent à en envoyer d'autres. La conversion se faisant en pièces de dix sous sera longue. Le Sr la Chipaudière-Magon lui a demandé (3) l'autorisation d'envoyer à Lyon une partie des piastres qui appartiennent au Sr Chevalier-Bernard. Il n'a pas cru devoir la lui refuser. S'il l'en avise, c'est pour qu'il avertisse de cet envoi le directeur de la Monnaie de Lyon et lui ordonne de payer les piastres à 34# le marc (4).

(1) A. N. G7 186.

(2) Id.

(3) Ce commerçant alléguait qu'on trouvait plus facilement à Lyon des lettres de change sur la Hollande que sur Paris (Lettre à M. Ferrand du 22 mars 1706, A. N. G7 186).

(4) A. N. G7 186.

29 Mars 1706.

M. Chamillart a décidé que « le marc des piaftres [serait] paié aux particuliers comme aux armateurs fur le pied de 34# le marc ». Les directeurs des Monnaies de Rennes et de Nantes avertis demandent si son intention est que « les piaftres de quelque part qu'elles viennent foyent payées 34# le marc, ou fi cette grâce ne regarde que les armateurs & les particuliers qui ont fait venir des matières & efpèces étrangères fur les vaiffeaux... arrivés de la mer du Sud & de la Vera Cruz... » L'intendant lui demande aussi de s'expliquer « fur le prix des autres matières d'argent d'Efpagne qui font arrivées par le retour des mêmes vaiffeaux, pour favoir fur quel pied elles feront payées... » (1).

---

11 Avril 1706.

« Vous ferez peut-être furpris d'apprendre que l'emprunt de 1 400000# que les Etats ont ordonné dans leur derniere affemblée, eft entiérement rempli...

« La diligence de cet emprunt m'a fait naitre une penfée que je crois que vous aprouverez, ce feroit de remettre pour les prochains etats l'impofition des maifons de la fomme de 700 000# & l'impofition de la fomme de 214000# fur les fouages qui ont été ordonnées aux derniers Etats, en ordonnant par un arreft du Confeil la furféance de ces impofitions & donnant pouvoir aux deputés en cour de paffer une procuration a leur tréforier pour emprunter aux conditions du dernier emprunt la fomme de 914000#.

« Les raifons qui m'engagent à vous faire cette propofition font, Monfieur, que c'eft une voye de procurer un grand foulagement aux communautés & a toute la province, les villes font extrêmement chargées, les arts & métiers ont des taxes confidérables à payer pendant ces deux années & vous demandés à ces mefmes villes une finance pour la confirmation de leurs privilèges, mais ce qui me touche principalement eft que cet emprunt donnera un fonds pour les prochains Etats de plus de 1 200000#. Vous favés que nous en avons grand befoin ... » (2).

(1) A. N. G7 186.

(2) A. N. G7 186.

21 Avril 1706.

Le vaisseau « le comte de Torigny », venant de la mer du Sud, est arrivé à Saint-Malo avec une cargaison d'environ 500 000 piastres. Il lui demande de régler « ce qui en fera porté à la monnoye de Rennes, fi ce fera le tiers ou le quart » (1).

Le CONTROLEUR GÉNÉRAL à M. FERRAND, Intendant.

22 Avril 1706.

On ne saurait trop veiller à faire porter aux Monnaies toutes les matières d'or & d'argent (2).

M. FERRAND, Intendant, au CONTROLEUR GÉNÉRAL.

30 Avril 1706.

« J'ay receu le projet d'arreft que j'avais pris la liberté de vous envoyer pour le payement des logemens des officiers militaires généraux & provinciaux. Le projet eft conforme à tous ceux qui nous en ont été envoyés jufqu'à préfent. Le tréforier ne paye que fur les ordonnances du Commandant de la province & de l'Intendant les parties qui font ordonnées par des arrefts du Confeil & qui n'ont point été ordonnées par les Etats. Si je n'ay point parlé dans ce projet de Mr le maréchal de Châteaurenault c'eft parce qu'il n'eft point dans la province & que cette dépenfe eft peu importante; du tems de Mr de Nointel plufieurs arrefts l'ont commis feul; la plupart commettent Mr le Commandant & Mr de Nointel. Mais depuis que je fuis en Bretagne, j'ay fait figner indifféremment toutes les ordonnances à Mr le maréchal de Châteaurenault. Si vous jugés à propos de l'ajouter dans ce projet, vous pourés l'ordonner; quand il f'agira de quelque nouveauté, j'auray toujours l'honneur de vous en avertir, mais je prends fur moy cet ufage... » (3).

(1) A. N. G7 186.
(2) BOISLISLE, *op. cit.* T. II, n° 1011.
(3) A. N. G7 186.

L'ÉVÊQUE DE SAINT-MALO à l'INTENDANT.

11 Mai 1706.

« ... Puiſque Mr le Contrôleur Général déſire ſavoir mon ſentiment ſur [les] trois propoſitions [relatives à] la facilité qu'on prétend qu'il y auroit d'augmenter l'emprunt de cette province,... je puis vous mander que l'execution de la troiſiéme, qui conſiſte a augmenter de 2600000# l'emprunt pour rembourſer aux fermiers des devoirs des années 1708 & 1709 les avances qu'ils ont deſjà faites au Tréſor Royal & celles qu'il leur reſte à faire avant qu'ils entrent en jouiſſance & reſillier enſuite ce bail, pour raprocher la ferme, je puis dis-je vous mander que l'exécution de cette propoſition ſeroit d'une trés grande utilité & au ſervice du Roy & à la province, que meſme je ne puis prévoir comment nous ſortirons des Etats prochains ſi la guerre dure & que nous n'ayons pas profité de la conjoncture qui donne lieu à la propoſition.

« On ne peut tout à fait eſpérer que la continuation de l'emprunt puiſſe eſtre portée juſqu'à 2600000# parce que n'eſtant pas reveſtu des ſuretées ordinaires, la confiance & l'empreſſement pourroient n'eſtre pas les meſmes, mais les Billets de monoye & les retours du Sud qui nous ont fait trouver les quatorze cents mil livres d'emprunt avec tant de promptitude me determineroient a en tenter la continuation pourveu qu'a meſure que le Tréſorier des Etats recevera, il en faſſe auſſitoſt l'employ propoſé & qu'aux Etats prochains l'on raproche la ferme de la Province... » (1).

M. FERRAND, Intendant, au CONTROLEUR GÉNÉRAL.

12 Mai 1706.

Il n'a pu, à Saint-Malo, acheter les piastres aux conditions prescrites; « perſonne ne veut de lettres de change ni de billets de monnoye & ceux qui ont [des piastres] aimeroient beaucoup mieux les donner a 32 ou 33# le marc pour en être payés comptant »... « Ce qu'il y a de faſcheux eſt que ſ'il

(1) A. N. G7 186.

n'en fera plus porté à la Monnoye & que les achapts aux conditions propofées ne réuffiront point, il eft impoffible d'en empecher le commerce, le furachapt & le tranfport; plufieurs négotians en envoyent a Paris & a Lion par les roulliers, meffagers & carroffes de voitures fans en charger les lettres de voiture; on fe fie aux conducteurs... ». On ne pourra remédier à ce commerce que dans les lieux « où les fermiers généraux ont des commis, par les vifites exactes qu'ils en peuvent faire ».

« Les intereffés au comte de Torigny qui eft arrivé chargé de 363 000 piaftres, ont receu [de sa part, des] ordres pour en porter moitié a la Monnoye de Paris & l'autre moitié a la Monnoye de Rennes... » (1).

---

18 Mai 1706.

Au sujet du « benefice d'inventaire » en Bretagne (2).

---

2 Juin 1706.

M. de Montaran n'est plus en état de continuer l'emprunt sans une nouvelle procuration « étant public que la dernière qui luy a été donnée pour emprunter la fomme de 1 400 000 # eft remplie ». Il importe donc « que vous faffiés connoitre les intentions du Roy a Mr l'evefque de Saint-Malo, que vous fixiés l'emprunt & que vous en faffiés la deftination afin que Mr l'evefque de Saint-Malo fur vos ordres fe rende inceffamment à Rennes avec les autres députés en cour pour paffer la procuration dont M. de Montaran a befoin;... l'emprunt pour être utile a la province doit être porté jufqu'à deux millions... Il eft d'une grande importance que cette procuration foit paffée dans peu de jours pour pouvoir profiter de la diminution des efpèces du premier juillet prochain & principalement de celle qui vient d'être ordonnée fur les pièces de dix fols, y en ayant beaucoup en cette province depuis la converfion des matières arrivées du Mexique & de la mer du Sud. » (3).

(1) A. N. G^7 186.
(2) BOISLISLE, *op. cit.* T. II, n° 1038.
(3) A. N. G^7 186.

2 Juin 1706.

« Les communautés de la province aufquelles il a été réuni des charges de nouvelle création ne pouvant fatiffaire au payement des fommes qui leur font demandées que par des moyens généraux n'en propofent d'autres que fur l'augmentation des boiffons. . J'ay eu peine jufqu'à préfent a écouter leurs propofitions avec d'autant plus de fondement que ces nouveaux octrois fur les boiffons donneront lieu aux fermiers des devoirs de demander des indemnités aux prochains Etats; j'ai invité les maires & echevins... de propofer d'autres octrois a quoy je n'ay pû les déterminer... Comme je ne puis trouver d'autres fecours dans ces communautés, je crois que l'on ne peut fe difpenfer de f'en fervir, on fera ce que l'on poura aux prochains etats pour fe deffendre de l'indemnité que demanderont les fermiers des devoirs... » (1).

11 Juin 1706.

« ... L'impofition des maifons & des fouages étant commencée & la moitié de celle des fouages paiée, il eft a propos de la laiffer fubfifter, mais comme la levée fur les maifons a fait naître beaucoup de difficultés capables d'en arrefter le recouvrement fi elles font portées par devant les juges ordinaires, je vous fuplie... de faire expedier l'arreft neceffaire pour autorifer les délibérations des Etats fur cette impofition... je propofe d'en renvoyer la connaiffance aux Commiffaires du bureau de la capitation... » (2).

16 et 30 Juin 1706.

Avantages de l'emprunt que la province a l'intention d'ouvrir (3).

M. le Maréchal DE CHATEAURENAULT, *Commandant en Bretagne, au* CONTROLEUR GÉNÉRAL.

2 Juillet 1706.

Il a reçu l'arrêt du Conseil qui établit un « droit d'infpecteur des boiffons dans le plat païs de cette province. » Il voit « par cet arreft qu'il

(1) A. N. G[7] 186.
(2) Id.
(3) BOISLISLE, *op. cit.* T. II. n° 1033.

doit ſ'étendre partout où les droits des inſpecteurs aux boucheries ſe doivent lever... Quand on a propoſé aux derniers Etats l'extenſion du droit des boucheries par toutes les villes & bourgs de la province, ce n'a eté que par la neceſſité... de trouver des fonds & pour empêcher que le droit des boiſſons y fuſt eſtably & les gens des Etats n'y auroient pas conſenty autrement. L'impoſition ſur l'entrée des boiſſons ayant toujours eté la choſe la plus odieuſe dans la province, [il croit de son devoir de lui] repréſenter que cela pourroit y faire un mauvais effet dans l'etat où ſont les choſes...

« Les conſéquences de l'eſtabliſſement de ce droit ſeroient très grandes d'icy à la tenue des Etats prochains & rendroient les affaires très difficiles aux etats pour lesquels [il a] eu les veues les plus avantageuſes pour le Roy & pour la province... » Il prie le contrôleur general d'y prêter une sérieuse attention et il surseoit à l'application de l'arrêt, en attendant ses ordres (1).

---

2 et 5 Juillet 1706.

Au sujet du droit des inspecteurs des boucheries (2).

M. FERRAND, *Intendant, au* CONTROLEUR GÉNÉRAL.

18 Juillet 1706.

« ... Mr de la Blottière grand bailly d'Epée du comté Nantois... demande d'être payé de 300# par mois pendant le tems qu'il eſt a la teſte de la nobleſſe hors du bailliage de ſa reſidence. Il eſt vrai .. que par ſon édit de création, il doit être payé ſur ce pied, mais il eſt dit que ce ſera ſur le fonds de la contribution aux frais de l'arrièreban; depuis 1702, il n'y en a point eu; & c'eſt la dernière convocation qui a été faite par lettres patentes. Mr de Nointel fit faire en cette année une répartition ſur les contribuables aux frais de l'arrièreban, par les ſenechaux des juriſdictions.

(1) A. N. G7 186.

(2) Boislisle, *op. cit.* T. II, no 1060. C'est l'analyse de la lettre précédente, mais cette analyse n'est pas exacte. Ce n'est pas le droit des inspecteurs des boucheries qu'on parle d'étendre, mais celui des inspecteurs des boissons.

Ce rolle était de la fomme de dix ou onze mil livres. Mr de la Blottière fut payé à 300# par mois, & le refte fut employé pour la fubfiftance des pauvres gentilfhommes. La plus grande partie a été consumée en frais; depuis 1702, quand MMrs les Commandans pour la fûreté de la province ont jugé à propos de faire affembler la nobleffe, on n'a point fait contribuer les inhabiles au fervice; ce qui n'eft d'ufage que quand l'arrièreban eft convoqué par lettres patentes; c'eft la raifon pour laquelle toute la nobleffe étant prefentement affemblée, les pauvres gentilfhommes qui ne peuvent fubfifter dans leurs quartiers, fe retirent chez eux après la reveüe; on ne peut leur donner aucun fecours; l'extraordinaire des guerres non plus que la province n'en font point tenus; ce qui fait beaucoup de peine & eft fort prejudiciable au fervice. Tout ce que l'on peut faire eft de taxer les vivres & fourages & de faire établir des cantines, c'eft ce que j'ay fait depuis que la nobleffe eft affemblée. Je ne vois pas que Mr de la Blottière ait plus de privilège. Quand l'arrièreban fera convoqué dans les formes ordinaires, il fera payé comme il le doit être, à moins qu'il ne vous plaife par un arreft du Confeil ordonner qu'en cas que la nobleffe fe foit affemblée par ordre des commandans de la province, il en fera ufé de même que fi la nobleffe était affemblée en vertu de lettres patentes.

« Je prendrai la liberté de vous reprefenter a ce fujet que plufieurs gentilfhommes m'ont demandé des provifions de 400# fur le revenu de leurs biens faifis conformément a une ordonnance du Roy de 1671; mais fur le même principe j'ay fait difficulté de les accorder, cette ordonnance n'ayant de rapport qu'a la convocation de l'arriere-ban, lequel n'aiant point été affemblé cette année, je n'ay pas crû être en droit d'accorder ces fecours » (1).

Le Sieur LE CLUZEAU, Inspecteur des manufactures à Morlaix, au CONTROLEUR GÉNÉRAL.

27 Août 1706.

M. Duguay-Trouin a conduit cette semaine à Brest neuf prises. « Il a pris ou efdé a prendre pendant les dernieres guerres & celle-cy des prifes

(1) A. N. G7 186.

ſur les ennemis de l'Etat pour plus de 20 millions a ma connoiſſance conduite dans mon departement » (1).

M. FERRAND, *Intendant, au* CONTROLEUR GÉNÉRAL.

29 Août 1706.

Il a reçu sa lettre « au ſujet de la reunion qui a été faite aux villes & communautés de la province des offices de controlleurs des greffes des hotels de ville ». Il veut « ſavoir ſil n'y a aucune modération a eſperer pour elles » (2).

M. FERRAND, *Intendant, à* M. DESMARETZ, *Directeur des Finances.*

31 Août 1706.

« La déclaration du Roi du 22 juillet & l'arreſt du Conſeil du 8 ſeptembre 1705 ont enfin fait naiſtre un conflict entre le parlement & moy au ſujet des conteſtations qui ſe font préſentées entre les ſous-fermiers & arrière-fermiers des devoirs de Bretagne; nous ſommes convenus M^r^ le premier préſident & moi que nous aurions l'honneur d'en écrire à Monſieur Chamillart pour regler a qui la connoiſſance en appartiendra. Je ne doute pas Monſieur que la déciſion ne vous en ſoit renvoyée. L'affaire me tient peu au cœur & je ne cherche en cela que ce que vous trouverés être du bien du ſervice » (3).

M. FERRAND, *Intendant, au* CONTROLEUR GÉNÉRAL.

4 Septembre 1706.

Pendant son séjour à Saint-Malo, les députés en cour se sont réunis à Rennes. Selon ses intentions, ils ont donné la seconde procuration pour l'emprunt de 1200000# destiné à rembourser les adjudicataires des droits

(1) A. N. G[7] 186.
(2) Id.
(3) A. N. G[7] 186.

des inspecteurs des boucheries. Il ne reste plus qu'à assurer la régie de ces droits jusqu'à la fin de l'année prochaine et à fixer l'indemnité due aux fermiers. Il importe que le Contrôleur général arrête cette indemnité; il ne faut pas que le fermier soit « renvoyé aux députés des états, dont il n'aura point de jusstice. Cette réunion est très avantageuse à la province; c'est la seconde depossession a laquelle les états donnent lieu ; ainsi ils ont interets de conserver leur crédit & que les gens d'affaires ne se pleignent point qu'aussitost qu'ils ont fait un traité utile, ils en sont depossédés sans profit; cela empêcheroit à l'avenir de trouver des compagnies!... » (1).

10 Septembre 1706.

Le receveur des traites de Brest prétend faire le commerce malgré son emploi (2).

12 Septembre 1706.

Utilité et difficulté de créer des inspecteurs pour le mesurage des sels de Bourgneuf et du Croisic (3).

« ... La proposition [d'accorder des privilèges à vie moyennant finance]... paroist très avantageuse pour le service du Roy... mais en même temps fort a charge aux communautés par les grands privilèges qu'elle contient, principalement la réduction à moitié de la taille des acquisitions, & de n'en point payer lorsqu'on n'y aura point été imposé. Ces grands privilèges devroient bien tenter, la finance en étant fort médiocre... Cependant on trouvera peu d'achetteurs; c'est la difficulté. La révocation qui a été faite depuis quelque tems des privilèges attribués aux charges au dessous de 4 000# n'engagera personne a se presenter. On aprehende les suplemens de finance, & presentement nous voions que toutes les nouvelles creations demeurent... L'autheur de la proposition parle de choisir les plus aisez pour acquérir ces exemptions; je ne crois pas que le Roy en vienne a cette extrémité; ainsi... dez que vous prendrés le parti de l'admettre, vous devés vous attendre que l'on vendra quelques unes de ces

(1) A. N. G⁷ 186. Voy. autre lettre du même du 28 septembre 1706.

(2) Boislisle, *op. cit.* T. II, n° 1095.

(3) Id., *ibid.*, n° 1098.

exemptions, mais que le plus grand nombre demeurera ; ce sera une reunion a faire aux communautés qui sont fort épuisées... » (1).

Le CONTROLEUR GÉNÉRAL à M. FERRAND, Intendant.

16 et 27 Septembre 1706.

Il importe d'arrêter le Sr de Lorgerie, directeur de la Monnaie de Nantes, dont la conduite est suspecte (2).

M. FERRAND, Intendant, au CONTROLEUR GÉNÉRAL.

6 Novembre 1706.

Il signale les abus des greffiers des rôles des fouages qui, pour la plupart, ne résident point dans les paroisses, qui parfois obligent les trésoriers des paroisses à se rendre près d'eux et les retiennent trois, quatre ou cinq jours pour les faire travailler à la confection des rôles, ou qui se font payer des frais de séjour dans les paroisses où ils n'ont fait que passer (3).

L'ÉVÊQUE DE NANTES au CONTROLEUR GÉNÉRAL.

30 Novembre 1706.

Il lui dénonce un abus d'autorité commis par M. de Mianc, qui a fait arrêter un Sr Neveu, pour « lui apprendre à vouloir chasser dans les pays qu'il s'est retenus pour ses plaisirs » (4).

M. FERRAND, Intendant, au CONTROLEUR GÉNÉRAL.

10 et 15 Décembre 1706.

Difficulté de vérifier les quantités de matières ou d'espèces métalliques qui arrivent par mer (5).

(1) A. N. G[7] 186.
(2) BOISLISLE, *op. cit.* T. II, n° 1105.
(3) A. N. G[7] 186.
(4) BOISLISLE, *op. cit.* T. II, n° 1146.
(5) ID., *ibid.* T. II, n° 1156.

10 Décembre 1706.

Il lui envoie les états « fournis par tous les directeurs des recouvrements qui se font en Bretagne » (1).

---

17 Décembre 1706.

« Il se présente quelquefois des difficultés sur les privilèges des officiers monnoyeurs & autres ouvriers des monnoyes. Je suis en peine de savoir si je suis bien fondé d'en connaistre; je l'ay toujours fait en Bourgogne, où je n'ay jamais eu sur ce sujet de contestation; mais en cette province où les esprits ne sont pas si faciles, il faut etre muni d'attributions du Conseil. Je vous suplie... de me faire sçavoir s'il y a quelque réglement

(1) A. N. G⁷ 186. Les états joints à sa lettre concernent les offices ou droits de : « Presidents Présidiaux; officiers d'amirautés; commissaires à la levée des fouages; notaires royaux; maires & syndics; greffiers des rolles des fouages; francs-fiefs & amortissements; officiers vetérans; lieutenants de maires, assesseurs, echevins & concierges garde-meubles des hôtels de ville; contrôleurs des greffes des hôtels de ville; offices nouveaux à la Chambre des Comptes de Nantes; contrôleurs des greffes de l'écritoire & des commissaires aux revues; aliénation des trois sols dans le fond des greffes; essayeurs des eaux-de-vie; contrôle des œconomes, insinuasions ecclésiastiques & greffes des gens de mainmorte; aliénation du domaine; taxes vers les juges des seigneurs; augmentations de gages aux officiers des monnaies, aux communautés des orfèvres; conseillers lieutenants généraux d'épée réunis aux officiers des bailliages, senechaussées & autres justices ressortissantes; chevaliers d'honneur; lettres de bourgeoisie; amendes des usurpateurs du titre de noblesse; confirmation des herédités des offices sujets à l'édit de 1701, des offices de sindics, auditeurs des comptes des arts & métiers & réunion des offices de tréforiers des bourses communes des arts & métiers; suppression & réunion des offices de contrôleurs des receveurs des octrois des villes; suppression des offices d'inspecteurs des manufactures; augmentations de gages sur les maires; greffiers des experts; sindics perpetuels des procureurs; sixième denier laïque & ecclésiastique; sindics perpetuels des huissiers; contrôleurs visiteurs des poids & mesures & greffiers des enregistrements des brevets d'apprentissage; augmentations de gages aux officiers des chancelleries, des cours supérieures & présidiaux; six deniers par signification de procureur à procureur; augmentations de gages des premiers huissiers audianciers; augmentation de gages des officiers de justice, police & finances; sindics des notaires royaux; commissaires huissiers royaux; places de barbiers, perruquiers, baigneurs & étuvistes; vente des offices de subdélégués de l'intendant; receveurs des deniers patrimoniaux des villes & communautés; auditeurs des comptes des receveurs des consignations & des commissaires aux saisies réelles; trésoriers de bourse commune des huissiers & des sergents royaux ».

Ces états donnent le montant des sommes escomptées, des sommes recouvrées; presque tous signalent que les offices se vendent mal, que les recouvrements se font difficilement.

ſur ce ſujet, afin que je m'y confirme, ou que je renvoye aux juges ordinaires ces ſortes d'affaires, ſi elles ne ſont pas de ma compétence » (1).

Le Sieur DE LA LANDE-MAGON, Négociant à Saint-Malo, au CONTROLEUR GÉNÉRAL.

24 Décembre 1706.

Demande à payer en billets de monnaie le prix d'une charge bretonne de nouvelle « creation de ce Parlement... » (2).

M. FERRAND, Intendant, au CONTROLEUR GÉNÉRAL.

26 Décembre 1706.

« Les octrois de la ville de Nantes ont eté publiez, mais n'aiant pas trouvé les enchères convenables [il a] remis l'adjudication au dix du mois prochain. La plus grande difficulté vient de ce que l'on veut obliger l'adjudicataire de payer en eſpèces. » Si le Contrôleur général voulait permettre que celui-ci « put payer une partie en lettres ſur Paris, cette facilité ſerait d'un grand ſecours. Les compagnies ne ſont pas toutes également favorables; il y en a qui n'ont acquité qu'en billets de monnoye les aſſignations du Tréſor royal... » (3).

REQUÊTE de M. DE LA GUIBOURGÈRE, Procureur général Syndic des États de Bretagne, au CONTROLEUR GÉNÉRAL.

[1706]

Il « remontre... qu'avant l'Edit de création du mois de février 1706 qui a erigé [les charges de Procureur général Syndic des États] en titre d'ofice ce n'étoit qu'une comiſſion a laquelle les Etats avoient atachés 15850# de gages emoluments ou gratifications ordinaires en conſidération des depences que le procureur general ſindic fait pendant que dure l'aſ-

(1) A. N. G⁷ 186.
(2) BOISLISLE, *op. cit.* T. II, nº 1163.
(3) A. N. G⁷ 186.

femblée des Etats pour fa table, pour les voyages & féjours de Paris & enfin pour la refidence continuelle qu'il eft obligé de faire a Rennes quand les afaires de la province ne l'appellent point a la Cour ; & quand il eftoit chargé de quelque afaire & comiffion extraordinaire, les Etats luy accordoient des gratifications extraordinaires proportionnées a fon travail & a fa depence.

« En 1697 les Etats nomèrent des deputés pour fuivre le jugement d'une inftance pendante au Confeil qui regardoit l'amirauté de Bretagne. Mr de Mejuffeaume, lors revetu de la comiffion de Procureur general findic eut une gratification de 8 000# & 4000# pour fon cahier de frais.

« En 1695 les Etats ordonnèrent que leurs deputés à la Cour & le Procureur general findic arefteroient jointement avec Mr l'intendant de la province les roles de la capitation & ils accordèrent au procureur general findic une gratification extraordinaire pour ce travail...

« ... Outre ces gratifications... & ces 15 850# de gages... fixes qu'avoit Mr de Mejuffeaume procureur general par comiffion, Mr de Coetlogon fon fils ayant obtenu en 1695 la furvivance de la comiffion de Mr fon pere prefenta fa requefte aux Etats de 1699 & demenda une penfion de 6000# en confidération des depenfes & des voyages qu'il étoit obligé de faire comme furviventier; elle luy fut accordée; le Sr de Mejuffeaume demenda aux Etats tenus en 1703 une penfion de 4000# qui luy fut pareillement accordée.

« Dans cette fituation les Etats ayant efté obligé pour fournir a leurs depences de demender au Roy la permiffion de creer en titre d'ofice les charges de leurs officiers & de les vendre a leur profit, il fut rendu un Edit le mois de fevrier 1706 qui porte création de deux procureurs generaux findics au lieu qu'auparavant il n'y en avoit qu'un, a chacun defquels on attribua 15 000# de gages, 1 000# pour fon cahier de frais & 500# pour la reception des cautions des baux fans pouvoir rien pretendre pour les depences & comiffions extraordinaires dont ils pouront eftre chargés.

« La penfion de 6 000# par an fut confervée au Sr de Coetlogon », acquéreur de l'une des charges; en conséquence, M. de la Guibourgére, son collégue, demande pareille pension.

Il représente encore « qu'il a eu l'honneur de remplir la place de fecond commiſſaire du Conſeil dans toutes les aſſemblées des Etats depuis 1691 juſqu'à la fin de celle de 1705 & que depuis 1691 il a eſté nommé par Sa Majeſté, ſeul comiſſaire de la reformation de ſes domaines dans toute l'eſtendue de la province de Bretagne ſans aucuns gages ni appointements & ſans prendre aucunes eſpices ni vacations pour les jugements qu'il a rendus. » C'est un motif de plus pour lui faire accorder par les États la pension de 6000# qu'il demande (1).

« *EXTRAIT des Regiſtres du Conſeil du Roy du 9 Février 1706.* »

Les députés des villes aux États, réunis à Vitré, ont remontré que, jusqu'en 1679, la durée des États n'étant alors que de vingt jours, ils recevaient pour leurs frais de voyage, ceux de Rennes et de Nantes, 15# par jour, ceux des autres villes, 10#. Depuis, les tenues d'États sont devenues plus longues : les États de Nantes, en 1701, ont duré 52 jours; ceux de Rennes, en 1703, plus de 60 jours...

En conséquence, le roi ordonne que les députés des villes « aux Etats qui ſe tiennent actuellement en la ville de Vitrey, & qui y auront aſſiſté & aſſiſteront juſques a la clôture deſdits Etats, feront payés ſur les octrois de leurs communautez dès à préſent ſur ce qu'il leur a eſté accordé par leur deputation aux Etats par l'arreſt du Conſeil du 18 juillet 1681 & 11 novembre 1684 (2) ſur l'ordonnance du ſieur Ferrand, commiſſaire departy... pour cette fois ſeulement & ſans tirer à conſéquence... » (3).

M. FERRAND, *Intendant, au* CONTROLEUR GÉNÉRAL.

4 Janvier 1707.

Il a reçu sa lettre « ſur la demande que font les officiers de la chambre des comptes de Bretagne de payer une finance pareille à celle que les

(1) A. N. G⁷ 186.

(2) L'arrêt du 18 juillet 1681 accordait aux députés de Rennes et de Nantes 300#, à ceux des autres villes 200# pour la durée des États. L'arrêt du 11 novembre 1684 assimilait Brest aux villes de Rennes et Nantes.

(3) A. N. G⁷ 186.

autres compagnies fupérieures ont payée pour la réunion de quatre difpenfe d'un degré de fervice en leur accordant a la place de ces difpenfes l'exemption de la nomination aux tutelles & curatelles, avec la confirmation de leurs anciens privilèges, & nommément l'extenfion de toutes impofitions mifes & a mettre par les Etats ou villes particulières de la province... fur leurs maifons, terres & denrées, & du droit de jaugeage.

« Cette demande eft de la dernière importance pour la province; jamais la Chambre des Comptes n'a joui des privilèges dont elle demande la confirmation. L'exemption des impofitions des Etats & des villes, que l'on peut étendre, par une expreffion auffi vague, cauferait une diminution confidérable & fervirait de prétexte au Parlement & a toutes les autres compagnies de la demander a la première occaffion; elle deviendrait auffi commune que l'exemption de tutelle dans tous les Edits, & on n'y feroit plus d'attention. Ce privilege cauferait un grand préjudice aux affaires du Roy & de la province dans les affemblées des Etats; les Commiffaires de Sa Majefté ne feroient plus en état de fe fervir des fecours qui fe prefenteroient & que l'on rencontre fi difficilement. Si les députés en cour avoient connoiffance de cette demande, leur vivacité à f'en deffendre fervirait a [lui] faire voir » qu'il ne « parle point avec exagération. Que le Roi accorde à cette compagnie l'exemption de la nomination aux tutelles & curatelles, la province en fera tres contente. Pour le furplus... il ne paroift pas à propos de l'accorder. » (1).

---

25 Février 1707.

Le Sr Mersans, ancien contrôleur à la Monnaie de Nantes, demande à acheter la place de directeur de cette Monnaie. Il l'a « veu fervir a Dijon avec beaucoup de fidélité & de défintereffement »... Il le recommande à son attention et « il ne feroit pas inutile » que cette charge « fut poffédée par un étranger. » (2).

(1) A. N. G^7 187.

(2) A. N. G^7 187.

Le CONTROLEUR GÉNÉRAL
aux Sieurs DE LÉPINE-DANICAN, DE LA LANDE-MAGON
et DE LA CHIPAUDIÈRE-MAGON, Négociants à Saint-Malo.

9 Mars 1707.

Ordre de négocier avec un vaisseau espagnol la cession des piastres ou matières dont il est chargé (1).

M. FERRAND, Intendant, au CONTROLEUR GÉNÉRAL.

16 Mars 1707.

Il se plaint que des commis des fermes aient maltraité un Espagnol, muni d'un passeport (2).

---

18 mars 1707.

Le directeur de la Monnaie de Rennes expédiera demain 200 000# de matières, pour être vendues à la Monnaie de Paris (3).

M. DE MONTARAN, Trésorier des États de Bretagne,
au CONTROLEUR GÉNÉRAL

30 Mars 1707.

Les députés en cour, pour lui « procurer la defaite des billets de monnoye dont [il est] chargé », l'ont autorisé à rembourser « en billets de monnoye une somme de 600 000# que les fermiers des devoirs de 1708 & 1709 avancèrent entre [ses] mains le 1er mars 1706, aussy en billets de monnoye »... M. Chamillart fait difficulté de reconnaître cette autorisation « par raport à la différence qu'il y a sur la valeur du billet de monnoye du temps present au 1er mars 1706 qu'ils [lui] ont été remis & sur la nécessité où se trouvent les fermiers de rembourser les sommes

(1) Boislisle, *op. cit.* T. II, n° 1202.
(2) Id., *ibid*, n° 1207.
(3) A. N. G7 187.

qu'ils ont empruntées pour faire leurs avances un quart en espèces conformément à la dernière déclaration du Roy. »

« L'utilité de la province & le bien du service » justifient le remboursement qu'il demande. L'intérêt de la province est qu'il emploie un fonds inutile entre ses mains à rembourser des sommes dont les États paient l'intérêt au denier dix; « le bien du service parce que trouvant a se defaire des billets de monnoye dont il est chargé, il sera en état de payer des sommes plus considérables en espèces sur les assignations du don gratuit & de la capitation soit au trésor royal ou a ceux qui en sont porteurs... » (1).

M. FERRAND, Intendant, au CONTROLEUR GÉNÉRAL.

1er Avril 1707.

... « Le Sr Porter, Irlandais, establi à Saint-Malo... se plaint de l'excez de ses taxes, ce qu'il a de commun avec bien des personnes. Il est regardé à Saint-Malo, comme un homme a son aise, & imposé comme tous ceux de son état & faisant pareil commerce. Sa capitation est de 100#, le rolle de 41 500#. Dans le rolle des logements des gens de guerre, ingénieurs &c qui est de 12 883# il a eté imposé à 32#.

« Dans le rolle des marchands en gros & en détail, pour les poids & mesures, qui est de 9680#, il est à 30#.

« Dans celui des inspecteurs des manufactures qui est de 4 400#, il est à 24# ».

Il n'est pas possible de « lui faire aucune diminution sans tirer à conséquence » (2).

13 Avril 1707.

On travaille activement à la conversion des matières à la Monnaie de Rennes : « on y convertit tous les jours 600 marcs de matières... il n'y en reste pas plus de 12 000 marcs. On n'est point encore en état d'envoyer des matières à la Monnoie de Nantes. Le directeur de cette derniere Monnoye... mande qu'il lui reste 5 000 marcs de matières. »

(1) A. N. G7 187.

(2) A. N. G7 187.

« Si on envoie des matières de Rennes a Nantes, comme elles doivent estre converties au proffit des particuliers, il ne sait si cela ne leur fera point de peine d'estre renvoyés a Nantes pour estre payés. Si on pouvoit n'envoyer de matières a Nantes que sur le benefice qui revient au Roi, cela ne feroit aucun derangement... » (1).

---

20 Avril 1707.

« Il est arrivé à Brest deux commissaires du Roi d'Espagne pour recevoir l'argent de S. M. C. qui est sur les vaisseaux espagnols & le faire voiturer par terre en Espagne... on doit aussi débarquer de ces vaisseaux toutes les marchandises comme cochenille, indigo, etc... Les Espagnols espèrent qu'ils seront exempts d'en payer les droits en France, en les faisant voiturer par terre en Espagne... » (2).

Les JUGES et CONSULS des Marchands de Nantes au CONTROLEUR GÉNÉRAL.

23 Avril 1707.

« La Déclaration du Roy qui donne cours dans les provinces aux billets de monnoyes & quy a parû ce jour a donné lieu par avance a quelques dificultés quy donneront occasion a plusieurs procès dont la decision nous embarrassera. .

« Il paroist par le premier article de cette déclaration que dès le moment de sa publication que les payements se doivent faire en province comme a Paris les trois quarts en billets de monnoye & le quart en argent, ce quy seroit impossible puisque les particuliers chargés de billets de monnoye les ont a Paris & ne les peuvent recevoir & retirer de quelque temps, d'autant plus qu'ils sont dans la necessité de les faire couper en petits billets de monnoye pour les conserver aux payements ordinaires de ces lieux, ce quy causeroit beaucoup de prejudice a ceux quy ont a payer faute d'avoir leurs billets de monnoye & quy par la suite ne pourront se dispenser d'en recevoir pour les sommes qui leur seront deües de

(1) A. N. G^7 187.

(2) A. N. G^7 187.

forte que perfonne ne voudra payer fans une decifion precife & qu'on ne verra que des protefts & affignations.

« Le 2e article porte qu'a commancer du 20e may prochain les payements ne pouront être faits qu'un tiers en billets de monnoye & les deux tiers en argent contant; ceux qui y ont a recevoir pretendent que ce n'eft que du 20 may que les billets de monnoye peuvent être employés en province dans les payements & ceux quy doivent payer foutiennent la negative.

« Ce même article ordonne que les lettres & billets de change quy auront efté ftipullé paiables pour le tout ou en partie en billets de monnoye feront payés pour la part & portion quy y fera ftipullée & convenue. On demande fi les billets ftipullés payable en entier en efpeces le doivent être fans billets de monnoye & cella parce que le premier article de cette declaration porte que les billets de monnoye feront admis comme efpeces dans tous les payements a la même proportion qu'en la ville de Paris...

.. « Les billets de monnoye introduits dans les provinces y rendront l'argent d'une fi grande raretté dans le commerce qu'il fera impoffible de le continuer dans fon etendue ordinaire. Les droits pour lefquels ils peuvent être placés par l'article 4 font fi bornés qu'on n'y en poura employer. Ainfy il feroit tres util & meme fort neceffaire que votre grandeur eut agréable qu'on reçeut au moins le payement des droits dans les bureaux quy excederoient 300# en lettres de change fur Paris payables a 3 uzances en efpeçes fans quoy il eft certain que faute d'efpefces on fera obligé de diminuer de beaucoup l'envoy des marchandifes quy f'envoient dans l'étendue des fermes... » (1).

M. FERRAND, Intendant, au CONTROLEUR GÉNÉRAL.

26 Avril 1707.

Il part pour Brest, où il fera « tout ce qui fera poffible pour terminer promptement la remife du million que le Roy d'Efpagne donne au Roi fur les matieres arrivées par les vaiffeaux efpagnols » et expédier cet argent à la Monnaie de Rennes (2).

(1) A. N. G7 187.

(2) A. N. G7 187.

Le Sieur DE LA LANDE-MAGON, Négociant à Saint-Malo, au CONTROLEUR GÉNÉRAL.

1er Mai 1707.

« La déclaration du Roy qui donne cours aux billets de monnoye dans les provinces va caufer un grand défordre dans le commerce, particulièrement à Lion pour les paiements de Pafques; les négociations qu'on y a fait, foit par lettres de change ou autrement, l'ont efté fouz la bonne foy qu'elles feroient payées en efpèces;... les Efpagnols fe trouvent confiderablement engagez pour les remifes qu'ils m'ont ordonné de leur faire pour Gennes, ce qui les fera beaucoup crier... fi le dit payement n'eft excepté, de recevoir ce tiers en billets de monnoye... Je reçois... mes lettres du 23 de Lion de mes correfpondants qui m'efcrivent confidemment que cette déclaration va caufer un bouleverfement univerfel dans le commerce, que tous les bons négociants font réfolus abfolûment de le quiter fi elle fubfifte avant que le mal empire; que tout nôtre or revenoit d'Italie a caufe des changes qui eftoient baiffés, que les deux derniers payements en avoient ramené plus de huit millions ce qui auroit continué, f'il n'y avoit point eu de changement; que tout commerce va ceffer avec les eftrangers; qu'on n'en fera plus que l'argent a la main, & qu'il n'y aura plus de bilan de compenfation à Lion, ce qui eftoit une des plus belles commoditez de l'Europe. . » (1).

M. DE BRILHAC, Premier Président du Parlement de Bretagne, au CONTROLEUR GÉNÉRAL.

4 Mai 1707.

Il lui transmet la requête suivante des marchands rennais au sujet des billets de monnaie.

« Monfeigneur le Premier Préfident du Parlement de Bretaigne.

« Le corps des marchands de la ville de Rennes vous remontre... que

(1) A. N. G[7] 187.

si l'usage des billets de monnoye s'establist dans les provinces... les manufactures non seulement de la dite ville mais encore des lieux circonvoisins, mesme de la province, vont tomber en ruisne...

« Cette ville... a essuié & essuie encore tous les jours dans les différents corps qui la composent des taxes beaucoup au delà de ses forces, & si l'on considère ce qui la soustient du moins pour les trois quarts de ses habitans, on verra qu'il n'y a que la seule manufacture de fils blancs & couleur qui fait vivre au jour la journée plus de dix mil personnes qui ne vandent leurs fils que par petites parties pour en avoir le montant dans le moment de la livraison, seront privés de ce secours par les billets de monnoye desquels ceux qui les achetent estant payés ne se pourront dispanser de les charger.

« La mesme ville subsiste encore par le travail de plusieurs ouvriers dispersés dans les campagnes voisines pour la fabrique des toilles propres à voiles pour les bastiments de Sa Majesté, qui se font par de pauvres artisans que l'on paye par petites sommes non sujettes aux billets de monnoye, ce qui ne se poura plus faire.

« Ce désordre tombera egallement sur toutte la province particulièrement les villes de Morlaix, Pontivy & Quintin, parce que les grossiers chargés de billets de monoye ne pouront remplir leurs commissions, l'ouvrier ne voulant pour ses toilles que de l'espece pour acheter ses fils & payer ses tisserans; ainsy tout commerce va cesser & tous les ouvriers reduits à la misère & à la mandicité... » (1).

Les NÉGOCIANTS DE NANTES au CONTROLEUR GÉNÉRAL.

5 Mai 1707.

... « La déclaration du Roy quy donne cours aux billets de monnoye dans les provinces y vat causer tant de derangement dans le commerce qu'il ne sera pas possible de le continuer. En effet... le principal que nous faizons dans cette ville consiste en la navigation de l'Amérique & de la

(1) A. N. G⁷ 187

peche. Les armements en font d'un grand detail; le radoub des vaiſſeaux eſt compoſé de journées d'artiſants, de fournitures d'agrées & de vivres & de gages de mathelots au depart & au retour. Les cargaizons qu'on embarque ſont des manufactures, des vivres & denrées; les premières ſ'achettent des ouvriers quy les fabriquent, comme toilles, ſoulliers, chapeaux, &c.; pour faire les ſalaiſons on eſt obligé d'achetter les beſtiaux aux marchés; il en eſt de même du reſte & les primes d'aſſurances quy ſont tres conſiderables & cepandent en petittes parties ne peuvent ſe payer qu'en argent en ce que chacque particulier n'aſſure d'ordinaire que des ſommes quy ne produiſent au plus que trois ou quatre cents livres de prime. Nous pouvons aſſurer... que tout le commerce ſoit de navigation, de manufactures ou de denrées ſe trouve dans le même cas ayant pour principe un détail indiſpenſable & une infinité de frais tant pour le tranſport que pour l'apreſt des marchandiſes & outre cella les droits auxquels elles ſont ſujettes, & dans touttes ces parties différentes quy compoſent le commerce on ne peut y employer des billets de monnoye..... » (1).

L'ÉVÊQUE DE NANTES au CONTROLEUR GÉNÉRAL.

25 Juin 1707.

Au sujet d'une querelle de préséance entre le clergé et le consulat de Nantes (2).

---

8 Juillet 1707.

Au sujet des États prochains et de l'inutilité des troupes cantonnées en Bretagne (3)

Le CONTROLEUR GÉNÉRAL à M. DE BRILHAC,
Premier Président du Parlement de Bretagne.

10 Juillet 1707.

Il se plaint que le Parlement de Bretagne n'ait pas encore financé pour la « diſpenſe d'un degré de ſervice » (4).

(1) A. N. G^7 187.
(2) Boislisle, *op. cit.* T. II, n° 1268
(3) Boislisle, *op. cit.* T. II, n° 1272.
(4) Id., *ibid.*, n° 1274.

M. DE BRILHAC, Premier Président du Parlement de Bretagne, au CONTROLEUR GÉNÉRAL.

10 Juillet 1707.

A propos d'un arrêt contraire à l'opinion du contrôleur général et à celle de M. de Brilhac (1).

M. DESMARETZ, Directeur des Finances, à M. DE BRILHAC, Premier Président du Parlement de Bretagne.

11 Juillet 1707.

Sur la conversion des anciens billets de monnaie (2).

M. DE LA FALUÈRE, Commissaire du Conseil aux États de Bretagne, au CONTROLEUR GÉNÉRAL.

20 Juillet 1707.

Il le remercie de l'avoir fait nommer second commissaire du Conseil aux États; il tâchera de « ſuivre le zéle de M. Ferrand & de profiter de ſes lumiéres... » (3).

M. FERRAND, Intendant, au CONTROLEUR GÉNÉRAL.

30 Juillet 1707.

Il lui envoie l'état des lieux où l'établissement des inpecteurs des bâtiments créés « par Edit du mois de janvier dernier peut eſtre fait »; il a choiſi ce qu'il a trouvé « de plus conſidérable & en état de porter cet établiſſement. » (4).

(1) BOISLISLE, *op. cit.* T. II, n° 1275.

(2) ID , *ibid.*, n° 1276.

(3) A. N. G[7] 187.

(4) A. N. G[7] 187. Les villes désignées sont : Rennes, Vitré, Fougères, Nantes, Guérande, Ancenis, Saint-Malo et Saint-Servan, Dinan, Ploermel, Dol, Saint-Brieuc, Lamballe, Tréguier, Morlaix, Lannion, Guingamp, Quimper, Quimperlé, Carhaix, Saint-Pol-de-Léon, Roscoff, Brest, Lesneven, Landerneau, Vannes, Auray, Hennebont, Le Port Louis et Lorient, Redon et Pontivy.

Le 5 septembre 1707 M. Ferrand observait que Saint-Servan « un ſimple bourg », avait été désigné par erreur et il priait le Contrôleur général de le « faire rayer » (id., *ibid.*).

21 Août 1707.

« État des armements préparés pour la mer du Sud et pour l'Amérique espagnole » (1).

---

15 Septembre 1707.

Il lui envoie le projet d'instruction suivant, pour la prochaine tenue d'États (2).

Les commissaires du Roi demanderont un don gratuit de 3 000 000ᴸ et 4 000 000ᴸ pour l'abonnement de la capitation pendant les années 1708 et 1709.

Pour parer aux dépenses de la province les commissaires prieront les États de lever « par forme d'emprunt ſur les contribuables aux fouages » en 1708 et 1709, 1 070 000ᴸ dont « 428 000ᴸ ſeront employés au payement des arrerages des rentes conſtituées en vertu des procurations des 24 décembre 1703 & 24 février 1706... »

L'adjudication des droits d'inspecteurs des boucheries, jurés vendeurs et visiteurs de porcs en 1708 et 1709, sera faite « aux conditions que [les adjudicataires] payeront pour ſeureté de leur bail un quartier d'avance ſans intereſt, . & le ſurplus de quartier en quartier..... ».

L'adjudicataire de la ferme des grands et petits devoirs paiera par avance 3 000 000ᴸ en espèces, dont 600 000 comptant, 1 200 000 dans le courant de 1708 & 1 200 000 en 1709; les intérêts de ces avances seront au denier dix.....

Il est permis aux États de continuer l'emprunt de 2 000 000ᴸ, « portés par la procuration des ſrs députez a la cour des 21 et 27 novembre 1706 », par contrats de constitution au denier quatorze.

Dans le cas où ces ressources seraient insuffisantes, on proposera aux États de choisir un des deux expédients suivants : « le premier d'impoſer un quart de doublement ſur les contribuables aux fouages... a raiſon de 107 000ᴸ par an pendant les années 1708 & 1709. a laquelle impoſition ſeront ſujettes les paroiſſes voiſines des foreſt & autres qui par des privi-

(1) Boislisle, *op. cit.* T. II, nº 1298.

(2) Boislisle (*ibid.*, nº 1309) signale l'envoi de ce projet sans en donner l'analyse.

lèges particuliers ont été exemptées de fouages... »; d'imposer 600 000# sur les propriétaires des villes, gros bourgs et communautés... ; « de lever a commencer du 1er janvier 1708 par redoublement les droits attribués aux offices de courtiers gourmets & commiſſionnaires créés par édit du mois de Juin 1691, le droit annuel ſur les marchands hoſtes-cabaretiers... ſur les aubergiſtes... & les droits attribués aux offices de jaugeurs...; de continuer au proffit deſdits états la perception des droits de jauge crées par edit du mois de Juin 1696 depuis le 1er janvier, que l'aliénation qui en fut faite en 1701 expirera, juſqu'au 1er janvier 1712, quoyqu'il ſoit expreſſement parlé par ladite aliénation que leſdits droits demeureront eteints ledit jour 1er juin 1710 .. »

« Et comme il pouroit arriver que les expédients ci-deſſus propoſés ne convinſſent pas aux intereſts de la province, leſdits ſrs commiſſaires propoſeront aux etats pour ſecond expédient d'impoſer un droit d'entrée ſur les vins & cidres qui entrent & ſe conſoment dans la province, comme le plus ſeur... qui ſe préſente pour ſupléer au manque de fonds. »

... Le roi entend que les fermiers des grands et petits devoirs, les receveurs des fouages, de la capitation et de la taxe sur les maisons paient en espèces le prix de leurs fermes.

La capitation sera imposée suivant la déclaration de mars 1701; les contestations, auxquelles donnera lieu le recouvrement, seront jugées en dernier ressort par l'intendant et les commissaires de la capitation.

« Sa Majeſté veut qu'à l'avenir les dépenſes tant en principal qu'intereſts ne puiſſent exceder les fonds ordonnés par les états, pour quelque cauſe & prétexte que ce ſoit, & que les depenſes pour les étapes, ponts, chauſſées, & autres ouvrages publiques ne puiſſent eſtre faites que de la participation deſdits états, leſquels feront recevoir les ouvrages & vérifier les dépenſes... ».

Les États devront ratifier les contrats de constitution des emprunts faits par leur trésorier, en vertu des pouvoirs que lui ont donnés en 1706 les députés à la Cour.

Le produit des droits des courtiers gourmets, commissionnaires jaugeurs pour 1710 et 1711 ne sera point employé à solder les dépenses de 1708 et 1709.

Les États paieront au maréchal de Châteaurenault 15 000#. Ils voteront 454054# pour l'entretien d'un régiment de dragons et d'un régiment d'infanterie, pendant les années 1708 et 1709; 24000# pour l'indemnité due aux deux députés de Nantes et de Saint-Malo au Conseil de Commerce pour 1708 et 1709; 10 000# pour la continuation des digues de Pontorson, Dol...; 30000# pour le développement des haras; 11 000# pour les appointements des commissaires du bureau de la capitation, « outre la gratification de 2000# accordée aux commis du greffe dont le fonds sera continué... »; 100 000# pour être affectées au remboursement des créanciers des États.

L'intérêt des avances, que doit faire le trésorier des États, sera fixé « au denier dix pendant la guerre, sans tirer a conséquence. »

« Sa Majesté ayant ordonné par sa déclaration du 27 juin dernier que les antiens billets de monnoyes seraient convertis les trois quarts en billets d'un nouveau timbre, conformément a une autre declaration du 24 mai de la présente année & un quart en billets qui n'auront point de cours dans le commerce & qui pouront seulement estre employés en rentes sur l'hostel de ville & sur le clergé ou portés aux fermiers & receveurs généraux pour estre convertis en leurs billets payables dans le cours des cinc années prochaines avec l'interest au denier 20 suivant une déclaration antérieure du 24 octobre 1706, l'intention de Sa Majesté est que les etats déchargent le Sr de Montaran des billets des receveurs generaux qu'il a eté obligé de prendre pour se déffaire d'autres billets n'aiant point cours dans le commerce, qu'on lui a donnés lors de la conversion des antiens billets de monnoyes dont il se trouvoit chargés par les emprunts qu'il a faits pour la province, a condition cependant que dans l'état du fonds de la prochaine assemblée on employera en recette le montant des billets desdits receveurs generaux qui écheeront dans le courant des années 1708 & 1709 & que ceux qui echeeront dans les années 1710, 1711 & 1712 seront portés dans la recette des etats de fonds des assemblées suivantes. »

Le roi désire que sur les 48000#, que les États distribuent en gratifications, « il soit donné au Sr Comte de la Rivière, gouverneur de St-Brieuc, la somme de 8 000# & laisse à la liberté des états la pleine... disposition du ſurplus... leur recommandant neantmoins d'avoir egard preferablement a tous autres aux pauvres gentilſhommes de la province & particuliérement a ceux qui ſervent actuellement dans ſes armées. »

Les Commissaires du Roi veilleront à défendre les intérêts des fermiers et recommanderont aux États et aux officiers de la province l'application des réglements relatifs aux fermes; ils tiendront la main à ce que la réformation du domaine et le papier terrier s'achèvent promptement et « que les appellations portées au Parlement de Bretagne a ce ſujet ſoient jugées ſans aucun retardement ».

Quant au commerce maritime et aux manufactures, les commissaires royaux en conféreront avec les principaux négociants. Ils appliqueront l'arrêt du 9 septembre 1687, qui défend de planter des vignes dans la province.

Enfin, les commissaires pourront accepter les offres des États, au sujet de la suppression des offices d'inspecteurs visiteurs, mesureurs et contrôleurs des matériaux « ſervant a la conſtruction & réparation des batiments & edifices dans toute l'etendue du Royaume », créés par la déclaration du 1er décembre 1705 et l'arrêt du Conseil du 28 décembre 1706, « à condition de payer la ſomme de 28800# & les deux ſols pour livres le 1er juillet 1708 entre les mains de Pierre Moreau chargé de la vente desdits offices... » (1).

---

12 Octobre 1707.

M. de la Bretonnière, brigadier des armées du Roi, demande une gratification de 6000# comme gouverneur de la ville de Dinan où vont se réunir les États. « L'uſage conſtant & certain a été de ne donner cette gratification qu'aux gouverneurs preſents pour les indemniſer de la

(1) A. N. G7 187. Ce projet, accepté par le Contrôleur général, devint le « Projet de l'inſtruction de Bretagne » du 27 septembre 1707. Ce dernier projet ajoute toutefois qu'il sera donné sur les 48000#, distribuées par les États, 500# aux Jésuites de la mission de Chine, 8000 aux 2 lieutenants généraux, 4000 aux 2 brigadiers, 4000 aux 2 colonels des armées du Roi, cantonnées en Bretagne en 1708 et 1709, et 2000 à l'inspecteur général des milices garde-côtes. Dans le cas où les 48000# seraient insuffisantes, les États pourront prendre « le manque de fonds... ſur tel autre ſonds qu'ils jugeront à propos ».

depense qu'ils sont obligés d'y faire. Mr de la Bretonnière ne se peut rendre a Dinan étant actuellement employé en Roussillon où il sert le Roi très utilement. Ainsy je croirois qu'il y auroit de la justice de lui accorder sur les fonds des etats la somme de 4000#; cette gratification ne leur fera aucune peine, si elle ne fait aucune conséquence pour l'avenir » ... (1).

L'ÉVÊQUE DE SAINT-MALO au CONTROLEUR GÉNÉRAL.

17 Octobre 1707.

... « Nous avons receu hyer les lettres pour la convocation des Etats que Mr le maréchal de Châteaurenault a remis par nécessité du 18 au 27 de ce mois par ce qu'il luy faloit treize jours pour que les deputés des lieux esloignés pussent se rendre a Dinan (2). Je n'ay point encore veu Mr l'intendant de cette province depuis qu'il y est arrivé, par ce que je n'ay pas eu le temps de me tourner. Je le voiray cependant avant l'ouverture des Etats afin de me mettre au fait de ce qui s'est passé a Paris par raport a nos afaires & concerter avec luy sur les points qui le demandent pour le service. Je crois qu'il est encore temps de dire à Mr de la Garde qu'il m'envoye une copie de l'instruction de Messieurs les Commissaires du Roy, le President de l'Eglise en a besoins & je devrois l'avoir demandée plutost » ... (3).

---

28 Octobre 1707.

« Les Etats ont accordé ce matin les trois millions de don gratuit que le Roy a demandés, & quatre millions pour la capitation des années 1708 & 1709; vous voyés Monsieur que nous faisons de notre mieux car cela s'est fait par une seulle delibération sans aller aux chambres; mais en vérité si nous sommes zélés & hardis pour respondre à ce que vous désirés de nous nous aurons d'estranges peines à tenir les parolles que nous vous donnons; en un mot Monsieur nous débutons dans ces etats cy

(1) A. N. G7 187.

(2) Voy. sur cet ajournement les lettres de l'intendant et du commandant des 15 et 16 octobre (A. N. G7 187).

(3) A. N. G7 187. Le 19 octobre, l'évêque de Saint-Malo priait encore le contrôleur général de lui envoyer cette instruction.

comme vous pouvés le défirer : de votre côté ménagés nous, vous ne pouvés imaginer combien il eſt neceſſaire de foulager les contribuables aux fouages de cette province & combien il feroit utille pour le fervice du Roy que l'on connut icy que vous recommandés à M[r] l'intendant de chercher & propofer les moyens de foulager ces contribuables des auffitoſt que cela fe pourra... » (1).

M. FERRAND, Intendant, au CONTROLEUR GÉNÉRAL.

30 Octobre 1707.

Il lui envoie la délibération dans laquelle les États ont donné acte à MM. de Guéméné de Montbazon et de Rohan de leur protestation contre la nouvelle histoire de Bretagne par Dom Lobineau (2).

---

31 Octobre 1707.

M. le prince de Léon présida hier pour la première fois la noblesse des États qui, selon toutes probabilités, lui feront le présent ordinaire. Depuis le règlement de 1687, ce présent a toujours été de 9900#. Mais les derniers États ont, de l'aveu du roi, accordé 10000# au duc d'Albret. L'intendant eſtime qu'il faut appliquer le même traitement à M. le prince de Léon « pour ne donner aucun fujet de pleinte à la maifon de Rohan » (3).

L'ÉVÊQUE DE LÉON au CONTROLEUR GÉNÉRAL.

2 Novembre 1707.

« J'appris lundi par M[r] le Maréchal de Chaſteaurenault que le roy m'avoit accordé la deputation des eſtats de cette province en cour. Si

(1) A. N. G^7 187.

(2) A. N. G^7 187. MM. de Guéméné et de Rohan avaient protesté, « cette prétendue hiſtoire pouvant leur eſtre préjudiciable foit par obmiſſion, inadvertance, manque de connoiſſance de l'auteur ou autrement... ». Extrait du registre du greffe des États, 29 octobre 1707. (A. N. G^7 187.)

(3) A. N. G^7 187.

vous voulies bien Monſieur m'honorer de vos ordres pendant & apres la tenue des eſtats, je tacherois de m'en acquitter avec tout le zèle pour le ſervice du roy & tout l'attachement pour voſtre perſonne... » (1).

Le Prince DE LÉON, *Président de la Noblesse aux États, au* CONTROLEUR GÉNÉRAL.

4 Novembre 1707.

Il intervient en faveur de M. de la Bretonnière et déclare que les États accorderont volontiers à ce dernier la gratification qu'il demande (2).

M. *le Maréchal* DE CHATEAURENAULT, *Commandant en Bretagne, au* CONTROLEUR GÉNÉRAL.

7 Novembre 1707.

Il a remis au procureur général syndic des États la lettre du roi. Les États, après en avoir pris connaissance, lui ont envoyé une députation pour lui « marquer la reconnoiſſance qu'ils avoient des bontés de Sa Majeſté » (3).

Le Prince DE LÉON, *Président de la Noblesse aux États, au* CONTROLEUR GÉNÉRAL.

7 Novembre 1707.

Il le prie d'autoriser le premier président du Parlement à demander une pension aux États. Le règlement de 1687 ne peut pas être un obstacle, car il « n'a pas été une barrière dans bien des occaſions, dans leſquels les Etats ont accordé des fonds au delà du reglement... » (4).

(1) A. N. G^7 187.
(2) Id.
(3) Id.
(4) A. N. G^7 187. Le même jour, le maréchal de Châteaurenault écrivait dans le même sens au Contrôleur général.

M. DESMARETZ, Directeur des Finances, aux DIRECTEURS des Monnaies de Rennes et de Nantes.

11 Novembre 1707.

Au sujet de la fonte et de la conversion des matières que leur portent les marchands (1).

M. FERRAND, Intendant, au CONTROLEUR GÉNÉRAL.

12 Novembre 1707.

« Nos etats vont très bien, vous en aurez le détail par le premier ordinaire. Je ne ſcaurois trop me louer du zèle et de l'application de Mr l'evêque de Saint-Malo qui nous font d'un grand ſecours dans ces temps difficiles, tout eſt ici dans un concert bien diférent des derniers etats, & je ne vois dans les premières places que des perſonnes bien intentionnées & qui cherchent à faciliter les affaires du Roi » (2).

L'ÉVÊQUE DE SAINT-MALO au CONTROLEUR GÉNÉRAL.

12 Novembre 1707.

Les États ayant voulu comprendre dans l'imposition des 700 000# les maisons dépendantes des Églises et des bénéfices, l'ordre de l'Église y a donné son consentement. Mais il espère que le roi ne voudra pas y laisser comprendre les locataires des maisons dépendantes des bénéfices (3).

M. FERRAND, Intendant, au CONTROLEUR GÉNÉRAL.

15 Novembre 1707.

Il demande, de la part des États, que la déclaration du roi, ordonnant le cours « des Billets de monnoyes pour un quart dans les paiements », ne soit pas appliquée en Bretagne, où le commerce est si considérable (4).

(1) Boislisle, *op. cit.* T. II, n° 1342.
(2) A. N. G[7] 187.
(3) A. N. G[7] 187. Cf. une autre lettre du même à la date du 14 novembre 1707.
(4) A. N. G[7] 187.

15 Novembre 1707.

On lui a ordonné de demander aux États 10 000 palissades pour le fort de Roscanvel. Cette demande « fera beaucoup de peine aux États qui n'en ont jamais accordé dans leurs precédentes assemblées ».

Il y a quelques années, les États faisaient fonds de 30000 # pour les palissades de Brest, mais en vertu d'un arrêt du Conseil.

Pour éviter toute discussion dans les États, il serait préférable d'agir encore ainsi (1).

---

15 Novembre 1707.

... « Je ne dois pas obmettre de vous raporter le détail d'une contestation qui est arrivée au sujet de l'imposition ordonnée sur les maisons, à laquelle il est dit par nos instructions que les locataires des maisons des ecclesiastiques doivent contribuer. Ce récit servira a vous faire connoistre la parfaite intelligence qui se trouve entre MM^rs les Presidents des ordres, & la confiance qu'ils ont dans M^rs les Commissaires du Roi.

« Lors de la délibération sur tous ces nouveaux fonds, la chambre de la noblesse & la chambre du tiers état furent d'avis d'assujettir à l'imposition des maisons les locataires des maisons ecclesiastiques; la chambre de l'Église s'y opposa pretendant que c'étoit donner atteinte aux privilèges du clergé; cependant [on passa] au premier avis, les deux chambres l'emportant sur le clergé. M^r l'evesque de Saint-Malo président refusa de prononcer la délibération, la noblesse & le tiers état vouloient obliger M. le prince de Léon, qui préside à la noblesse, de prononcer la délibération après avoir fait les sommations au clergé suivant l'usage des Etats; M. le Prince de Léon avec toute la prudence possible ne voulant point se servir de son droit proposast de remettre les Etats au lendemain & de s'en raporter à M^rs les Commissaires du Roi. Nous eusmes sur ce sujet le mesme jour une conférence chez M^r le premier Commissaire du Roi, où nous fismes convenir M^rs les présidents des ordres que pour ne point retarder le service de Sa Majesté & laisser au clergé la voye de se pourvoir a elle, M^r le Prince de Léon prononceroit le lendemain la délibération du jour precédent après

(1) A. N. G⁷ 187.

avoir fait toutes les fommations requifes & néceffaires a tous Meffieurs de l'Eglife en general & en particulier; ce qui fut exécuté dimanche dernier avec toute l'honnefteté poffible.

... « Je ne fcaurois encore m'empefcher de... vous dire... combien nous avons lieu de nous louer du zéle de Mr l'evefque de Saint-Malo & de Mr le Prince de Léon; ils vont l'un & l'autre au devant de tout ce qui peut faciliter le fervice, & on peut en toute sûreté fe repofer fur leurs foins pour la réuffite & le succés de toutes les propofitions qui regardent le fervice du Roi & l'avantage de la province. Mr l'evefque de St-Malo f'eft attiré l'eftime & la confiance de tous les ordres, en forte que l'on n'a jamais veû d'Etats plus tranquilles... » (1).

---

16 Novembre 1707.

Il envoie une requête du trésorier des États de Bretagne, M. de Montaran, qui demande aux États d'ordonner que les fermiers des devoirs de 1708 et 1709 s'engagent à lui payer en argent les 2 700 400# qu'ils lui doivent encore (2).

L'ÉVÊQUE DE SAINT-MALO à M. DESMARETZ,
Directeur des Finances.

17 Novembre 1707.

« Nous avançons icy nos afaires avec toute la diligence poffible, mais a mefme temps nous avons befoin de réponfes promptes du côté de la cour & c'eft ce que nous vous prions d'infinuer à Monfieur de Chamillart. Jufqu'à cette heure vous voyés que nous ne donnons nul embaras à la Cour; Ces décifions que nous demandons ne portent aucun contre coup qu'il faille méditer ni craindre. Aujourd'hui Monfieur l'intendant demande des réponfes 1° fur le paiement en efpèces ou non en efpeces que feront les fermiers des devoirs de 1708 & 1709, 2° fi la ferme des impots & billots fera jointe à la ferme des devoirs. Une réponfe prompte là deffus

(1) A. N. G⁷ 187.

(2) A. N. G⁷ 187.

avance nos états; une réponſe retardée nuit a toutes nos afaires & la déciſion de ce que nous demandons n'a aucune ſuite embarraſſante...

« Nous ne ſaurions recevoir trop toſt non plus la réponſe de la cour ſur la taxe des locataires des maiſons dependantes des Egliſes & benefices parce qu'on ne peut travailler a la repartition de cette taxe avant que cette difficulté ſoit réglee & je dois adjouter que, ſi les dits locataires y ſont compris, je crains qu'il y ait encore des difficultés dans la repartition qui dans nos formes & dans l'équité ne doit point ſe faire ſans que les eccleſiaſtiques y ſoient appelés, & puis il faudra régler en quel nombre & leur ſéance; en verité l'afaire ne valoit pas la peine d'avoir a regler ces embaras dans la province ... » (1).

M. FERRAND, Intendant, au CONTROLEUR GÉNÉRAL.

19 Novembre 1707.

L'édit créant des inspecteurs des bâtiments mécontente les États et la province. Aucun édit n'entraînera plus de vexations.

Les États vont chercher les moyens de racheter ces nouveaux offices ; ils désirent savoir ce que leur coûterait ce rachat (2).

---

19 Novembre 1707.

Les États proposent de constituer une tontine pour trouver les fonds dont ils ont besoin (3).

Les JUGES et CONSULS de Nantes au CONTROLEUR GÉNÉRAL.

22 Novembre 1707.

« La déclaration du Roy qui introduit les billets de monnoye dans les provinces vat mettre une infinité de negotiants dans un tres grand

(1) A. N. G^7 187.

(2) Id. D'après une note postérieure au 21 novembre 1707, les offices d'inspecteurs ont été d'abord vendus à M. de Villemaré pour 27 500# ; celui-ci les a revendus 33 000. Si la province veut les racheter, elle devra au moins débourser 36 000#.

(3) BOISLISLE, *op. cit.* T. II, n° 1349.

embaras... » Ceux qui ont de l'argent le retirent du commerce; ceux qui peuvent garder leurs marchandises refusent de les vendre, les autres sont obligés de les céder à bas prix. Personne ne voulant prêter, il y aura beaucoup de banqueroutes; depuis huit jours, il y en a eu trois; on en prévoit d'autres (1).

M. FERRAND, Intendant, au CONTROLEUR GÉNÉRAL.

24 Novembre 1707.

Dans la séance des contraventions, les députés des États se sont plaints que les fermes du bureau de Le Tilleul, en Anjou, « ont pris pour les jettons des Etats 298# 4 sols 9 deniers de droits... » Il demande restitution de cette somme, car « il ne paroit pas que ce droit soit dû pour des jettons aux armes de la province » (2).

M. le Maréchal DE CHATEAURENAULT, Commandant en Bretagne, au CONTROLEUR GÉNÉRAL.

3 Décembre 1707.

« Vous apprendrez Monsieur par ce courrier... la closture des états que je viens de faire. J'espère Monsieur que vous aurez de la satisfaction de tout ce qui si est finy après nous avoir donné de si bons moyens pour les commencer, on n'y avoit point veu une si nombreuse noblesse & une assemblée si bien réglée.

« Je dois, Monsieur, vous rendre un témoignage le plus favorable de la bonne conduite & du bon esprit de Monsieur le prince de Léon (3), du zèle de tout le monde & particulièrement de la noblesse... » (4).

(1) A. N. G⁷ 187.

(2) Id.

(3) « Monsieur de Léon s'est conduit bien differemment de ce qu'on en esperoit... » M. l'évêque de Saint-Malo au Contrôleur Général, 3 Décembre 1707. Cf. aussi Lettre de M. Ferrand, du même jour.

(4) A. N. G⁷ 187.

M. FERRAND, *Intendant*, au CONTROLEUR GÉNÉRAL.

14 Décembre 1707.

Au sujet d'une exemption des fouages prétendue par les officiers et monnayeurs de la Monnaie de Nantes (1).

1er Février 1708.

Il a reçu sa réponse relative aux modifications qu'on avait proposé d'introduire dans le recouvrement de la capitation de la province.

Il voit avec plaisir que le roi ne veut pas les accepter.

Il se contentera de rendre publique la lettre de M. de Chamillart sur ce sujet (2).

---

19 Février 1708.

Il approuve le projet d'établir une pêcherie près de Saint-Servan (3).

---

7 Mars et 18 Novembre 1708,
15 Août et 27 Septembre 1710.

« Visite et réparation des corps de garde et batteries placés sur les côtes de Bretagne. Construction d'ouvrages dans l'île du Pilier, pour protéger la rivière de Nantes contre les corsaires ennemis » (4).

---

25 Mars 1708.

Il est maître des requêtes depuis dix-huit ans; il en a passé plus de quatorze dans les provinces de Bourgogne et de Bretagne ; il aspire à une place au Conseil du roi (5).

---

26 Avril 1708.

Il a soumis à plusieurs communautés d'arts et métiers de la province la proposition de leur accorder de nouveaux statuts, moyennant finance...

(1) Boislisle, *op. cit.* T. II, n° 1363.
(2) A. N. G^7 188.
(3) Boislisle, *op. cit.* T. II, n° 1388.
(4) Boislisle, *op. cit.* T. III, n° 15.
(5) A. N. G^7 188.

Aucune ne paraît en désirer. « Elles font tellement accablées, que quelque utilité qui leur en revint, elles ne font point en état de l'acheter » (1).

---

26 Avril 1708.

Sur une demande d'augmentation de traitement, à prendre sur le revenant-bon du fonds des garnisons, faite par M. de Lanjamet, gouverneur de Guérande (2).

---

30 Mai 1708.

Il lui envoie les comptes « du produit des 6 deniers d'augmentation par controlle dexploits & des 2 fols pour livres des traites domaniales depuis l'etabliffement jufqu'à la fin de 1706 » (3).

REQUÊTE de M. DE BRILHAC, Premier Président du Parlement de Bretagne, au ROI.

Mai 1708.

Après avoir été quinze ans conseiller au Parlement de Paris, il est depuis six ans premier Président du Parlement de Bretagne. Il a dû payer à son prédécesseur « 60 000# de brevet de retenue »; n'ayant pû vendre sa charge de conseiller que 63 000#, alors qu'elle lui en avait coûté 100000, il a dû emprunter des sommes considérables; une partie de ses créanciers ont pour « feureté... une fomme de 30000# de brevet de retenue » que le roi a bien voulu lui accorder; cela est insuffisant, il demande « une augmentation de brevét de la fomme de 40000# » (4).

---

28 Juin 1708.

« Décharge de l'imposition des maisons des villes et gros bourgs pour l'enclos et le parc de campagne que la compagnie des Indes Orientales possède à Lorient » (5).

(1) A. N. G^7 188.
(2) BOISLISLE, *op. cit.* T. III, n° 46.
(3) A. N. G^7 188.
(4) A. N. G^7 188.
(5) BOISLISLE, *op. cit.* T. III, n° 85.

M. FERRAND, Intendant, au CONTROLEUR GÉNÉRAL.

8 Juillet 1708.

« Puisque vous approuvez la propofition que j'ay pris la liberté de vous faire pour la réunion aux Etats des Infpecteurs des Boiffons, il ne refte plus qu'à vous fupplier très humblement d'écrire à M^r^ l'Evefque de Saint-Paul-de-Léon député à la Cour par l'ordre de l'Eglife, & le prier de fe rendre avec fes codéputez à Rennes pour conferer avec moy fur le rembourfement qui eft propofé des infpecteurs des boiffons dont il eft avantageux aux Etats d'obtenir la réunion, & pour donner pouvoir au tréforier des Etats d'emprunter la fomme de 420000# qui eft neceffaire pour rembourfer les engagiftes. J'ay cependant averti Mr de Montaran qu'il pouvait commencer l'emprunt de cette fomme en attendant la procuration... » (1).

Le Sieur PORTER, Gentilhomme de la Chambre du Roi d'Angleterre, au CONTROLEUR GÉNÉRAL.

16 Juillet 1708.

Il demande la continuation, pendant vingt années, du privilège d'exploiter les mines de plomb de Carnoët, diocèse de Cornouaille (2).

M. DE MONTARAN, Trésorier des États de Bretagne, au CONTROLEUR GÉNÉRAL.

26 Juillet 1708.

« Monfieur l'Evefque de Léon me mande qu'il a eu l'honneur de vous prier de le difpenfer de fe rendre à Rennes pour regler avec Mr Ferrand l'affaire de la reunion des Infpecteurs aux boiffons & pour me donner pouvoir d'emprunter les 420000# qui doivent etre employés au rembour-

(1) A. N. G^7^ 188.

(2) A. N. G^7^ 188.

ſement des Engagiſtes, j'oſe vous repreſenter, Monſeigneur, que comme il eſt a la teſte de la deputation, Mrs ſes codeputez ne ſçauroient rien faire ſans luy. Je vous ſupplie de prendre la peine de luy écrire que la propoſition qu'il fait de ratiffier la procuration ne ſuffit pas & que le detail de toutes les affaires de la deputation le regardant principalement & Mr le procureur general ſindic, leur préſence a l'un & a l'autre est abſolument neceſſaire a Rennes pour finir l'affaire des inſpecteurs aux boiſſons.. » (1).

M. FERRAND, *Intendant*, au CONTROLEUR GÉNÉRAL.

9 Août 1708.

Au sujet de la pension accordée par les États à dom Lobineau (2).

M. DE MONTARAN, *Trésorier des États de Bretagne*, au CONTROLEUR GÉNÉRAL.

22 Août 1708.

Les députés à la Cour se montrent fort désireux d'obtenir la députation, mais peu empressés à en remplir les fonctions. En 1695, le comte de Toulouse, nommé gouverneur, les obligea à résider à Paris pendant les deux années de leur députation; depuis il n'a pas exigé d'eux la résidence continuelle; ils ont l'habitude de venir à la Cour au mois de septembre ou d'octobre de l'année qui suit celle où ils ont été nommés et d'y rester huit ou neuf mois pour présenter les remontrances des États et recevoir la réponse du Roi (3).

(1) A. N. G7 188. L'évêque de Léon se rendit à Rennes (Id., *ibid.* Lettre de M. Ferrand au Contrôleur général du 8 août 1708).

(2) Boislisle, *op. cit.* T. III, n° 128.

(3) A. N. G7 188. De son côté, l'intendant Ferrand écrivait (Id., *ibid.*) le 8 septembre 1708 : « Il eſt vrai que Mr l'Eveſque de Léon a peu d'envie de ſe rendre ſi toſt à la Cour. J'oſe vous aſſurer que le retardement de ſon voyage fait tort à la province & qu'il ſera fort deſaprouvé aux Etats prochains.... Je crois que vous pourriez luy mander qu'il doit ſ'adreſſer à Mgr le Comte de Toulouze pour faire régler le temps de ſon départ... »

M. FERRAND, *Intendant*, au CONTROLEUR GÉNÉRAL.

31 Août 1708.

Il faut empêcher Saint-Malo d'obliger le bourg de Saint-Servan à participer à ses charges (1).

---

4 Septembre 1708.

Il a fait surseoir aux poursuites projetées contre les meuniers du duché de Lorges par le commis percepteur des droits dus aux contrôleurs des poids et mesures. « Comme cette taxe eſt générale ſur tous les moulins », il demande des ordres sur « la taxe que doit Mr le duc de Lorges pour 18 moulins qui lui appartiennent dans les evechés de Saint-Brieuc & de Quimper » (2).

---

12 Septembre 1708.

Il demande des remèdes pour soigner la dysenterie dont souffre toute la Bretagne.

Ceux que lui envoya, l'an passé, M. de Chamillart, et qui ont sauvé la vie à beaucoup de malades, sont épuisés (3).

---

18 Septembre 1708.

... « Votre intention eſt que les matières qui arriveront dans le Royaume & qui ſeront portées aux hoſtels des monoyes ſoient rendues ſabriquées titre pour titre, & poids pour poids, en ſorte que le Roy ne prendra aucun droit de ſeigneuriage, ny traitte ſur les monoyes & que les frais du travail avec les droits des officiers ſoient payés par Sa Majeſté, ſans que les négociants ny ceux qui ont des matières d'argent y contribuent en rien. »

(1) BOISLISLE, *op. cit.* T. III, n° 156.
(2) A. N. G7 188.
(3) A. N. G7 188. Les épidémies de toutes sortes furent très fréquentes et la mortalité très grande en Bretagne au XVIIIe siècle. Cf. A. Dupuy. Les Épidémies en Bretagne au XVIIIe siècle. Annales de Bretagne, années 1886 1887 et 1888.

En conséquence, les armateurs du Brilhac ont porté à la Monnaie de Rennes 14000 marcs de matières. « Il y a eu quelque difficulté sur l'explication des termes de vôtre lettre de poids pour poids, titre pour titre.., J'ay dit au Controlleur de la monnoye... qu'en attendant il pouvoit fournir de la conversion de ces matières jusqu'à 40000 écus que les interessez demandent avec empressement pour le payement des equipages dont ils sont chargez.., » Mais, le Sieur Baralis, directeur de cette Monnaie, en ce moment à Paris, a mandé au Contrôleur « de ne point travailler a la conversion du Brilhac jusqu'a son arrivée... & que vôtre intention est que ces matières ne soient payées que sur le pied de 30# 17 sols le marc.

« Je ne sçay... si vous approuverez que le Sieur Baralis vous fasse ainsy parler lorsque vous me faites l'honneur de me donner vos ordres dans des termes tout différents... Ce Directeur n'est pas facile... surtout à l'égard des negociants de Saint-Malo, auxquels il ne peut pardonner la liberté qu'ils se sont quelques fois donnée de vous écrire directement sur les difficultez qu'il leur a faites... » Les ordres du Sieur Baralis « sont venus traverser l'intention que j'ay de faciliter le commerce & d'attirer par cette voye toutes les especes & matières à la monnoye... J'apprends de plusieurs endroits que l'on commerce sous main les piastres à 33# le marc & que l'on en fait passer dans les pays étrangers, mais il n'est pas possible d'en avoir la preuve » (1).

Le CONTROLEUR GÉNÉRAL *au Sieur Charles* BOUCHAUD, *Marchand à Nantes.*

23 Septembre 1708.

Il peut transporter à Bordeaux du froment et des fèves (2).

Le Comte DE TOULOUSE, *Gouverneur de Bretagne, au* CONTROLEUR GÉNÉRAL.

21 Octobre 1708.

Il propose de créer, au lieu de prévôts en chef, « des lieutenants qui soient subordonnés au grand prévôt » (3).

(1) A. N. G[7] 188.

(2) Boislisle, *op. cit.* T. III, n° 171.

(3) Id., *ibid.*, n° 199.

M. FERRAND, Intendant, au CONTROLEUR GÉNÉRAL.

30 Novembre 1708.

« Indemnité de logement du premier président du Parlement prise par la ville de Rennes à sa charge » (1).

---

6 Février 1709.

Les grains sont très chers, à cause de l'exportation; il se peut qu'ils manquent bientôt. Manière dont se fait le commerce des grains (2).

Le Comte DE TOULOUSE, Gouverneur de Bretagne, au CONTROLEUR GÉNÉRAL.

10 Février 1709.

Il propose de tenir les États à Saint-Brieuc (3).

M. FERRAND, Intendant, au CONTROLEUR GÉNÉRAL.

22 Février 1709.

« Organisation d'un service de tombereaux pour enlever les ordures et immondices de la ville de Nantes » (4).

---

28 Février 1709.

Sur l'exploitation des mines de plomb et d'étain de Carnoët (5).

---

12 Mars 1709.

Les dépenses de la dernière campagne montent à 20000#. Il lui demande d'autoriser le remboursement par un arrêt (6).

(1) Boislisle, *op. cit.* T. III, n° 231.
(2) Id., *ibid.*, n° 298.
(3) Id., *ibid.*, n° 302.
(4) Boislisle, *op. cit.* T. III, n° 311.
(5) Id., *ibid.*, n° 317.
(6) A. N. G⁷ 189.

Le Sieur LE CLUZEAU, Inspecteur des Manufactures à Morlaix, au CONTROLEUR GÉNÉRAL.

18 Mars 1709.

La foire de la Mi-Carême, à Carhaix, n'a pas été aussi forte que les années précédentes, « les marchandises qui vienent des autres provinces n'ayant pû arriver à tems par le retardement qu'ont causé les glace sur la riviere de Loire, route ordinaire que ce servent les marchands grossier forrin pour les faire venir en Bretagne; plusieurs marchands destailleurs quy cy estoient rendus des Evechez de Leon, Treguier, Quimpert & Vannes ont esté obligez de laisser leur mémoire des emplesse dont ils avoient besoin au marchands grossier d'estoffe de laine; il s'est peut vendus de soirie de mesme que de mercerie & clinquaillerie ; l'argent y a esté très rares.

« Le bruit quy a couru de la paix a esté cause que plusieurs officiers de cavalerie & dragon [n'ont] pas achetez de cheveaux ny mesme les marchands des autres provinces quy avoient acoustumé [d'en] enlever quantités n'en ont presque pas acheptè... » (1).

M. FERRAND, Intendant, au CONTROLEUR GÉNÉRAL.

2 et 24 Avril,
29 Mai et 6 Septembre 1709.

Nécessité d'approvisionner de blés les villes de Nantes et de Rennes (2).

Le Comte DE TOULOUSE, Gouverneur de Bretagne, au CONTROLEUR GÉNÉRAL.

3 Avril 1709.

Il sollicite pour M. de La Faluère, président au Parlement de Bretagne, la place de Commissaire du Roi aux prochains États (3).

(1) A. N. G[7] 189.
(2) BOISLISLE, *op. cit.* T. III, n° 352.
(3) A. N. G[7] 189.

M. FERRAND, *Intendant, au* CONTROLEUR GÉNÉRAL.

3, 5, 9, 12, 19, 21, 23 et 28 avril;
12, 15 et 24 Mai; 9 et 25 Juin 1709.

Lettres relatives aux matières métalliques saisies sur des navires arrivés de la mer du Sud (1).

Le Sieur DES CASAUX DU HALLAY, *Négociant à Nantes, au* CONTROLEUR GÉNÉRAL.

20 Avril 1709.

Il se plaint de l'arrêt qui ordonne de lever un droit d'indult au profit du roi d'Espagne sur les cargaisons venues de la mer du Sud (2).

M. FERRAND, *Intendant, au* CONTROLEUR GÉNÉRAL.

15 Mai et 25 Août 1709.

Des vaisseaux ont été armés pour aller chercher des blés dans le Nord (3).

---

30 Mai 1709.

Sur l'emploi de l'argent qui provient des prises (4).

Le CONTROLEUR GÉNÉRAL *à* M. FERRAND, *Intendant.*

3 Juin 1709.

Il le prie de veiller à ce que les paysans riches du diocèse de Tréguier ne renvoient pas tous leurs domestiques et filandières (5).

(1) Boislisle, *op. cit.* T. III, n° 357.
(2) Id., *ibid.*, n° 373.
(3) Id., *ibid.*, n° 430.
(4) Boislisle, *op. cit.* T. III, n° 417.
(5) Id., *ibid.*, n° 436.

M. le Maréchal DE CHATEAURENAULT, *Commandant en Bretagne, au* CONTROLEUR GÉNÉRAL.

12 Juin 1709.

« Quoyque la récolte soit d'une assez bonne espérance dans la plus grande partie des lieux de cette province le prix des bleds y augmente tous les jours, & quoyqu'il soit moindre que dans les autres, il n'y a pas moins de pauvreté & de misère parce que les gens de travail ne trouvent plus a s'employer & que certains commerces qui les faisoient subsister leur manque absolument comme en cette ville celuy du fil qui occupoit deux ou trois mil personnes, dont le travail se transportoit en Flandre... » (1).

M. FERRAND, *Intendant, au* CONTROLEUR GÉNÉRAL.

12 Juin 1709.

Le marquis de Coëtmadeuc refuse d'ouvrir ses greniers, où ses grains dépérissent (2).

Le CONTROLEUR GÉNÉRAL *au Sieur* FÉLONEAU, *Receveur du Paulet à Nantes.*

15 Juin 1709.

On l'engage à faire secrètement des achats de grains (3).

M. DE BRILHAC, *Premier Président du Parlement de Bretagne, au* CONTROLEUR GÉNÉRAL.

19, 21, 26 et 30 Juin, 21 Juillet 1709.

Sur le rachat de sa capitation par le Parlement de Rennes (4).

(1) A. N. G[7] 189.
(2) BOISLISLE, *op. cit.* T. III, n° 447.
(3) BOISLISLE, *op. cit.* T. III, n° 451.
(4) ID., *ibid.*, n° 459.

M. FERRAND, Intendant, au CONTROLEUR GÉNÉRAL.

29 Juin 1709.

« Les milices garde-costes ayant été assemblées l'année dernière, dans les evesches de Saint-Brieux & de Saint-Malo, je leur ay fait fournir le pain de munition suivant l'usage qui s'est pratiqué jusqu'à présent... Le Sieur Houvet qui en a fait l'avance s'étant présenté pour en recevoir le payement », on lui a offert des rentes sur la ville ; si on n'abandonne pas ce mode de paiement, on ne trouvera plus personne pour se charger de cette fourniture (1).

L'ÉVÊQUE DE LÉON *au* CONTROLEUR GÉNÉRAL.

10 Juillet 1709.

Sur les abus commis dans l'administration des biens des hôpitaux (2).

M. FERRAND, Intendant, au CONTROLEUR GÉNÉRAL.

14 Juillet 1709.

Il a reçu l'ordre de faire fournir le fourrage à un régiment de dragons pendant la campagne et « d'imposer sur la province les sommes necessaires pour cette dépense ». L'imposition sera environ de 40000#; c'est peu pour 1300 paroisses ; mais le recouvrement entraînera de grands frais. « Plus de la moitié des paroisses seront imposées au-dessous de 8 ou 10# & payeront plus de droits ou presque autant que le principal. » Les traitants ou titulaires des nouvelles charges en retirent assez de profit pour qu'on puisse « exempter ces levées de tous ces droits sans tirer à conséquence... » (3).

---

3 Octobre 1709.

« Les principaux interessés dans la ferme des devoirs de Bretagne sont icy depuis peu de jours. Nous allons commencer à travailler aux disposi-

(1) A. N. G7 189.
(2) BOISLISLE, *op. cit.* T. III, n° 485.
(3) A. N. G7 189.

tions des Etats. Pour le faire avec plus de feureté, il feroit neceffaire que vous euffiez la bonté de nous marquer les affaires que vous entendez faire racheter dans cette affemblée, Mrs les intendans des finances vous en donneront les memoires. Lorfque vous m'aurez fait l'honneur de m'apprendre vos intentions, nous vous fuplierons... de nous donner une audience pour arrefter nos depenfes, d'une maniere qu'elles ne puiffent plus être augmentées.

« Il me femble... que vous pourriez indiquer les Etats pour le douze du mois de Novembre prochain. J'ay l'honneur d'en écrire à Mgr le Comte de Toulouze... » (1).

Le CONTROLEUR GÉNÉRAL à L'EVÊQUE DE NANTES.

8 Octobre 1709.

Il n'a pas chargé le Sr Terrisse d'acheter en Bretagne du blé pour sa sœur (2).

M. DE LA BOISSIÈRE, Receveur général en Bretagne, au CONTROLEUR GÉNÉRAL.

26 Octobre 1709.

« Comme la tenue des Etats de Bretagne f'aproche, j'ay creu devoir prendre la liberté de fuplier... Votre Grandeur de me faire remettre le fonds de 20000# pour le payement des penfions des gentilfhommes qui f'y trouvent, pour eviter les plaintes qu'ils pourront porter à Votre Grandeur & à Monfeigneur le Comte de Toulouze; car je me trouve... dans une fituation a ne pouvoir leur faire aucune avance; mon exactitude au payement de mes taxes & amortiffement de ma capitation peut faire connaître à Votre Grandeur ma bonne volonté... » (3).

(1) A. N. G7 189.
(2) BOISLISLE, *op. cit.* T. III, n° 589.
(3) A. N. G7 189.

Le Sieur MELLIER, Trésorier de France, Général des Finances de Bretagne, au CONTROLEUR GÉNÉRAL.

9 Novembre 1709.

La Chambre des Comptes de Nantes a refusé d'enregistrer la déclaration du 3 septembre dernier sur la « réunion des conſervateurs des offices ». Depuis, les Trésoriers de France ont en vain cherché à emprunter les sommes nécessaires pour payer cette réunion ; ils espèrent que le Contrôleur général châtiera « les officiers qui ont çû la témérité de rendre un pareil arrêt. . (1). »

M. DE BRILHAC, Premier Président du Parlement de Bretagne, au CONTROLEUR GÉNÉRAL

17 Novembre 1709.

« Les états ont accordé ce matin par acclamation le don gratuit & la capitation de la manière que Mr Ferrand la demande au nom de Sa Majeſté. On ne peut rien ajouter au zèle que toute l'Aſſemblée a témoigné pour le ſervice du Roy. Il y a lieu de croire que le reſte ne ſe démentira pas & que nous pourons dans peu finir touttes les affaires qui doivent ſe terminer... » (2).

M. FERRAND, Intendant, au CONTROLEUR GÉNÉRAL.

21 Novembre 1709.

Au sujet du commerce illégal des espèces (3).

---

29 Novembre 1709.

Il a fait espérer au prince de Léon une gratification de 10 000# à prendre sur le fonds des États. Cette gratification provoquera la jalousie

(1) A. N. G[7] 189.
(2) Id.
(3) BOISLISLE, *op. cit.* T. III, n° 627.

des ordres de l'Église et du Tiers-État. Les évêques en sont mécontents. Ils ont fait remarquer que jamais, dans la distribution des grâces, on n'avait distingué entre les ordres.

Ils le prient d'agir en sorte que les registres des États ne fassent pas mention de cette gratification.

Si le Contrôleur général y consent, il déterminera donc les nouveaux fermiers à payer, outre leur soumission, les 10000# qu'il a promises au prince de Léon, et qui ne figureront pas dans les clauses de l'adjudication (1).

M. DE LA GUIBOURGÈRE, *Procureur Général Syndic des États de Bretagne,* au CONTROLEUR GÉNÉRAL.

6 Décembre 1709.

Les États lui ont accordé « d'un commun consentement » la pension que le Contrôleur général lui avait permis de leur demander (2).

M. DE VALINCOUR, *Secrétaire Général du Gouvernement de Bretagne,* au CONTROLEUR GÉNÉRAL.

17 Décembre 1709.

Sur le mauvais état des finances de la province de Bretagne (3).

M. FERRAND, *Intendant,* au CONTROLEUR GÉNÉRAL.

Du 19 au 30 Décembre 1709.

« Établissement de la ferme du droit d'entrée sur les boissons » (4).

M. le *Maréchal* DE CHATEAURENAULT, *Commandant en Bretagne,* au CONTROLEUR GÉNÉRAL.

24 Décembre 1709.

Les conditions, que les États veulent imposer aux fermiers des entrées sur les boissons, n'ont pas été acceptées.

(1) BOISLISLE, *op. cit.* T. III, n° 637.
(2) A. N. G[7] 189.
(3) BOISLISLE, *op. cit.* T. III, n° 660.
(4) ID., *ibid.*, n° 662.

Il a réussi, avec l'intendant, à arracher aux fermiers quelques concessions. Mais les États maintiennent toutes leurs conditions.

Il a songé à demander un ordre du roi; mais il va d'abord proposer aux États les dernières conditions des fermiers. Il sera toujours temps, si les États ne les acceptent pas, de solliciter cet ordre (1).

M. FERRAND, Intendant, au CONTROLEUR GÉNÉRAL.

28 Décembre 1709.

« Ce que j'ay préveu eſt arrivé, les Etats ont receu avec beaucoup de répugnance les conditions des entrées que nous leur avons fait propoſer, ils ſe tiennent à celles qu'ils ont arreſtées. J'aurois ſouhaité que de part & d'autre on eut pu tranquillement ſ'en rapporter a votre déciſion; les Etats & ſurtout la nobleſſe ont voulu ſe porter plus loin, en propoſant des députations à la Cour que nous avons fort déſaprouvées. Nous avons même été obligés,ſur une délibération peu convenable d'aller ce matin aux Etats; M. le maréchal de Chateaurenault les a aſſemblés extraordinairement & leur a parlé avec beaucoup de fermeté, la vivacité eſt un peu diminuée... » (2).

MM. les PRÉSIDENTS des Trois Ordres des États de Bretagne au CONTROLEUR GÉNÉRAL.

29 Décembre 1709.

« Les Etats nous ont chargé d'avoir l'honneur de vous écrire pour vous informer des difficultés qui ſe ſont excitées entre MM[rs] les Commiſſaires du Roy & nous touchant les conditions du bail des entrées. Les Etats avaient cru que ſ'y étant ſoumis d'une manière ſi vive & ſi empreſſée, ils ſeraient au moins les maîtres des conditions de ce bail, comme ils le ſont de celles qui concernent leurs autres baux; cependant MM[rs] les Commiſſaires du Roy, ayant refuſé d'approuver, par diverſes fois, les conditions

(1) A. N. G⁷ 189. Sur l'établissement des entrées. Cf. Depping. *Op. cit.* T. I, p. 558, Lettre de Pontchartrain à M. de Brilhac...

(2) A. N. G⁷ 189.

arrêtées par les Etats, nous en ont proposé d'autres qui ont paru si excessivement onéreuses à la Province, que nous avons pris la résolution de vous supplier, Monsieur, de vouloir bien nous accorder vos bons offices auprès de Sa Majesté afin qu'il Luy plaise de ne pas nous obliger d'accepter des conditions qui allarment tout le monde & qui causent plus d'inquiétude dans les esprits que les entrées mêmes.

« Nous avons l'honneur de vous envoyer les conditions rédigées & signées par les Etats, celles qui nous ont été communiquées par MM^rs^ les Commissaires du Roy, & un mémoire instructif contenant les principaux motifs de nos très humbles remontrances, vous conjurant Monsieur, par le zèle que vous avez pour le service de l'Etat d'avoir quelque bonté pour une province qui est aux abois, & de vouloir bien représenter à Sa Majesté que dans tout cecy, nous n'avons d'autre vue que le bien de son service, & que nous regarderons constamment une soumission parfaite à ses ordres comme le plus essentiel & le plus indispensable de nos devoirs... » (1).

M. le Maréchal DE CHATEAURENAULT, Commandant en Bretagne, au CONTROLEUR GÉNÉRAL.

31 Décembre 1709.

Les États « avoient ordonné de faire signer par les présidents des ordres les conditions qu'ils avoient faites [à propos du bail des entrées] & qu'ils m'avoient envoyées par députation, qu'elles seroient déposées au greffe & qu'ensuite elles vous seroient envoyées avec des mémoires pour les accompagner & pour vous prier de les faire approuver par Sa Majesté. Une conduite si extraordinaire, si hors d'usage & de raison nous toucha vivement dans le moment, voyant que l'autorité du Roy & de ses Commissaires y étoit entièrement négligée & oubliée ».

Pour prévenir la délibération des États, dont la réunion était fixée à 4 heures de l'aprés-midi, il convoqua l'Assemblée pour 11 heures du matin et leur défendit de déposer au greffe leurs conditions et leur ordonna, s'ils avaient des mémoires à adresser au roi, de les lui remettre.

(1) A. N. G[7] 189.

Le président de l'Église lui répondit respectueusement « qu'ils alloient faire une réponſe qui convenoit au reſpect & à la ſoumiſſion qu'ils devoient avoir ». En effet, après délibération, les États envoyèrent une députation lui porter tout ouverts leurs mémoires et leurs lettres, en le priant de les transmettre au Roi (1).

MÉMOIRES des États de Bretagne au ROI.

1709.

Plusieurs mémoires : 1° « Sur la demande... de confirmer l'uſage qui eſt dans la Province qui diſpenſe les notaires de repreſenter les minutes après trente années » ; 2° sur la réunion des offices de juges gruyers royaux, créés en mars 1707, à toutes les justices, terres et seigneuries ecclésiastiques et laïques ; 3° sur la suppression des insinuations laïques établies en décembre 1703 (2).

M. FERRAND, *Intendant, au* CONTROLEUR GÉNÉRAL.

4 Janvier 1710.

Les députés du Tiers se plaignent de la durée des États. Ils demandent qu'on augmente leur indemnité de résidence (3) du double, soit de 200# par député. Semblable augmentation leur fut accordée aux États de Vitré.

Il transmet leur demande, après les avoir avertis qu'il ferait remarquer au Contrôleur général « que la longueur des Etats ne venoit que de leur part & qu'il n'en avoit pas été de même à Vitré... » (4).

4, 16 et 23 Janvier,
21 et 23 Mars, 26 Décembre 1710.

« Fourniture et transport des blés pour les armées de Flandre et d'Espagne » (5).

(1) A. N. G⁷ 189.
(2) Id.
(3) Cette indemnité leur était allouée sur les octrois des villes.
(4) A. N. G⁷ 189.
(5) BOISLISLE, *op. cit.* T. III, n° 675.

9 Janvier 1710.

« Mr le maréchal de Chateaurenault réunit le 4 janvier dernier MMrs les commiſſaires & MMrs les préſidents des ordres. Nous convinſmes de faire déclarer dans le moment aux Etats, qui alloient ſ'aſſembler, les ordres du Roy ſur les conditions du bail des droits des entrées ſur les boiſſons, Mr de la Guibourgére procureur general ſyndic en fut chargé. Les Etats ne ſe portérent pas ſans peine a accepter les conditions que nous leur avons fait propoſer; la nobleſſe ne forma point d'avis, & déclara qu'elle obéirait toujours à ce qu'il plairoit à Sa Majeſté d'ordonner; les deux autres ordres deliberérent preciſément d'accepter ces conditions puiſque le Roy l'ordonnoit...

« Vous ſerez ſans doute bien aiſe d'aprendre, Monſieur, que cette grande affaire ſoit terminée, & que nous n'ayions pas eu beſoin de nous ſervir de l'arreſt du Conſeil que vous m'avez fait l'honneur de m'envoyer.

« La ſeconde lettre que vous avez écrite à MMrs les Préſidents des ordres penſa nous embaraſſer, par l'avis que vous leur donniez de cet arreſt; ſi les Etats en avoient été informés, ils en auroient ſouffert l'execution. Nous penſaſmes, Monſieur, qu'il falloit retenir cette lettre, & ne la faire voir aux Etats qu'en cas qu'ils euſſent refuſé de paſſer les conditions ſur les ordres que nous allions leur faire ſçavoir; ce meſnagement nous a reuſſy, cette lettre non plus que l'arreſt ne ſeront point vus. »

D'après les baux proposés aux États, ceux-ci devront indemniser les adjudicataires des droits, dans le cas où des exemptions seraient accordées. Les États supplient de n'en exempter personne. Les officiers garde-côtes et les commissaires de la marine prétendent n'y être point assujettis depuis l'arrêt du 3 décembre dernier; M. le comte de Pontchartrain demande la même exemption pour les officiers de marine des ports de Brest et de Lorient. Si ces derniers l'obtiennent, il sera difficile de la refuser aux officiers de terre, aux secrétaires du roi... Les députés des États prient le roi d'indemniser lui-même les adjudicataires des droits, s'il accorde des exemptions (1).

(1) A. N. G7 189.

9 Janvier 1710.

Suivant ses ordres, il a « fait ſçavoir ce matin aux Etats les intentions du Roy ſur les taxations extraordinaires des officiers des maréchauſſées de la province de Bretagne créés par les edits des mois de Juillet & de Décembre 1708 pour les ſix derniers mois de 1708, & l'année entière 1709; les Etats ont ſur cela pris une délibération conforme » à ses intentions « & ont ordonné en même tems que ſur la ſomme de 30000# a quoy ſe montent les dites taxations, il feroit fait diminution de 6000# qui ſont dûs a l'ancien Grand Prevoſt ſuprimé, pour le ſervice par luy rendu pendant les dits 28 mois... » (1).

---

10 Janvier 1710.

« ... Nous avons fait repreſenter aux Etats la neceſſité où ils etoient d'empêcher l'établiſſement de deux edits : le premier qui a ordonné un doublement des droits atribuez aux inſpecteurs des boucheries pour la ſuppreſſion des controlleurs des ſuifs; l'autre une augmentation de deux ſols pour livres ſur les mêmes droits de boucheries attribuez aux Treſoriers des inſpecteurs de boucheries; & pareille augmentation de deux ſols pour livre ſur les droits attribuez aux inſpecteurs des boiſſons, deſquels deux edits, le Roy a conſenty la ſuppreſſion pour la ſomme de 400000# & les deux ſols pour livre.

« Les Etats ont d'abord refuſé de traiter de la partie du dernier edit, qui regarde l'augmentation de deux ſols pour livre, ſur les droits attribuez aux inſpecteurs des boiſſons, dont le Roy jouit par les gens d'affaires qui ont traitté de ce recouvrement; c'eſt le moins embarraſſant, on en ſeroit quitte en laiſſant etablir ce droit, & diminuant 50000# de l'abonnement.

« A l'égard du ſurplus, les Etats ont deliberé qu'ils examineroient leurs fonds, avant que de donner une reponſe precise.

« Nous nous attendons fort, lorſqu'il en ſera reparlé, a un refus

(1) A. N. G⁷ 189.

d'abonner ces edits, par la difficulté où l'on eſt de trouver des fonds pour ſatiſfaire a toutes les depenſes qui ſe preſentent.

« On conçoit fort que cet abonnement eſt neceſſaire, & qu'il n'eſt pas poſſible de ſonger a l'établiſſement de ces nouveaux droits ſur les boucheries ſans faire tomber les anciens, lesſquels ſont affermez 160000# par an & deſtinez au paiement des emprunts qui ont été faits. Où prendre le fonds pour l'empêcher, c'eſt ce qui paroiſt impoſſible; vous en allez juger, Monſieur, par le detail que je vais... vous faire qui vous fera connoitre la facheuſe ſituation des affaires de cette province.

« Tous les fonds portez dans les Inſtructions employez, à l'exception de la taxe des maiſons qui y eſt miſe pour 600000#, nous nous trouvons en arrière de 900000#; ſi on y joint les edits des boucheries & des boiſſons, le manque de fonds ſera de 1300000#; vous n'aurez, Monſieur, pas de peine à le croire, quand j'auray l'honneur de vous dire que l'intereſt des avances des fermiers monte a 2280000#, & ceux du Treſorier a 450000#, ces derniers par eſtime.

« Comment trouver 1300000# qui nous manqueront, dans un tems où les eſprits ſont alienez, & qu'il ſera difficile de faire paſſer la taxe ſur les maiſons, pour laquelle les Etats ont une oppoſition infinie, & que M. de Montaran ne veut pas augmenter le million d'emprunt.

« Si nous ne rachetons pas les edits, y ayant grande apparence que la demande ſera refuſée, que deviendront-ils dans la main des traitants, n'etant pas poſſible d'en faire l'etabliſſement, comme j'ay eu l'honneur de vous le dire, ſans faire tomber les anciens droits, & faire perdre aux creanciers des Etats la ſureté du payement de leurs arrerages.

« ... Nous attendons vos ordres ſur ces deux edits, avant que de finir les Etats. Toutes nos veues ſont à bout, on ne ſçait plus à quoy avoir recours... » (1).

(1) A. N. G7 189.

M. le Maréchal DE CHATEAURENAULT, Commandant en Bretagne, au CONTROLEUR GÉNÉRAL.

11 Janvier 1710.

« Mr Ferrand, Monſieur, m'a donné part d'une lettre que vous luy avez fait l'honneur de luy écrire au ſujet du pouvoir des deputés des Etats (1). Nous l'avons communiquée enſemble, ſelon votre intention, aux préſidents des ordres, à Mr le premier préſident & au procureur général ſyndic, ſur laquelle ayant raiſonné à fond il m'a paru que les uns ny les autres n'étoient pas perſuadés que l'intention des Etats fuſt d'augmenter le pouvoir de leurs deputés, & ils ont dit que dans le commencement de cette aſſemblée, il avoit paru qu'ils avoient même le deſſein de borner encore davantage les pouvoirs qu'ils donneront aux députés qu'ils nommeront avant de ſe ſeparer, parce qu'ils ont été mécontents des derniers qu'ils donnèrent dans le mois d'aouſt 1708 au ſujet d'une procuration pour emprunter 420000# pour rachepter les droits d'inſpecteurs aux boiſſons, cette affaire n'ayant pu avoir lieu par les difficultés que les traittants y ont apporté, cela a été raporté ainſy dans notre converſation.

« Il eſt donc neceſſaire Monſieur que vous faſſiez l'honneur de faire ſcavoir les termes & l'étendue du pouvoir que vous ſouhaittez que les Etats donnent aux deputés qui ſeront nommés dans cette aſſemblée pour aller à la Cour, & comme il eſt difficile qu'on puiſſe porter les Etats à donner les pouvoirs tels que vous auriez agréable de les demander, il pouroit eſtre auſſy neceſſaire que vous marquaſſiez ce que vous ſouhaittez que MMrs les Commiſſaires du Roy faſſent en cas de refus... » (2).

M. FERRAND, Intendant, au CONTROLEUR GÉNÉRAL.

11 Janvier 1710.

... « Toutes les fois que les deputez [en cour des États] ont excédé leurs pouvoirs, ils en ont reçeu des reproches aux Etats ſuivants; ... cela

(1) Le Contrôleur général songeait, à l'issue des États, à réunir un ou deux conseillers d'État, les députés de Bretagne en cour et le procureur général syndic des États pour remédier aux abus commis dans le recouvrement des impôts et à la mauvaise administration des fonds de la province (M. Ferrand au Contrôleur général, 11 janvier 1710).

(2) A. N. G7 189.

eſt arrivé dans la preſente aſſemblée, où l'emprunt fait ſur la procuration de M[r] l'eveſque de Léon pour parvenir au rachat des inſpecteurs des boiſſons, n'a pas eté approuvé;... quelques membres des Etats ont dit à cette occaſion, que dans les pouvoirs que l'on donneroit à l'avenir aux deputez, il falloit leur deffendre d'emprunter... on ne parviendra jamais a faire donner les pouvoirs generaux dont vous paroiſſez avoir beſoin pour donner la forme & l'authorité a cette aſſemblée » qu'il est question de créer pour « redreſſer les affaires de la province... » (1).

---

14 et 23 Janvier 1710.

La tenue des États s'étant prolongée plus que d'ordinaire, ceux-ci ont attribué au Sr de la Rivière, gouverneur de Saint-Brieuc, 10 000# de gratification au lieu de 6 000.

L'intendant prie le Contrôleur Général de casser cette délibération « ainſy qu'il en a été uſé toutes les fois que les Etats ont voulu agir ſans ordres & contre leurs uſages. »

Pour tourner les défenses gouvernementales, les États s'avisèrent d'un expédient. Ils nommèrent M. de la Rivière président de la noblesse, le chargèrent d'aller féliciter le prince de Léon de l'heureux accouchement de sa femme, et, en raison de son titre de président, lui accordèrent par délibération 4000# de gratification.

L'intendant devina l'expédient et demanda que cette seconde délibération fût annulée (2).

(1) A. N. G[7] 189. Le prince de Léon estime qu' « il n'y a nul lieu d'eſperer que les Eſtats conſentent a donner une procuration generale... » à leurs députés en cour et il rappelle que l'évêque de Léon a « reçeu une eſpece de reprimande, meſme aſſez dure » pour avoir consenti un emprunt considérable, bien qu'utile, entre les sessions des États (Lettre au Contrôleur général du même jour, id., *ibid.*).

(2) A. N. G[7] 189. Le 14 janvier, le Prince de Léon écrivait au Contrôleur général : La gratification « eſt un très petit objet pour la province, qui ne tirera point à conſequence pour la ſuite, parce que cela eſt ainſy expliqué dans la deliberation, & que les etats ſeroient tres mortifiés ſi vous n'aviez la bonté de les authoriſer ſur cela.. D'ailleurs M. de la Rivière merite aſſurement cette petite diſtinction, par l'exceſſive depenſe qu'il a faite icy depuis les Etats; je puis même vous dire qu il ſ'eſt comporté a merveille dans toutes les affaires difficiles & qu'il m'a tres bien ſervi pour ramener bien des gens & par ſon exemple & par ſes diſcours... » (Id., *ibid.*).

18 Janvier 1710.

« ... Comme vous ne nous donnez point d'ordres poſitifs de ſoutenir l'impoſition des maiſons & l'abonnement des deux Edits des boucheries, nous avons été obligez de conſentir à une augmentation d'emprunt de la ſomme de 400000#, & de nous ſervir d'un fonds de 200000# qui ne doit être payé qu'en 1712 & 1713. Nous n'aurions pu finir les Etats autrement, ſans compromettre de nouveau l'autorité du Roy, & etre obligez d'y avoir recours; il nous manquera encore des fonds pour 250000# qui reſteront dûs au Treſorier; ainſy les deux edits demeurent aux traittans, & l'impoſition des maiſons n'a point été ordonnée.

« J'auray l'honneur dans quelque tems de vous propoſer un expedient pour vous deffaire de ces deux edits ſans que vous ſoyiez obligé d'en faire l'etabliſſement... »

Il espère séparer les États mardi prochain (1).

M. le Maréchal DE CHATEAURENAULT, *Commandant en Bretagne, au* CONTROLEUR GÉNÉRAL.

22 Janvier 1710.

M. Ferrand a reçu trop tard sa lettre « touchant les impots & billots; on trouva qu'il n'y avoit pas de temps d'en faire uſage » avant la clôture des États, « mais qu'on le pouvoit faire egalement après la tenue des etats, ſelon les ordres qu'on pouroit recevoir » du Contrôle général (2).

LETTRE ANONYME *au* CONTROLEUR GÉNÉRAL.

Janvier 1710.

« Vôtre grandeur veux bien que je luy faſſe conneſtre toutes les ſotiſe des eſtas; il commence a honze heures du matin & finiſſe une demi eure apres le ſoir; il font le bal, il font la vie, il ont donné ſix mille

(1) A. N. G[7] 189. La clôture des États fut faite le 21 janvier suivant (Lettre du même au même, 21 janvier 1710, id., *ibid*).

(2) A. N. G[7] 189.

livre de rante a monsieur de la Gibourgére, on murmure bien fort cela ce devoit prendre sur Monsieur de Mejusiome & non pas sur la province; on a soufert qu'un sergent soit venu signifier nous autre mers (1) en plain estas, Monsieur le maréchal avoit ordonné qu'on le menast en prison mais le chenechal de Renne protége cet homme la il n'en fut rien; ma fois il font tant de follie que l'on croit qui ne finiront pas de 2 mois. Vous voulez bien mon seigneur me permettre de me plaindre en vous disant que mon consfrére le mer de Renne qui est plus riche que tous nous [n'a] payez aucune de ces taxe a cause des présents qu'il fait a Monsieur de Vallencourct au secretaire de monsieur lintendant qui est un vray celerat. Si vous avez quelque personne a qui vous vouliez du bien vous n'avez qu'a lenvoier la il sera bientost riche.. » (2).

M. FERRAND, *Intendant*, au CONTROLEUR GÉNÉRAL.

14 Mars 1710.

Les États ont refusé d'abonner « le traitté de deux sols pour livres attribuez aux Tresoriers des Inspecteurs des Boucheries... aussy bien que celuy des Controlleurs des suifs qui a eté converty en un doublement du droit des boucheries. Les affaires qui ont eté traittées dans cette assemblée étoient trop difficiles pour y joindre encore l'abbonnement de ces deux Edits que vous avez fixé à 350 000# & les deux sols pour livres. Si les esprits avoient été plus faciles, ils auroient compris la nécessité d'en traitter & d'ordonner la continuation de la taxe sur les maisons pour les racheter.

« ... Il n'y a d'autre party a prendre que de l'ordonner par un arrest du Conseil, cette levée sera beaucoup plus douce que l'establissement de ces nouveaux droits, qui feront certainement tomber l'ancien, c'est sur quoy je vous supplie... de faire reflexion. Pour le retablir on sera obligé de demander des troupes dans la province; si l'on ne peut y parvenir, le Tresorier ne sera plus en etat de payer les arrerages aux creanciers qui ont presté pour la reunion aux Etats de l'ancien droit de Boucheries. Si vous

(1) Lire : maires.

(2) A. N. G[7] 189.

vouliez bien, Monſieur, reduire ces deux Edits à la ſomme de 300000# & les deux ſols pour livres, on en ordonnerait l'impoſition ſur les maiſons en ſix termes egaux de trois mois en trois mois, à compter du premier juillet prochain, ſur le pied de ce qui a eté pratiqué dans les quatre dernieres années; on a cependant levé 600000# en deux ans. La nouvelle impoſition que je propoſe ne ſeroit que de 330000#, ce qui la rendroit ſuportable, ſurtout ſi vous voulez ordonner que les Eccléſiaſtiques y ſoient compris, comme il paroit juſte, puiſque l'eſtabliſſement de ces droits les regarde autant que les autres; on attendroit que l'aſſemblée du Clergé fut finie, pour vous envoyer le projet d'arreſt, & vous éviter les repreſentations qui pourroient être faites.

« Je prens la liberté... d'inſiſter ſur cette propoſition. L'eſtabliſſement de ces droits peut cauſer quelques ſéditions qu'il ne ſera pas facile d'eteindre... » (1).

L'ÉVÊQUE DE SAINT-MALO au CONTROLEUR GÉNÉRAL

24 Mars 1710.

La flotte, chargée de grains pour l'armée de Flandre, est sortie hier du port et a fait voile sur Saint-Valéry (2).

Il serait dangereux d'établir le doublement du droit des boucheries. « Quoyque des levées de deniers par arreſt du Conſeil ſoient très odieuſes à nos Etats, neanmoins de deux inconvénients il faut prendre le moindre »; il vaut mieux imposer sur les maisons la somme de 300000# et les deux sous pour livre (3).

(1) A. N. G⁷ 189.

(2) Le 13 juin (id., *ibid.*), M. Ferrand écrit au Contrôleur que tous les blés demandés sont embarqués « ceux de Quimper & du Port de Launay ſont à Breſt avec les convois, cette flotte partira auſſytoſt que le vent le permettra; il en eſt de même des bleds qui ſont à Treguier & au Legué, les convois de cette ſeconde flotte ſont arrivez à l'Iſle à Bois... »

(3) A. N. G⁷ 189.

M. FERRAND, *Intendant*, *au* CONTROLEUR GÉNÉRAL.

1er Avril 1710.

Il n'est pas d'avis de créer des officiers d'inspecteurs visiteurs et conservateurs des marais salants et de leur attribuer, outre leurs gages, 8 sous par muid de sel.

Ceux qui en souffriront seront les étrangers que le commerce attire dans le pays nantais. Or, il ne faut pas les éloigner.

D'autre part, les habitants sont très hostiles au droit de 8 sous par muid, qui leur rappelle la gabelle.

Ce serait une nouvelle charge pour le pays nantais, que les droits d'entrée sur les boissons ont déjà éprouvé (1).

---

8 Avril 1710.

Il lui envoie un projet de la déclaration nécessaire pour autoriser « la réunion aux Etats de Bretagne des offices de juges gruyers », avec « les obſervations & les pièces », dont il pourra avoir besoin (2).

---

16 Avril 1710.

Il lui adresse « vingt projets d'arreſt dont on a beſoin pour autoriſer les depenſes qui ont eté ordonnées aux derniers Etats... » (3).

Le Sieur PORTER, *Gentilhomme de la Chambre du Roi d'Angleterre, au* CONTROLEUR GÉNÉRAL.

26 Avril 1710.

Il le remercie de lui avoir accordé le privilège d'exploiter les mines de plomb de Carnoët et lui demande « la remiſe du droit du dixième du Roy... ſuivant qu'il ſe pratique ordinairement en cas ſemblable... » (4).

(1) A. N. G7 189.
(2) Id.
(3) Id.
(4) A. N. G7 189. En face de cette demande, le Contrôleur général a écrit « *bon* ».

Le CONTROLEUR GÉNÉRAL *à* M. DE BRILHAC,
Premier Président du Parlement de Bretagne.

13 Mai 1710.

Projet de réglement pour les États de Bretagne (1).

M. FERRAND, *Intendant, au* CONTROLEUR GÉNÉRAL.

13 Mai 1710.

Sur un projet d'édit concernant les droits des receveurs généraux et particuliers des finances et fouages (2).

---

13 Mai 1710.

« J'ay examiné... le mémoire... par lequel on propofe d'affranchir deux mille quatre cens quarante feux en Bretagne, comme il en fut affranchy en 1577 & 1638.

« Si nous étions... dans des tems plus heureux, je regarderois cette propofition comme très utile & très avantageufe pour les befoins de l'Etat. J'ay penfé plufieurs fois... vous en ecrire, mais j'en ai toujours été empêché par l'accablement où fe trouvent les communautez de la province & par l'impoffibilité où elles feront de faire l'avance d'une fomme auffy confiderable... Suppofé qu'à force de contraintes, on y puiffe parvenir dans quelques paroiffes, on fera toujours obligé d'y lever les mêmes impofitions, & de rejetter la taxe de ces 2240 feux fur les 30000 feux reftants, ce qui augmentera l'impofition des contribuables de plus d'un dixieme, ce qu'ils me paroiffent hors d'état de pouvoir fuporter.

« Si pour eviter ce nouvel affranchiffement il étoit poffible de faire payer aux feux affranchis une augmentation de finance, vous pourriez peut être en tirer une fomme confidérable » (3).

(1) BOISLISLE, *op. cit.* T. III, n° 762.
(2) ID., *ibid.*, n° 763.
(3) A. N. G⁷ 189.

Le CONTROLEUR GÉNÉRAL *à* M. FERRAND, *Intendant.*

16 Mai 1710.

On pourrait autoriser quelques sorties de blés (1).

M. FERRAND, *Intendant, au* CONTROLEUR GÉNÉRAL.

25 Mai 1710.

« Toute la province se plaint que l'on manque de menues monnoyes; ce n'est pas l'interest des directeurs ny des ajusteurs de travailler aux pieces de dix sols, aussy, Monsieur, en est-il très peu fait dans les monnoyes de Rennes & de Nantes. Le sieur Baralis dit qu'il a eu l'honneur de vous informer que les ouvriers ne peuvent trouver leur compte a cette sorte de monnoye & de vous proposer d'augmenter la façon du marc; je ne sçay, Monsieur, quelle resolution vous avez prise sur ce sujet, mais je ne puis m'empecher de vous representer le prejudice que le public souffre d'être privé de menues monnoyes, dans un tems où toutes les anciennes especes sont decriées, & que les pieces de quatre sols deviennent rares... » (2).

M. DE BRILHAC, *Premier Président du Parlement de Bretagne, au* CONTROLEUR GÉNÉRAL.

13 Juin 1710.

« Je ne croyois pas en partant de Rennes laisser le parlement aussi oisif qu'il va être surtout dans un tems où les affaires y sont le plus en mouvement. Un arrest du Conseil fait tout cela, dans un moment, en interdisant tous les procureurs au parlement faute d'avoir levé quelques charges créées par les eaux & forests et réunies à leur communauté. Cet arrest fut signifié hier au syndic. J'ay de la peine à croire, Monsieur, que l'on vous ait fait faire sur cela les reflexions qui se peuvent faire & comme vous avez souhaitté qu'en de pareilles occasions je m'adressasse a vous je

(1) Boislisle, *op. cit.* T. III, n° 765.

(2) A. N. G[7] 189.

le fais pour vous dire la douleur que reſſent un des plus auguſtes parlements du royaume de ſe voir traitter comme il eſt & vous me permettrez de vous dire qu'en interdiſant les procureurs c'eſt l'interdire luy-même & qu'en cela tout en ſouffre, la juſtice le particulier & l'ordre public & que les ſuites en peuvent eſtre fâcheuſes » (1).

M. FERRAND, Intendant, au CONTROLEUR GÉNÉRAL.

4 Juillet 1710.

Les traitants imposent des taxes excessives aux communautés d'arts et métiers au sujet des deux charges de maîtres jurés gardes des archives que l'édit d'août 1709 a créées dans chaque corps de métier.

Ils « ont fait arreſter un rolle au Conſeil le 23 février dernier montant a 285 282#, non compris les deux ſols pour livres; ſans parler de l'excez de cette ſomme qu'il n'eſt pas poſſible de ſoutenir, ils ont fait faire une repartition ſur chaque corps ſans aucune proportion, les plus pauvres etant les plus accablez (1); le rolle comprend des communautez inconnues dont on veut rejetter la taxe ſur d'autres. Ce recouvrement qui ſe fait d'une maniere ſi ſingulière & ſi nouvelle cauſe un grand deſordre dans toute la

(1) Le Contrôleur général répondit que son intention n'était pas de laisser subsister cette interdiction, que même il n'avait donné aucun ordre pour la faire signifier. Après entente avec l'intendant, M. de Brilhac, par un arrêt, prescrivit à tous les procureurs de continuer leurs fonctions (M. de Brilhac au Contrôleur général, 14 Juin 1710. A. N. G[7] 189).

Sur le peu d'assiduité apporté par les juges dans l'exercice de leurs fonctions, voir Depping, *op. cit.*, T. II, p. 359. Lettre de Pontchartrain à Perchambault, Président aux Enquêtes du Parlement de Rennes, 18 Novembre 1702.

(1) D'après l' « Etat des ſommes auſquelles les corps de gardes des marchands & communautez d'arts & metiers... ont été taxez » arrêté par le Conseil (A. N. G[7] 190), les 285 282# se répartissaient entre les villes suivantes : Nantes, 43 049#; Vannes, 10 607; Rennes, 48 616; Quimper, 9970; Morlaix, 24 670; Dinan, 9820; Fougères, 5150; Lannion, 4700; Guingamp, 6600; Saint-Pol-de-Léon, 2265; Lamballe, 2510; Josselin, 4655; Lesneven, 2225; Quimperlé, 2600; Brest, 5800; Dol, 2150; la Roche-Derrien, 1550; Concarneau, 640; Châteaubriant, 2800; Clisson, 2250; Ancenis, 2120; Machecoul, 2205; Redon, 4335; la Roche-Bernard, 1530; Guérande, 2280; Landerneau, 5325; Le Croisic, 1990; Tréguier, 2525; Vitré, 6600; Ploërmel, 3177; Châteaulin, 1500; Auray, 6295; Pontrieux, 1800; Malestroit, 2880; Pont-l'Abbé, 1500; Carhaix, 1300; Saint-Malo, 16 100; Pontivy, 5800; Quintin, 4300; Moncontour, 4675; Hennebont, 3650; Paimpol, 2450; Locminé, 2170; Saint-Brieuc, 6150.

province; on a pratiqué jusqu'a present de faire une repartition sur toutes les villes sujetes à pareilles taxes sur les memoires que j'ay pris la liberté d'envoyer; la sous repartition se fait ensuite dans les villes par les juges de police, tous les corps assemblez; cette voye pratiquée avec beaucoup d'attention a mis les recouvrements dans une meilleure regle. Il n'est sûrement pas possible que celuy-cy se soutienne s'il n'est retably... » Les communautés sont épuisées, il faut user de modération à leur égard (1).

---

9 Juillet 1710.

Observations sur un projet d'affranchissement de feux (2).

---

16 Juillet 1710.

Il serait dangereux d'appliquer en Bretagne l'édit « qui a converti en un doublement des droits de boucherie ceux qui avoient esté attribués aux contrôleurs des suifs » ainsi que « l'édit des tresoriers des inspecteurs aux boucheries ».

On a déjà eu beaucoup de mal à imposer à la province les premiers droits attribués aux inspecteurs des boucheries. Les augmenter, c'est aller au devant d'une révolte certaine (3).

---

16 Juillet 1710.

Perception du droit de Brieux (4).

(1) A. N. G⁷ 190. La situation financière des communautés ne fera qu'empirer au XVIII° siècle. Cf. RÉBILLON, *Recherches sur les anciennes corporations ouvrières et marchandes de la ville de Rennes* (chap. V). Rennes, Plihon-Hommay, 1902, in-8, et Édouard PIED, *Les Anciens corps d'arts et métiers de Nantes*. Guistihau, A. Dugas, successeur, Nantes, 1903-1904, 3 vol. in-8°.

(2) BOISLISLE, *op. cit.* T. III, n° 802.

(3) A. N. G⁷ 190.

(4) BOISLISLE, *op. cit.* T. III, n° 805.

Le Sieur DE LA CHIPAUDIÈRE-MAGON, *Négociant à Saint-Malo,*
au CONTROLEUR GÉNÉRAL.

20 Juillet 1710.

Il demande un passeport pour transporter sans droits, à Genève, 5000 livres de café (1).

Le Comte DE LANNION, *Commandant à Nantes,*
au CONTROLEUR GÉNÉRAL.

24 Juillet 1710.

Il a réussi à ramener le calme à Nantes. Le menu peuple est rentré dans le devoir, et le Sr Ballet peut désormais percevoir les droits d'entrée sur les boissons.

Il continuera à maintenir l'ordre. Il a pris le parti de traiter les Nantais « avec hauteur et avec fermeté » (2).

M. FERRAND, *Intendant, au* CONTROLEUR GÉNÉRAL.

25 Juillet 1710.

Il le prie de donner à nouveau la place de second commissaire du Conseil aux États à son neveu, le président de La Faluère (3).

---

13 Septembre 1710.

Il soumet à son approbation l'arrêt relatif aux « nouvelles entrées ſur les boiſſons établies aux derniers Etats... » (4).

---

16 et 20 Septembre,
5 Octobre 1710.

« Fabrication & emploi de faux acquits par les commis du bureau de Nantes » (5).

(1) Boislisle, *op. cit.* T. III, n° 807.
(2) A. N. G[7] 190.
(3) Id.
(4) A. N. G[7] 190.
(5) Boislisle, *op. cit.* T. III, n° 855.

20 Septembre 1710.

Il ſaudrait contraindre à abandonner sa charge le général provincial de la Monnaie de Nantes, condamné à un an d'interdiction (1).

---

27 Septembre 1710.

Il se plaint du retard que met la poste à livrer les paquets qu'il adresse au Sr Mellier (2).

---

29 Septembre 1710.

Sur les difficultés que font pour payer l'indult au roi d'Espagne les armateurs d'un vaisseau qui arrive de la mer du Sud (3).

---

24 Octobre 1710.

« Les etapiers de la province, a qui » il a fait « propoſer le marché de la fourniture du pain de munition pendant le quartier d'hyver, offrent de ſ'en charger a 22 deniers la ration compoſée les deux tiers froment, le tiers ſeigle. L'etendue & le nombre des quartiers les empeſchent de la prendre a plus bas prix ; ils demandent leur payement en eſpeces ſans billets de monnoye; » en attendant les ordres du Contrôleur général, il a fait fournir aux quartiers des grains pour jusqu'au 1er décembre (4).

M. DE LA GUIBOURGÈRE, Procureur Général Syndic des États de Bretagne, au CONTROLEUR GÉNÉRAL.

31 Octobre 1710.

Il lui envoie, en l'appuyant, une requête des députés des États, qui demandent à soumettre aux droits d'entrée sur les boissons les inspecteurs, commissaires ordonnateurs de la marine et les officiers gardecôtes (5).

(1) BOISLISLE, *op. cit.* T. III, n° 857.
(2) ID., *ibid.*, n° 862.
(3) ID., *ibid.*, n° 864.
(4) A. N. G^7^ 190.
(5) Id.

M. DE MONTARAN, Trésorier des États de Bretagne, au CONTROLEUR GÉNÉRAL.

5 Novembre 1710.

« Il envoie les quittances de la gratification que les États font au Contrôleur Général. »

Il demande qu'on accepte une partie de ses billets de monnaie (1).

M. DE BRILHAC, Premier Président du Parlement de Bretagne, au CONTROLEUR GÉNÉRAL.

14 Novembre 1710.

« Nous avons enregiſtré l'edit pour le dixieſme des revenus, cela ſ'eſt paſſé tranquillement, & quand vous jugerez a propos d'envoyer vos ordres j'oſe vous aſſurer que le Parlement ne ſera pas des derniers a faire ſes efforts pour donner au Roy des preuves de ſon zele. Mais je crois que ce que je vous ay mandé ſeroit neceſſaire que pour la compagnie il en fuſt uſé en cette occaſion comme on en a uſé pour la capitation dont elle fut chargée de faire le roolle... » (2).

M. FERRAND, Intendant, au CONTROLEUR GÉNÉRAL.

22 Novembre 1710.

« J'ay appris de Mr le maréchal de Chaſteaurenault qu'il devoit bientoſt partir pour Paris; vous ſcavez mieux que perſonne la ſituation des affaires de la province. Je ne prétends point vous les rendre plus difficiles qu'elles ne ſont. C'eſt à vous, Monſieur, qui nous conduiſez avec tant de ſageſſe & de prudence de faire réflexion ſ'il convient au tems préſent que Mr le maréchal ſ'abſente. J'ay cru qu'il étoit de mon devoir de vous ſupplier trés humblement d'y faire attention... » (3).

(1) BOISLISLE, *op. cit.* T. III, nº 888.

(2) A. N. G⁷ 190.

(3) A. N. G⁷ 190. En marge, le Contrôleur général a noté : « Eſcrire a Mr le maréchal de Chaſteaurenault que le Roy m'a ordonné de luy faire ſavoir qu'il eſt à propos qu'il ne parte point de la province ſans avoir bien examiné l'eſtat & la diſpoſition des peuples & qu'il ne parte point ſans en avoir rendu compte & reçu de nouveaux ordres, en donner avis à M. Ferrand ».

M. FERRAND, Intendant, au CONTROLEUR GÉNÉRAL.

3 Décembre 1710.

Renouvellement des privilèges de l'île de Bréhat (1).

---

6 Décembre 1710.

Les remèdes que le Contrôleur lui envoya, il y a deux ans, sont épuisés ; il le prie de lui en adresser d'autres (2).

---

10 Décembre 1710.

Les habitants de l'île de Bouin sont très redoutés. Personne n'ose se charger d'une enquête à faire dans l'île (3).

Les FERMIERS des Devoirs et des Droits d'entrée en Bretagne, au CONTROLEUR GÉNÉRAL.

Décembre 1710.

Ils demandent au roi d'interdire pour l'année présente aux étrangers d'enlever des vins et eaux-de-vie à Nantes, la Rochelle et Bordeaux. Les vins et les eaux-de-vie sont si chers et si rares qu'ils ne peuvent « en trouver pour ſoutenir leur ferme. » Le roi « perd les droits qu'il a établis ſur la conſommation des boiſſons, qui ſont une des partyes les plus conſidérables de ſon revenu » (4).

M. FERRAND, Intendant, au CONTROLEUR GÉNÉRAL.

4 Janvier 1711.

Requête en faveur des greffiers des juridictions seigneuriales (5).

(1) Boislisle, *op. cit.* T. III, n° 901.
(2) A. N. G[7] 190.
(3) Boislisle, *op. cit.* T. III, n° 908.
(4) A. N. G[7] 190.
(5) Boislisle, *op. cit.* T. III, n° 926.

M. DE MEJUSSEAUME, Procureur Général Syndic des États de Bretagne, au CONTROLEUR GÉNÉRAL.

18 Janvier 1711.

Recouvrement des effets de M. de Harrouys, ancien trésorier des États (1).

M. FERRAND, Intendant, au CONTROLEUR GÉNÉRAL.

23 Janvier 1711.

Les propriétaires des marais salants de Bourgneuf font beaucoup de difficultés pour fournir les huit cents charges de sel dont on a ordonné de faire la réquisition dans les paroisses de Bourgneuf, de Noirmoutier, de Bouin et de Beauvoir.

Pour éviter tout retard, il a prescrit de prendre le sel où l'on voudrait « ſauf aux propriétaires à ſe faire raiſon les uns aux autres ».

Si les propriétaires s'obstinaient à ne pas fournir de sel, il enverrait des troupes (2).

---

30 Janvier 1711.

Il a examiné les pièces de l'affaire... entre les fermiers généraux et les marchands de la ville de Morlaix, au sujet du droit de sortie sur les toiles et lui transmet son avis. Il s'agissait de savoir « ſi le droit pretendu par le fermier de 5 ſols monnoie pour cent aunes de toile pour ſortie & iſſue, qui ſont 6 ſols tournois, eſt dû, ſoit en general dans toutte la province de Bretagne, ou en particulier dans le port de Breſt & autres de l'eveſché de Leon ...; ſi, preſupoſant que le droit ſoit dû au port de Breſt, les habitants de Morlaix, qui y ont embarqué leurs toiles peuvent ſ'exemter de le payer » ;... si le fermier « a pû ſe pouvoir au conſeil du Roy en caſſation contre la ſentance du Juge des Traites de Morlaix du 5 may 1708, ou ſ'il a dû porter ſon apel au parlement de Bretagne. »

Il estime « que le fermier a eu raiſon de ſe pourvoir au Conſeil du Roy; il pouvait apeller de la ſentance du juge des Traites de Morlaix au

(1) BOISLISLE, *op. cit.* T. III, n° 944.

(2) A. N. G⁷ 191.

parlement de Bretagne, mais le droit étant conteſté, il nous paroiſt qu'il a pris la meilleure voie d'introduire l'inſtance au Conſeil du Roy, Sa Majeſté ſ'étant retenu & reſervé la connoiſſance de ces ſortes de matières par l'article 148 du Bail de Charriere lorſque le titre des droits des fermes eſt conteſté »; ... que le droit est particulier à l'évêché de Léon & que les habitants de Morlaix le doivent payer quand ils embarquent leurs toiles à Brest (1).

COPIE d'une Lettre de M. FERRAND, Intendant, au CONTROLEUR GÉNÉRAL, du 30 Janvier 1711.

... « J'ai informé les Maire & Echevins de St Malo que vous avez fixé l'abonnement de l'acquiſition des rentes provinciales que les habitans de cette ville doivent faire, a la ſomme de 120000#, au lieu de 100000# qu'ils vous avoient offert par leur deliberation; le Maire de St Malo me mande que les Commiſſaires nommez par la Communauté vont travailler à la repartition de la ſomme de 100000# a laquelle vous avez fixé l'abonnement de cette ville, quoique je leur aye marqué 120000# dans ma lettre en donnant le quart en billets, que les habitans aiment mieux donner 100000# en eſpeces, puiſqu'ils ont l'alternative. Je ne ſçais ſi vous vous en etes ainſy expliqué avec eux, pour moy je leur ay ecrit conformement a ce qu'il eſt porté, dans votre lettre. Je repons au Maire de St Malo que vous avez fixé cet abonnement a 120000# ſans billets de monnoye, leſquels devant eſtre ſuprimez au Ier fevrier prochain ne feront point reçus dans le payement de cette ſomme. S'il y a quelque explication plus favorable a leur donner, je vous ſuplie de m'en informer.

« A l'egard de l'abonnement de la ville de Nantes, je crois que vous le pouvez fixer a la meſme ſomme de 120000#; vous aurez la bonté de marquer ſi cette ſomme doit eſtre en eſpeces, ou ſi vous ferez prendre des billets, pour quelle portion & de quelle nature » (2).

(1) A. N. G[7] 191.

(2) A. N. G[7] 191. La ville de Saint-Malo versa la somme de 100000# en avril suivant, bien que le Contrôleur eût espéré la recevoir dès février. Lettre de M. Ferrand au Contrôleur, 22 mars 1711 (id., *ibid.*).

M. DE PONTCHARTRAIN, *Secrétaire d'État de la Marine*, au CONTROLEUR GÉNÉRAL.

17 Février 1711.

« Vous avez bien voulu... par les arrefts du Confeil des 3 Decembre 1709 & 8 juillet dernier fixer en faveur des officiers de marine & garde cofte l'exemption des droits d'entrée,.. dans les villes... où ils font leur refidence pour les vins & autres denrées deftinées pour leur confommation, & quoique vous ayez pris la peine d'envoyer ces arrefts à Mr Ferrand, Intendant de Bretagne, pour tenir la main a leur execution, il f'en eft toujours difpenfé fous pretexte que l'atribution des nouveaux droits d'entrées qui fe levent dans cette province... regarde le parlement de Bretagne. » Depuis « il eft arrivé que Mr Ferrand oubliant qu'il ne devoit point entrer dans cette difcution, vous a envoyé un projet d'arreft qui a été rendu le 25 novembre dernier fur les requêtes refpectives tant des officiers de marine que des deputés des Etats, par lequel le Roy... ordonne que... les officiers de marine & garde cofte feront affujetis & payeront lefdits droits d'entrées... » Les officiers de marine n'ont jamais presenté pareille requête. « Mr Ferrand a eu beaucoup de prevention dans cette affaire... il ne veut pas donner fon attache sur les arrefts que vous avez rendus en leur faveur, quoique l'execution lui en foit adreffée, il fait parler ces officiers pendant qu'ils gardent un profond filence... Il les prive d'une exemption qui feule les a déterminés a payer fort regulierement leurs augmentations de gages & qui a adoucy en quelque façon la peine qu'ils fouffrent de ne point recevoir leurs gages & appointemens depuis quelques années, par raport au malheur du temps, qui eft commun a tous les autres officiers, & pouffant les chofes plus loin, il fe fait attribuer l'execution de l'arreft du mois de novembre dernier, lorfqu'il n'a pas voulu connoître de celle des precedens arrefts rendus fur le meme fait... »

Il réclame pour les officiers de marine & garde-côtes le maintien de l'exemption des droits d'entrée ou « quelque indemnité, en augmentant le prix fixé pour leur logement, ou par d'autres endroits... » (1).

(1) A. N. G7 191.

M. FERRAND, *Intendant, au* CONTROLEUR GÉNÉRAL.

20 Février 1711.

Le Parlement est en retard pour payer le dixième des revenus (1).

---

7 Avril 1711.

Sur la difficulté que fait le Sr du Val-Baude d'accepter la charge de procureur syndic de la juridiction consulaire de Saint-Malo... (2).

---

12 Avril 1711.

Au sujet de l'érection de Port-Louis en corps de communauté (3).

REMONTRANCES *des Officiers de la Chambre des Comptes de Nantes au* ROI.

16 Avril 1711.

« Les officiers ... remontrent ... a votre Majeſté que par ſa déclaration du Ier Octobre 1710 ayant reduit toutes les rentes & augmentations de gages créés depuis l'année 1689 au denier vingt, cette reduction ne peut avoir lieu en Bretagne ſans que les officiers de vôtre Chambre des Comptes de Nantes en ſouffrent un notable prejudice.

« Le denier ordinaire de Paris & preſque de tout le royaume eſt le denier vingt, celuy de Bretagne eſt le denier dix-huit & c'eſt ſur ce pied que nous avons emprunté en corps depuis l'année 1689 plus d'un million pour les neceſſités de l'état, pour laquelle ſomme nous ſommes actuellement engagés de plus de cinquante mille livres de rente ſans compter les augmentations de gage que les officiers ont auſſy acquis en leur particulier a la meſme condition & qui vont a une ſomme auſſy conſidérable, cette reduction ne peut donc avoir lieu à leur egard ſans une perte de plus de 5 000# de rente ſur les augmentations de gages qu'ils ont acquis en corps

(1) BOISLISLE, *op. cit.*, T. III, n° 984.
(2) ID., *ibid*, n° 1027.
(3) BOISLISLE, *op. cit.* T. III, n° 1030.

& autant pour celles des particuliers, ce qui les mettra hors d'état de satisfaire leurs creanciers sy vôtre Majesté n'a la bonté d'y pourveoir.

« Elle le peut aisement, en deux manieres, ou en exceptant cette Compagnie de la loy genéralle portée par l'edit, ou en reduisant aussy au denier vingt les rantes qu'elle doit par contracts de constitution pour ces mesme augmentations de gages.

« Cette reduction, Sire, soutiendra d'une part le crédit de cette compagnie en conservant ses revenus & sera de l'autre peu onereuse à ses créanciers parce qu'étant en fort grand nombre chacun en particulier s'en ressentira peu, au lieu que tombant toute entiere sur nous, nos fonds ne seront plus suffisants pour acquitter nos dettes, & nous ne demandons en cela que de payer au mesme denier que nous serons payés » ... (1)

Le Marquis de VIBRAYE, Commandant à Saint-Malo, au CONTROLEUR GÉNÉRAL.

28 Mai 1711.

On lui a retenu le dixième de sa pension (2).

M. FERRAND, Intendant, au CONTROLEUR GÉNÉRAL.

17 Juin 1711.

« Vous m'avez fait... mander que l'abonnement de la ville de Nantes pour les rentes provinciales demeureroit fixé à la somme de 120 000#. » Les maire et échevins de Nantes se flattent « que vous voudrez bien la reduire à 100 000# sur la recommandation de Mr le maréchal d'Estrées qui m'a assuré... de vôtre part que c'étoit vôtre intention. Je le feray sçavoir aux maire & echevins de Nantes aussytost que vous m'en aurez donné la permission » (3).

(1) A. N. G7 191.
(2) BOISLISLE, *op. cit.* T. III, n° 1061.
(3) A. N. G7 191.

M. DE GUÉRISAC-HINGANT au CONTROLEUR GÉNÉRAL.

3 Juillet 1711.

Le clergé, toujours occupé de ses intérêts et toujours prêt à accroître ses droits, veut demander au roi d'étendre la dîme à des semences, qui, jusqu'alors, y ont échappé.

Agréer leur requête, c'est diminuer les produits de la dîme royale. En effet, les revenus des propriétaires baisseront d'un tiers si les fermiers sont astreints à payer de nouvelles dîmes ecclésiastiques.

Il prie le Contrôleur général de repousser la demande du clergé (1).

M. FERRAND, Intendant, au CONTROLEUR GÉNÉRAL.

5, 11 et 28 Juillet 1711;
10 Mars et 10 Août 1712.

Établissement de la taxe des marchands de vins en gros (2).

M. DE BRILHAC, Premier Président du Parlement de Bretagne, au CONTROLEUR GÉNÉRAL.

10 Juillet et 7 Août 1711.

Sur le projet de créer une cour des aides en Bretagne (3).

M. FERRAND, Intendant, au CONTROLEUR GÉNÉRAL.

17 Juillet 1711.

Il appuie la requête des habitants de l'île de Bréhat, qui sollicitent « le renouvellement des lettres patentes d'affranchissement qui leur ont

(1) A. N. G[7] 191.
(2) BOISLISLE, *op. cit.* T. III, n° 1085.
(3) BOISLISLE, *op. cit.* T. III, n° 1091.

eté cy devant accordées » (1). Il a « toujours trouvé ces habitants trés soumis aux ordres qui leur sont envoyez & ils en ont donné des marques en 1710, lorsqu'on a fait l'imposition des grains pour la subsistance de l'armée des Flandres & dans la presente année pour les declarations du dixiesme » (2).

---

25 Juillet 1711.

Au sujet « de la finance qui doit provenir de la confirmation des feux affranchis... » (3).

Le Comte DE TOULOUSE, Gouverneur de Bretagne, au CONTROLEUR GÉNÉRAL.

31 Juillet 1711.

Sur la convocation des États (4).

---

31 Juillet 1711.

Il recommande M. de La Faluère pour la place de second commissaire aux États (5).

(1) D'après une note jointe à la lettre de M. Ferrand, il s'agissait du renouvellement des lettres patentes... octroyées par les anciens « ducs de Bretagne, & depuis par les Roys de France, qui les ont renouvellées tous les 9 ans depuis un temps immémorial & en dernier lieu au mois d'Octobre 1702 » par lesquelles les habitants de Bréhat étaient exemptés « de diverses impositions, subsides & autres droits, en considération de la mauvaise qualité du terroir & des incursions des ennemis ausquelles ils sont souvent exposés ». (A. N. G[7] 191.)

(2) A. N. G[7] 191.

(3) BOISLISLE, *op. cit*, T. III, n° 1100.

(4) ID., *ibid.*, n° 1104. L'ouverture des États a été d'abord fixée au 10 octobre, puis ajournée au 25. « Tant par rapport a ce qu'on n'a receu aucune soumission au sujet de l'alienation des fouages que par rapport au voyage de M. Ferrand qui ne sera icy (Fontenaibleau) que le 26 & qui ne peut s'en retourner avant la fin de Septembre... quelque diligence qu'on fasse il sera impossible d'ouvrir les Etats avant le 10 de Novembre... » (Autre lettre du même du 19 Août, A. N. G[7] 191.)

(5) BOISLISLE, *op. cit.* T. III, n° 1105.

1er Août 1711.

« Je me ſuis chargé Monſieur de vous ecrire au ſujet d'une gratification que Mr le procureur general du parlement de Bretagne demande aux Etats pour ſon fils & qui eſt fondée en exemple, en ayant obtenu lui-même une pareille lorſqu'il fut receu dans la meme charge en ſurvivance de ſon père. C'eſt une gratification de 6 000# par chacune tenue d'États, qui doit finir à la mort du titulaire comme elle finit en effet a la mort du pere du procureur general d'aujourd'huy. Vous ſavés mieux que moy que la province n'eſt guère en état de faire des gratifications ... cependant comme le Roy par rapport au bien de ſon ſervice peut vouloir donner des marques de bonté aux officiers dont il eſt content, je n'ay pas voulu refuſer abſolument d'en parler a Sa Majeſté, mais je me ſuis reſervé de vous en ecrire ... & au lieu d'en parler moy même au Roy de ſavoir auparavant voſtre avis & en cas que la choſe vous paroiſſe raiſonnable de vous prier de vouloir bien prendre la peine de la propoſer au Roy de ma part... Si Sa Majeſté a la bonté d'accorder cette grace comme il y a lieu de l'eſperer, je vous prie de vouloir bien lui repreſenter qu'il feroit utile que ce fût la derniere tant que les affaires de la province ne ſeront pas en meilleur etat & qu'il ſeroit à propos qu'elle me fit mander par vous qu'elle ne deſire pas que je lui en demande d'autre a l'avenir, car ayant la charge que Sa Majeſté m'a fait l'honneur de me donner, il m'eſt impoſſible de refuſer mes offices à des gens d'un certain caractere & je ſerois cependant fort aiſe de n'avoir point a importuner Sa Majeſté par de frequentes demandes... » (1).

M. DE BRILHAC, Premier Président du Parlement de Bretagne, au CONTROLEUR GÉNÉRAL

3 Septembre 1711.

« J'ay attendu que la Compagnie fut un peu plus nombreuſe pour tacher encore une fois à l'engager a faire un effort dans ce tems cy ſans avoir pu rien obtenir & il eſt vray que tous ces Meſſieurs ne ſont guerre

(1) A. N. G7 191.

en état de pouvoir tirer de l'argent pour donner, la plufpart eftant fort ferrez dans leurs affaires. Je fuis bien mortifié Monfieur que ma négociation n'ait pas été plus utile. Vous pouvez être affeuré Monfieur que ce n'eft pas le zèle qui manque mais le pouvoir... » (1).

M. FERRAND, Intendant, au CONTROLEUR GÉNÉRAL.

5 Septembre 1711.

Demande de prorogation des octrois de Saint-Brieuc (2).

M. GARENGEAU, Ingénieur en Bretagne, au CONTROLEUR GÉNÉRAL.

9 Septembre 1711.

Il propose d'accorder des titres de noblesse au Sr de Miniac de la Villeneuve (3).

Le Comte DE LA RIVIÈRE, Gouverneur de Saint-Brieuc, au CONTROLEUR GÉNÉRAL.

12 Septembre 1711.

Il le prie d'approuver la délibération des États du 21 janvier 1710 qui, à cette date, lui ont voté une gratification de 4000# (4).

M. DE LA BUSNELAYS, Premier Président de la Chambre des Comptes de Nantes, au CONTROLEUR GÉNÉRAL.

19 Septembre 1711

Sur la contestation entre les anciens et nouveaux officiers de la Chambre des Comptes (5).

(1) A. N. G7 192.
Cf. DEPPING, *op. cit.* Lettre de Pontchartrain à Perchambault, président aux Enquêtes du Parlement de Rennes. 18 novembre 1702. T. II, p. 359.

(2) BOISLISLE, *op. cit.*, T. III, n° 1130.

(3) ID., *ibid.*, n° 1135.

(4) A. N. G7 192. En marge de l'analyse de cette lettre, on lit : « le 6 Octobre 1711 ; Monfeigneur a efcrit a M^r le Prince de Léon & a M^r le Cte de la Riviere que le Roy a encore ordonné de rejetter cette gratification. »

(5) BOISLISLE, *op. cit.* T. III, n° 1140.

Le Comte DE TOULOUSE, *Gouverneur de Bretagne, au* CONTROLEUR GÉNÉRAL.

25 Septembre 1711.

« Vous trouverez icy Monſieur des mémoires ſur trois affaires qui m'ont parues d'une extrême conſéquence & ſur leſquelles M. le Duc de Rohan pouroit nous faire des embarras & des brouilleries aux Etats prochains lorſque cela conviendroit le moins & qu'on ſera le plus occupé aux affaires du Roy qui comme vous le ſçavez mieux que moy ſeront aſſez difficiles cette année. Le plus court moyen pour prévenir tout cela ſeroit que Mr le duc de Rohan voulut bien ſe diſpenſer d'aller aux Etats ou ſa préſence n'est nullement neceſſaire mais comme je ne crois pas que le Roy veuille lui faire défendre d'y aller il faudra prendre d'autres voyes pour empeſcher l'embarras que ſa préſence y peut cauſer. La voie qui a paru la plus convenable aux préſidents ſeroit que je leur écrivis a chacun une lettre dont ils ne feront uſage qu'à l'extrémité pour leur recommander expreſſément de ne rien permettre ni au ſujet de la ſubſtitution, ni au ſujet de Mr le prince de Bergues, ni au ſujet du deſſein qu'a Mr le duc de Rohan de preſider lui-meſme ſans m'en avoir donné avis auparavant affin que j'en puiſſe rendre compte au Roy & leur faire ſcavoir ſes intentions parce que cela me regarde directement comme Gouverneur de la province... » (1).

« MÉMOIRE *sur la prétention qu'à M. le Duc de Rohan de faire présider à la Noblesse M. le Prince de Bergues, son gendre, durant les États prochains.* »

25 Septembre 1711.

« Pour juger de la validité de cette pretention il faut ſcavoir

« 1° Qu'il n'i a que les barons qui ayent droit de préſider à la nobleſſe dans l'Aſſemblée des Etats.

(1) A. N. G7 192.

« 2° Que pour terminer beaucoup de conteftations qui etoient autrefois entre les barons il a été réglé depuis longtemps que les barons de Léon & de Vitré qui font de la maifon de Rohan & de la Tremouille préfideroient alternativement a l'exclufion de tous les autres barons; cela a paffé en forme de loy dans la province & ne foufre aucune difficulté.

« Mais lorfque ni l'un ni l'autre ne f'y trouvent le premier des autres barons qui fe trouve préfent aux Etats eft préfident de droit & fans qu'il foit befoin de l'élire.

« Lorfqu'il ne fe trouve aucun baron, la nobleffe f'affemble pour élire un préfident & l'on prend d'ordinaire le plus ancien gentilhomme a moins qu'il ne f'en trouve quelqu'un d'une qualité extrêmement diftinguée mais il faut toujours qu'il foit breton.

« M. le duc de Rohan allègue pour foutenir fa prétention l'exemple de Mr de la Trémouille qui en 1705 obtint de faire préfider Mr le duc d'Albret fon gendre.

« Ce fait eft vray, mais c'eft parce qu'il eft vray qu'il eft trés important d'empefcher que pareille chofe n'arrive à l'avenir car rien n'eft plus contraire a toutes fortes de régles & en particulier aux ufages de la province que de faire préfider à l'affemblée de la nobleffe un particulier qui n'en fait point partie & qui n'eft point de la province.

« Ce fimple récit de ce qui f'eft paffé à l'occafion de Mr d'Albret fera voir combien l'exemple qu'on a donné en cette occafion eft mauvais à fuivre.

« En 1705 Mr de la Trémouille voyant qu'on défiroit qu'il alla préfider aux Etats qui devoient eftre difficiles f'en excufa fur le mauvais état de fes affaires & fit fi bien auprès de Mr Chamillart que fous ce prétexte il fe fit donner 20000# fur le tréfor royal pour les prétendues dépenfes qu'il feroit obligé de faire & pour les fervices qu'il devoit rendre durant la tenue des Etats.

« Etant affuré de cette fomme il fe défendit encore fur le mauvais état de fa fanté & fit femblant d'eftre obligé d'aller à Thouars pour la rétablir.

« Mr Chamillart qui regardoit alors (fans qu'on fcache bien pourquoy) la préfence de Mr de la Trémouille aux Etats comme une reforce unique pour les affaires de la province lui fit de nouvelles inftances & Mr de la

Trémouille voyant qu'il n'avoit qu'a demander dit qu'il ne pouroit se charger de cette présidence si on ne lui permettoit de faire présider M[r] d'Albret son gendre en sa place en cas qu'il vint a se trouver mal. Cela lui fut accordé sans aucune sorte de reflexion. La noblesse en fut fort fachée & Mgr le comte de Toulouze n'en ayant été averti que fort tard & aprés qu'on eut fait entrer le nom du Roy dans cette permission ne crut pas qu'il fut à propos de former un incident là-dessus dans le milieu de la tenue des Etats, quoyque il preveut bien dez lors les conséquences qu'un si mauvais exemple pouroit avoir par rapport à M[r] le duc de Rohan qui ne perd aucune occasion de prendre des avantages.

« Il est donc très important d'empescher qu'un si mauvais exemple ne soit suivi à l'avenir mais il ne peut jamais l'estre en la personne de Mr de Bergues qui est un étranger non naturalisé en France & par conséquent absolument incapable de faire fonction dans quelqu' assemblée politique que ce puisse estre & par conséquent encore plus incapable de présider à un corps de noblesse française dont il ne fait point partie (1). »

« MÉMOIRE sur la prétention qu'a M. le Duc de Rohan de présider aux États en qualité de Baron, au préjudice de la démission qu'il a faite de sa Baronnie à M. le Prince de Léon, son fils ».

25 Septembre 1711.

La démission de M. le duc de Rohan a été enregistrée aux États. Il prétend dans la suite s'être « fait faire une rétrocession par son fils qui le met en état de présider quand bon lui semblera. » Cette prétention est inacceptable.

Déjà il y a quelques années, M. le duc de Rohan la soutint aux dépens de M. de Lannion, baron de Malestroit, qui, en l'absence des barons de Léon et de Vitré, avait droit à la présidence. Il fut cause d'un grand scandale. La Noblesse se divisa en deux camps; on allait en venir aux mains, si la nouvelle que M. de Lannion, ayant pris place au fauteuil

(1) A. N. G^7 192.

présidentiel, était décidé à s'y maintenir avec l'aide de la plus grande partie de la Noblesse, n'avait arrêté en route M. le duc de Rohan.

Il faut éviter qu'un pareil scandale se renouvelle. Si M. le duc de Rohan vient aux États et force son fils à s'absenter pour présider à sa place, il devra se faire élire par la Noblesse et le procès-verbal de l'élection portera qu'il ne présidera qu'en qualité d'élu de la Noblesse (1).

« MÉMOIRE sur la prétention qu'a M. le Duc de Rohan de faire enregistrer aux États la substitution qu'il a faite au préjudice de M. le Prince de Léon, son fils ».

25 Septembre 1711.

Cette substitution est contraire aux lois et coutumes de la province. Elle ne peut être admise en justice. Tous les actes relatifs au partage ou à l'administration des biens d'une famille particulière doivent être soumis au Parlement et aux autres juges compétents, et non aux États, qui n'ont pas qualité pour en prendre connaissance.

D'ailleurs, quand bien même elle serait approuvée par les États, cette substitution restera sans valeur, car le souverain seul peut réformer les lois de la province (2).

M. DE LA BUSNELAYS, Premier Président de la Chambre des Comptes de Nantes, au CONTROLEUR GÉNÉRAL.

27 Septembre 1711.

« Il m'a eté dit que M^r^ nôtre intendant devoit vous demander quelques ordres touchant les deniers d'octroy de cette province & qu'il prenoit pour pretexte un arrest que la chambre a rendu sur un compte de commu-

(1) A. N. G⁷ 192.

(2) Substitution « d'une partie de ses biens & principalement de la baronnie de Léon qui donne droit de présider aux etats ». Projet de la lettre pour les présidents des trois ordres. A. N. G⁷ 192.

nauté (1). J'auray l'honneur de vous dire Monfeigneur que nous avons toujours paffé aveuglement toutes fes ordonnances perfuadés qu'il les rendoit toutes pour le bien du fervice; il n'y en a qu'une depuis qu'il eft intendant que l'on ne crut pas devoir paffer parce que le contenu dans fon ordonnance n'avoit pas eté executé comme il l'avoit ordoné & c'eft ce qui dona lieu a la radiation de la partie. Il feroit trés mortifiant pour la chambre qu'il y euft quelque reglement fur cela fans qu'elle put y deduire fes raifons, c'eft ce qui me fait vous fuplier... de vouloir m'ordoner la communiquation du memoire qu'il poura vous prefanter fur cela afin que je puiffe vous rendre un compte exact & fidelle de l'affaire... » (2).

Le Comte DE LANNION, Commandant à Nantes, au CONTROLEUR GÉNÉRAL.

Septembre 1711.

« ... Je vous fuplie... de voulloir bien vous fouvenir d'une grace que je vous ayt demandé qui eft la permiffion de faire l'acquifition du domaine

(1) D'aprés un extrait de lettres de M. Ferrand du mois suivant, celui-ci se plaignait de deux arrêts de la Chambre des Comptes. Le premier, du 20 mars 1711, « a rayé une partie de 126# dans le compte du mifeur de Joffelin rendu pour les années 1709 & 1710 paiée par ledit mifeur fur l'ordonnance de Mr Ferrand du 7 juillet 1709 au fieur Lendivi de Fremur fon fubdelegué audit Joffelin & Pontivi pour fes vacations de 6 journées qu'il avoit employé avec fon adjoint & un huiffier pour deux voyages au dit Joifelin au fujet de la vifitte & adjudication par luy faite du bail au rabais de plufieurs ouvrages publics. Le fondement de cette radiation eft que cette depenfe n'eft point d'ufage, ces frais eftant paiables par l'adjudicataire fans diminution. & qu'il n'y a qu'une quittance du fieur Lendivi quoyque la fomme foit deftinée a luy, a fon adjoint & a l'huiffier D'ailleurs qu'il devoit fe fervir du greffier & fergent de la communauté.

« Le fecond du 8 Juillet 1711 a rayé la fomme de 264# 13 f. 6 d. dans le compte du mifeur de Morlaix des années 1707 & 1708 fur celle de 331# 6 f. 6 d. employée dans ledit compte & paiée par ledit mifeur, fçavoir 22# 6 f. 6 d... pour achat de poudre a canon confommée a deux differens voyages de M. le maréchal de Chateaurenault, & le furplus... montant a 309# 7 f. pour rembourfement fait au maire de ce qu'il avoit déboursé pour la communauté pour plufieurs defcharges de canons tirés lors des feux de joye, proceffions du St Sacrement, paffages de Mr le maréchal de Chateaurenault... dont... le paiement a été ordonné par Mr Ferrand le 16 février 1709; fur laquelle fomme de 331# 6 f. 6 d. il n'a efté alloué que celle de 66# 13 f. & rayé a recouvrer fur les ordonnateurs 22# 6 f. 6 d., & fur la partie prenante 120#, pour coups de canon 60# et 13# 8 f. pour deux differens repas, 6# pour des flambeaux & 39# 19 f. pour quatre articles de ports de lettres, le tout montant a 261# 13 f. 6 d. » (A. N. G7 192.)

(2) A. N. G7 192.

de Quiberon & de le pouvoir payer par des billets de l'extraordinaire des guerres; ce domaine n'eſt pas d'une grande conſequence n'eſtant que de 2200# de rentes. M. Ferrand, Intendant de la province de Bretagne, qui eſt preſentement a la Cour vous rendra compte que ce domaine eſt d'une petite conſequence, mais il eſt a la porte de mon chateau. Il y a cinquante ans que j'ay l'honneur de ſervir Sa Majeſté, & que je le ſert encorre actuellement dans la province de Bretagne, où je ſuis obligé de faire beaucoup de depenſe eſtant commandant dans Nantes qui eſt une grande ville où un commandant eſt obligé de repreſenter.

« Je ne tire aucuns appointement que des billets ſur l'extraordinaire des guerres. J'en ay pour 50000#. Je me flatte... que vous vouderé bien que j'en employe une partie pour l'acquiſition du domaine de Quiberon » (1).

M. FERRAND, *Intendant*, au CONTROLEUR GÉNÉRAL.

4 Octobre 1711.

Le placet envoyé au Contrôleur général sous le nom de Bousquet, pour solliciter l'autorisation d'installer une manufacture de pipes à fumer à Quimper, n'est pas de lui (2).

M. DE PONTCHARTRAIN, *Secrétaire d'État de la Marine*, au CONTROLEUR GÉNÉRAL.

7 Octobre 1711.

Il faut mettre le curage du port de Brest au compte de la province (3).

M. FERRAND, *Intendant*, au CONTROLEUR GÉNÉRAL.

8 Octobre 1711.

« ... Mrs de la Chambre des Comptes de Nantes, ou plutoſt Mr de la Buſnelais qui en eſt premier preſident, ſ'attache depuis quelque tems à

(1) A. N. G7 192.
(2) Id.
(3) Boislisle, *op. cit.* T. III, n° 1152.

caſſer les ordonnances que je rends ſur les oċtrois des villes de Bretagne. Il y a dix-huit ans que j'ay l'honneur de remplir deux grandes intendances, ſans que cela me ſoit arrivé ... M[r] de la Buſnelais eſt le premier qui ait crû être en droit de reformer ma conduite; il faut ... vous dire les raiſons qui l'ont echauffé contre moy ... les entrées établies à Nantes, le party qu'il a pris de ſoutenir les habitans, la vérité dont je ne me ſuis jamais ecarté ſur leur conduite, Mr de Frevaly ſon oncle mis dans la taxe des aiſés ſont autant de motifs qui l'ont porté à tenir des diſcours deſobligeants ſur mon ſujet & a m'entreprendre ſur les oċtrois des communautez. Je ne chercherai point a juſtiffier mes ordonnances; ce n'eſt point a M[r] de la Buſnelais que j'en dois compte; ſi dans quelques occaſions je ſuis ſorty des termes des arrêts du Conſeil, je ne l'ay fait qu'en connoiſſance, & lorſqu'il y a eu des fonds libres ... Je n'ai jamais été expoſé a une pareille cenſure, & j'ignore comment on en uſe ailleurs. Si ce que fait M[r] de la Buſnelais eſt fondé, quoyqu'il ne l'ait fait connoiſtre que depuis le commencement de cette année, il vaut mieux, Monſieur, ſi vous me le permettez, lui abandonner la diſpoſition entiere des oċtrois des communautez, ou luy en attribuer l'autorité, que de me ſoumettre à ſa cenſure & lui rendre compte de mes aċtions ... Je ſerois extremement mortifié, lors du rapport des comptes des communautez par devant M[rs] les Commiſſaires, qui ſont nommez par le Roy pour aſſiſter aux Etats de Bretagne, d'entendre la leċture de pareilles radiations, à recouvrer ſur l'ordonnateur. Je vous ſuplie ... de regler cette partie de mes fonċtions ... » (1).

---

15 Octobre 1711.

Il a reçu un mémoire qui propose d'augmenter les gratifications des présidents des trois ordres.

Avant de lui transmettre son avis sur cette proposition, il verra M. l'évêque de Saint-Malo. L'affaire n'est pas urgente (2).

(1) Cette requête fut soumise au Conseil royal des finances qui cassa les arrêts de la Chambre des Comptes de Nantes (En apostille à la lettre de M. Ferrand et à un Extrait de cette lettre; voy. aussi le Projet d'arrêt de cassation envoyé par M. Ferrand, le 18 octobre, à la demande du Conseil, A. N. G[7] 192).

(2) A. N. G[7] 192.

M. DE PONTCHARTRAIN, Secrétaire d'État de la Marine, au CONTROLEUR GÉNÉRAL.

21 Octobre 1711.

Il apprend que « les particuliers des environs du Port-Louis qui obtiennent des passeports du Roy ou des permissions de l'Intendant... pour envoyer des grains en Espagne, en abusent, parce que le terme de la durée de ces passeports ou permissions n'est pas limité, en sorte que les expéditions restent entre les mains de ceux qui les ont obtenu sans que personne endosse les chargemens de bleds qui se font & qu'au lieu d'envoyer 100 tonneaux on peut en faire passer une plus grande quantité en plusieurs voyages, sans qu'il soit facile de s'en apercevoir... » (1).

M. DE LA GUIBOURGÈRE, Procureur général Syndic des États de Bretagne, au CONTROLEUR GÉNÉRAL.

Octobre 1711.

Il demande qu'on défende à ceux qui dressent le rôle des contribuables aux rations d'y comprendre les possesseurs ou les fermiers des terres nobles (2).

M. DE MONTARAN, Trésorier des États de Bretagne, au CONTROLEUR GÉNÉRAL.

Octobre 1711.

En octobre 1710 « on imposa sur les parroisses de Bretagne 120000# pour être exemptes de milice.

(1) L'intendant, auquel on a soumis cette lettre, répond, le 23 octobre, qu'il n'a « accordé aucun passeport pour l'Espagne & [que les passeports] ont été expediez en Commandement » ; si l'on veut qu'il « vérifie l'usage qui en a été fait, il seroit à propos » qu'on lui en envoyât la liste. « Les Officiers de l'amirauté, ou les Commissaires de marine, doivent marquer sur l'original du passeport les quantitez qui passent, jusqu'a ce qu'il soit rempli... ces officiers ne sont pas excusables de relever des abus dont ils ont le pouvoir d'arrester le cours. » (A. N. G[7] 192.)

(2) A. N. G[7] 192.

« Cette exemption n'eut pas de lieu, & par une ordonnance du Roy du mois de janvier 1711, il fut ordonné que les parroiffes fourniroient les milices & qu'elles feroient rembourfées des fommes... impofées.

« La forme de ce rembourfement ayant fouffert quelque difficulté en Bretagne parce que le receveur general des finances ne porte rien au Trefor roial, il a eté ordonné par arreft du 30 Juin 1711 que le fieur de Montaran, Treforier des Etats rembourferoit cette fomme...

« Ce rembourfement ne fe trouve point fait encore, parce qu'on f'etoit arrangés pour compenfer lefdites 120000# en deduction de ce que les parroiffes devront dans les mois de Septembre & Octobre pour les fouages & la capitation ».

En août dernier, le roi a demandé aux paroisses bretonnes 1600 soldats de milice et leur a donné la faculté « de f'en exempter en paiant 75# par chaque foldat, lefquels 1600 foldats a 75# montent a pareille fomme de 120000# ». Au lieu de rembourser les paroisses, il serait plus simple d'ordonner « que les 120000#..., impofées... en 1710, tiendront lieu des 120000# qu'elles feroient tenues d'impofer dans l'année courante pour l'exemption des milices... » (1).

L'ÉVÊQUE DE SAINT-MALO au CONTROLEUR GÉNÉRAL.

4 Novembre 1711.

... « Vous foulagés les Préfidents des ordres de nos etats qui dans la vérité ne pouvoient fortir de leur Préfidence qu'au double ou environ de ce que le Roy leur donnoit, la plus part ceffoient de tenir leur table au milieu de la durée des etats; cela n'eft ni bien féant ni utile au fervice; je ne parleroy point cependant de ce que vous me marqués à cet égard.

« Je me rendray le huit de ce mois à Dinan pour y exécuter de ma part les ordres du Roy & conformément au Plan que vous avez formés. Si vous voulés bien ordonner qu'on m'envoie la copie des inftructions vous me ferés plaifir... Je ferois bien aife de n'avoir point a en demander

(1) A. N. G7 192.

copie a Meſſieurs les commiſſaires, il y en a meſme qui croiroient que je la demanderois par miſtère... » (1).

M. FERRAND, *Intendant*, au CONTROLEUR GÉNÉRAL.

11 Novembre 1711.

Les États ont accordé le don gratuit de 3000000# et la capitation de 4000000 « ſur le champ & ſur le théâtre par une délibération unanime » (2).

---

14 Novembre 1711.

Il appuie la demande des États, désireux d'augmenter les gratifications des présidents.

Il serait juste de fixer celles-ci à 9000# pour chacun des présidents de la Noblesse et de l'Église, au lieu de 6000, et à 6000# pour le président du Tiers État (3).

---

26 Novembre 1711.

Toutes les propositions soumises aux États ont été approuvées par eux. Seule la question de l'aliénation des fouages n'est pas encore résolue. Elle ne le sera pas de sitôt, si on ne lui accorde des « facilités pour ſortir de cette importante affaire de laquelle dépend uniquement la fin des états » (4).

(1) A. N. G[7] 192.

(2) Id.

(3) Id. En apostille : « bon ».

(4) Id. Le 8 décembre (Id., *ibid.*), l'Intendant l'entretient encore de cette affaire. Le Contrôleur a permis de « recevoir un quart [de l'alienation] en aſſignations de la mer du Sud ou billets de monnoye ». Cela ne suffit pas. Il faut qu'il étende sa décision « à toutes les aſſignations du Treſor royal ſans les determiner a celles de la mer du Sud, dont il reſte très peu en Bretagne par les facilitez que [le Contrôleur a] eues d'en recevoir une partie aux hoſtels des monnoyes, en ſorte qu'elles ne perdent plus que 25 pour cent, dans le temps que toutes les autres aſſignations perdent comme les billets de monnoyes 50 pour cent... »

26 Novembre 1711.

Sur le recouvrement du dixième (1).

---

28 Novembre,
1er et 8 Décembre 1711.

« Création d'un greffier en chef des rôles des fouages en Bretagne : ouverture d'une loterie de rentes viagères » (2).

M. DE PONTCHARTRAIN, *Secrétaire d'État de la Marine*, *au* CONTROLEUR GÉNÉRAL.

2 Décembre 1711.

Les États de Bretagne ont refusé de voter un crédit pour le curage du port de Brest.

Il est trés mécontent de ce refus. Il espère que M. Desmaretz donnera des ordres aux présidents des États pour les inviter à voter les fonds demandés (3).

M. FERRAND, *Intendant, au* CONTROLEUR GÉNÉRAL.

3 Décembre 1711.

Il lui transmet une délibération des États, demandant la révocation des arrêts du Conseil des 8 Avril et 10 Juin 1710, favorables aux fermiers des impôts et billots de Bretagne, et le rétablissement de cette ferme en régie, conformément au réglement de 1687.

Il le prie de vouloir bien accorder sa protection à la province, dont les affaires sont trés embarrassées (4).

(1) BOISLISLE, *op. cit.* T. III, n° 1181.
(2) ID., *ibid.*, n° 1185.
(3) A. N. G7 192. En apostille : « bon, efcrire a M. de Chateaurenault & a M. Ferrand ».
(4) A. N. G7 192.

5 Décembre 1711.

Le prince de Léon, président de la Noblesse, ayant été indisposé quelques jours, le comte de Châteaurenault a été élu pour le remplacer. Les États ont accordé à ce dernier une gratification de 8 000# (1).

L'ÉVÊQUE DE SAINT-MALO au CONTROLEUR GÉNÉRAL.

9 Décembre 1711.

Les États prodiguent leurs libéralités, malgré le mauvais état de leurs affaires. Ils ont voté une gratification de 8000# au comte de Châteaurenault, président de la Noblesse par intérim. M. le maréchal de Châteaurenault, le commandant de la province, n'aurait pas dû permettre ce vote. Ces sortes de gratification sont proposées de telle manière qu'elles ne sont jamais repoussées. Ceux qui les désapprouvent le plus n'osent les refuser.

On lui a dit que M. le prince de Talmond allait venir prier les États d'être le parrain de son fils, « c'est-à-dire les prier de lui donner mil ou douze cents piſtolles ».

Il prévoit de nouvelles gratifications en faveur de M. d'Ancenis, de deux lieutenants généraux, du Bois de la Roche et de Langeron. Il prie le Contrôleur général d'y veiller, et de brûler sa lettre (2).

M. FERRAND, Intendant, au CONTROLEUR GÉNÉRAL.

10 Décembre 1711.

« ... Nous nous ſervirons avantageuſement de la facilité que vous voulez bien avoir de recevoir, dans le quart de l'alienation des 214000# ſur

(1) BOISLISLE, *op. cit.* T. III, n° 1104, en note.
En apostille : « agréé ». Le comte de Châteaurenault, dont il s'agit, est le fils du maréchal commandant.

(2) A. N. G⁷ 192. Cf. une autre lettre du même sur les prodigalités des États, du 8 octobre 1711. Le même jour, le 9 décembre, l'intendant écrivit au Contrôleur général dans le même sens.

les fouages, les billets des fermiers généraux à cinq ans, comme les billets de monnoyes. Mais nous sommes obligez de vous représenter qu'il ne paroist pas possible de remplir cette partie du fonds des Etats, si vous n'avez la bonté de recevoir toutes sortes d'assignations du Trésor royal, comme nous vous en avons supplié très humblement par nos lettres du 8e de ce mois. On ne reçoit plus de soumissions pour cette alienation, tous ceux qui y pensent, attendant la résolution que vous prendrez... » (1).

---

10 Décembre 1711.

Il lui envoie une délibération des États qui demandent de rapporter les édits sur les contrôleurs des suifs et les trésoriers des inspecteurs des boucheries et des poissons (2).

---

10 Décembre 1711.

Il lui annonce que les États ont de nouveau refusé d'affecter un crédit au curage du port de Brest. Il lui envoie leur délibération (3).

---

15 Décembre 1711.

Deux arrêts du Conseil ont ordonné de percevoir, en outre de la capitation, 350000# pour la suppression des offices d'inspecteurs conservateurs généraux des domaines et pour le payement des gages attribués aux officiers de milice bourgeoise adjoints aux communautés de la province.

Cette imposition de 350000# est trop forte pour être levée en une seule année; il demande à la répartir sur les deux années 1712 et 1713 (4).

(1) A. N. G7 192.

(2) Id.

(3) D'après cette délibération, les États, pour justifier leur refus, alléguaient que ce crédit avait toujours été pris sur le budget de la marine, et prétendaient être incapables de le fournir A. N. G7 192.

(4) A. N. G7 192.

Cela lui fut accordé. Cf. Lettre de M. Ferrand au Contrôleur général du 9 janvier 1712.

19 Décembre 1711.

Au sujet de l'adjudication des fermes (1).

---

19 Décembre 1711.

Les États demandent la suppression de l'office « d'abienneur general des Saisies féodales créé en la Chambre des Comptes de Nantes, en remboursant la finance du titulaire... » (2).

---

22 Décembre 1711.

Le Mis d'Ancenis a pris séance aux États pour la première fois; il lui est dû une gratification de 10 000#.

Le comte de Langeron, lieutenant du roi en Basse-Bretagne, vient d'arriver; il va demander une gratification de 6 000# pour sa première entrée aux États.

Le comte de Volvire, lieutenant du roi en Haute-Bretagne, est attendu incessamment. Il est dans le même cas que M. de Langeron.

En 1693 et 1695, les gratifications accordées aux lieutenants du roi furent prises sur les 48 000# dont les États disposaient alors librement. Aujourd'hui que la répartition de ces 48 000# est faite par le roi, il veut savoir si on y comprendra les gratifications que solliciteront MM. de Volvire et de Langeron (3).

---

24 Décembre 1711.

Le Roi « trouve que l'Assemblée des Etats de Bretagne dure trop longtemps. Nous attendons vos derniers ordres, si nous les recevons mardy prochain... nous ne negligerons rien pour separer l'Assemblée le plutost qu'il sera possible... » (4).

(1) Boislisle, *op. cit.* T. III, n° 1197.

(2) En apostille : « Le Roy ne veut point suprimer cet office dont les fonctions sont necessaires. » Voy. lettre du maréchal de Chateaurenault du même jour et les pièces, relatives à cette demande des États, qui y sont jointes et « Reflexions de M. Picquet sur la proposition des Etats... ». A. N. G[7] 192.

(3) A. N. G[7] 192. En apostille : « bon ».

(4) A. N. G[7] 192.

REQUÊTE des Receveurs, Contrôleurs et Commissaires des Fouages de Bretagne, au CONTROLEUR GÉNÉRAL.

1711.

Ils « ont efté confirmez dans leurs privileges & droits par Edit du mois de Juillet 1710 a la charge d'acquerir 10 deniers de nouvelles taxations moyennant la finance de 313250# & les 2 fols pour livre, 31225#. Ils fuplient Monfeigneur de leur accorder un arreft qui approuve la diftribution qu'ils ont faite entr'eux defdits dix deniers de taxations & en confideration de cette nouvelle finance de leur faire la grace de les difpenfer de la taxe faite fur eux comme officiers comptables & de celle qu'on pouroit faire pour la comptabilité... » (1).

Le Sieur CHIVÉRY, à Nantes, au CONTROLEUR GÉNÉRAL.

5 Janvier 1712.

Il dénonce les jeux défendus qui se jouent à Nantes (2).

Le Sieur DE LA CHIPAUDIÈRE-MAGON, Négociant à Saint-Malo, au CONTROLEUR GÉNÉRAL.

6 Janvier 1712.

Sur les achats de toiles que font les Anglais en Bretagne (3).

(1) A cette requête, est joint un « Eftat des fommes payéz » par eux « depuis leurs créations ». Ils ont débourfé : « en 1693, pour les recettes extraordinaires, 350000#; en 1694, pour droits de quittances, 30000; en 1700, pour un fuplement de finance, 143000; en 1703, pour les Controlleurs anciens & alternatifs, 236000; en 1704, pour augmentations de gages, 110000; en 1705, pour les Commiffaires, 66000; en 1706, pour autres augmentations de gages, 7150; en 1707, pour l'exemption de donner caution, 66000; en 1708, pour les offices triennaux, 462000; en la même année pour l'affranchiffement de leur capitation, 33000; en 1709, pour l'affranchiffement de leur preft & annuel, 213000; en tout 1716150 ». « On demande encore aujourd'huy a ces officiers ci la comptabilité qui poura monter a 59500#, des augmentations de gages qui vont a 170000... & l'on veut encore obliger a prendre 10 deniers de nouvelles taxations, la finance defquels va en principal & 2 fols pour livre a 344575#. De forte que ces officiers qui ont de finance environ un million de livres, auront payé au Roy y comprenant lefdits 344575 plus d'un autre million de livres... » (A. N. G[7] 191.)

(2) BOISLISLE, *op. cit.* T. III, n° 1207.

(3) ID., *ibid.*, n° 1208.

Le Comte DE LANNION, Commandant à Nantes, au CONTROLEUR GÉNÉRAL.

8 Janvier 1712.

Il accuse M. de Mianc d'intriguer pour le faire révoquer de son commandement (1).

L'ÉVÊQUE DE SAINT-MALO au CONTROLEUR GÉNÉRAL.

9 Janvier 1712.

« Les sieurs Chalmete & Adine (2) arriverent hier en cette ville (Dinan)... & me rendirent en arrivant votre lettre du 28 du mois dernier, vous voyés qu'ils ont eté longtemps en chemin; ce n'est point maladie qui les a fait arriver si tard, ce sont les mauvais chemins qui en ont eté la cause. Mr l'intendant les a mis d'abord au fait de nos fermes dont Messieurs les Commissaires du Roy sont venu faire faire cet aprés midy les encheres dans la salle des Etats pour en faire l'adjudication mardy du 12 du mois au plus tard. Je ne say cependant point si les Bretons se presenteront pour couvrir l'enchere que pourront faire les Parisiens pour lesquels Messieurs les Commissaires du Roy auront certainement tous les egards que vous pouvés desirer pour le bien du service & empescher que les fermiers Bretons ne leur suscitent de mauvaises difficultés en cas qu'ils s'avisaçent de le faire (3).

(1) BOISLISLE, *op. cit.* T. III, n° 1209.

(2) C'étaient « deux deputez... envoyez aux Etats pour la ferme des devoirs » par le Contrôleur général (Lettre de M. Ferrand au Contrôleur général, 7 janvier 1712, A. N. G[7] 193).

(3) Le même jour, Chalmette et Adine écrivaient au Contrôleur général : « Notre premier soin fut d'aller saluer Mr l'intendant... il nous receut tres bien & pris la peine de nous conduire luy même chez Mr le mareschal de Chateaurenault & Mgr l'Evesque de Saint-Malo... & chez Mr le prince de Léon... Il fut convenû qu'on feroit aujourdhuy une derniere publication de la ferme & des alienations que MMrs des Estats y veulent adjuger, & que mardy prochain sans remise, on procederoit a l'adjudication pure & simple... » (Id., *ibid.*) Chalmette et Adine se rendirent adjudicataires de la ferme des devoirs pour 4200000# en temps de guerre et 4400000# en temps de paix, de l'aliénation du doublement des droits de jaugeage pour 1000000#. Ils avaient proposé 200000# de plus que les fermiers bretons.

« Les Etats demandent la ſubrogation a l'ofice de commiſſaire abieneur general aux ſaizies feodales; la ſupreſſion de ceſte charge leur feroit egale, mais leur coutume eſt de demander la ſubrogation aux charges dont ils regardent l'exerciſſe comme nuiſible a la Province, ou dont les attributions leur paroiſſent onéreuſes; la raiſon qu'ils en ont eſt qu'en conſervant le titre de ces charges ils ſe propoſent d'en reduire les fonctions, d'en moderer les attributions & d'eviter qu'on ne crée de noûveau ces meſmes charges. Ainſy lorſque M[r] l'intendant a parlé de ſupreſſion... il l'a fait ſans prevoir l'effet de ſon expreſſion & vous pouvés eſtre aſſuré que c'eſt la ſubrogation que demandent les Etats ainſy que Monſieur le Mareſchal de Chateaurenault, M[r] le Prince de Léon & moy vous l'avons mandés... » (1).

---

17 Janvier 1712.

« Nous avons fini ce matin les Etats... Nous avons taſchés de conduire nos etats avec toute la bone intelligence que nous avons pu évitant ſoigneuſement tout ce qui pouvoit faire naitre des difficultés entre Meſſieurs les Commiſſaires du Roy & les états; auſſy aves-vous vu que la cour n'a eté fatiguée par aucun incident de notre part, c'eſt une attention trés néceſſaire dans la perſonne des Préſidents des ordres, ſurtout dans les Préſidents de l'Egliſe & de la nobleſſe, il ne faut jamais manquer non plus a prévoir & regler, comme vous aves fait, les etats à Paris avant qu'il en ſoit queſtion en Bretagne!

Ceux-ci tinrent «une mauvaiſe conduite»; l'intendant dut lever « quelques dificultez... avec autorité » et, avec l'aide de l'évêque de Saint-Malo, surmonta, en deux jours, différents obstacles qui « auroient encor alongé la tenue des eſtats & rendus tres inutille la précaution » prise par le Contrôleur général en envoyant Chalmette et Adine (Id., *ibid.*, Lettres de M. Ferrand et de Chalmette et Adine du 12 janvier). — Le sieur de Villemaré, un des membres de la Compagnie bretonne, qui n'avait pu décider ses associés à offrir le prix que désirait le Contrôleur général, écrivit à ce dernier le 14 janvier (Id., *ibid*) : « J'ay concilié les deux Compagnies de maniere que nous ſommes convenû de partager la ferme par moitié & cela par l'agrement de Mgr de Saint-Malo & de M[r] l'intendant. Cette union a été auſſy fort agréable a toûs M[rs] des Eſtats parce qu'ils y trouvent encore plus leurs ſeuretés, & entre nous qu'ils etoient un peu mortifiés de laiſſer quitter la Société de Bretagne & de voir venir celle de Mr Adine qui n'a pas eu le don par le paſſé de ſ'atirer tout a fait l'amitié des Bretons... »

(1) A. N. G[7] 193.

« Au refte fouvenez-vous que le défordre de cette province-cy pour la capitation eft intolérable & ruine abfolument la Province, vous favés que le feul remède eft de la faire régler par M[r] l'intendant... » (1).

M. FERRAND, *Intendant, au* CONTROLEUR GÉNÉRAL.

12 Février 1712.

Les États ayant duré soixante-neuf jours, les députés des communautés sollicitent une indemnité égale à celle qu'on leur a déjà payée pour leur séjour aux États.

L'intendant appuie leur requête (2).

---

12 Février 1712.

« Enlèvement de blés destinés à l'hôpital général de Bordeaux. » (3).

---

21 Février 1712.

L'escadre commandée par Duguay-Trouin est arrivée dans les ports de Bretagne. Les vaisseaux de cette escadre ont été armés en course. « On eft en peine de deux vaiffeaux de cet efcadre, l'un eft le Mars commandé par M[r] le chevalier de Courferac que Mr Duguay a laiffé demafté de tous mats a 600 lieues en mer, n'ayant de vivres & d'eau que pour cinq ou fix jours, on apprehende fort que ce vaiffeau n'ait peri (4). Le fecond eft le Magnanime commandé par le frére de M[r] le chevalier Danycan, qu'un coup de vent a feparé de l'efcadre, il porte la plus grande partie de l'or de Rio Janeyro; les pillages ont eté plus confiderables que ce qui eft raporté par les armateurs; cette entreprife eft plus glorieufe pour Mr Duguay qu'elle ne leur fera utile. . » (5).

(1) A. N. G[7] 193.

(2) Id. En apostille : « bon ».

(3) BOISLISLE, *op. cit.* T. III, n° 1223.

(4) Le 1er avril 1712, un sieur Bemard, de Brest, signala au Contrôleur l'arrivée du « Mars » au Port-Louis (A. N. G[7] 193).

(5) A. N. G[7] 193. Le 10 mars 1712, l'intendant envoie l'état « des matières d'or & d'argent raportées de Rio-Janeiro par M. Duguay-Trouin commandant une efcadre des vaiffeaux du Roy » non comprises celles embarquées sur le « Magnanime », qui n'est pas encore arrivé; cet état mentionne 2 588 marcs d'or, dont 2 055 de poudre d'or, et 2 499 marcs d'argent, dont 2 205 marcs en piastres, 58 en écus portugais et 236 en vieille vaisselle (Id., *ibid.*).

22 Avril 1712.

« ... La demande des intereffez » aux mines de Carnoët, « & de M. le duc de Melfort (1) ne tend qu'a faire renvoyer au Confeil toutes les conteftations qui peuvent regarder cet etabliffement. On ne fe plaint point des officiers de la juftice royale de Carhaix qui l'ont foutenu par leur jugement, on apprehende feulement la longueur d'un appel au Parlement; c'eft fur quoy, Monfieur, vous aurez la bonté de vous determiner en attribuant au Confeil du Roy la connoiffance de ce qui regarde cette affaire. Si vous croyez que ce fut trop gefner les habitants du canton qui peuvent avoir des interefts a difcuter dour la découverte de leurs heritages & donner trop d'autorité par l'eloignement de Paris à ceux qui ont le privilége, il dependra de vous, Monfieur, ou d'ecrire à M^r le Premier Prefident & à M^r le Procureur général pour leur recommander de foutenir cet etabliffement & d'expedier fommairement les affaires qu'il pourra faire noiftre, ou de m'en renvoyer la connoiffance... » (2).

M. DE MONTARAN, *Trésorier des États de Bretagne,* *au* CONTROLEUR GÉNÉRAL.

18 Mai 1712.

Il lui envoie l'état des payements effectués sur les 700 000#, qu'il a reçu l'ordre de recouvrer « pour les dons gratuits des Communautés de Bretagne, qui monte à 670000# » et l'état des frais de voiture « & autres petits frais qui monte à 2 193# 12 fous ». Il lui est encore dû près de 10000 écus sur ces 700 000#; l'intendant « f'eft donné la peine d'efcrire aux redevables pour les preffer de finir... » (3).

(1) Ces mines avaient été cédées au duc de Melfort par le sieur Porter qui, lui-même, les avait achetées à Jacqueline Duliscouet de Coëtman en 1707 (Analyse de cette affaire... A. N. G⁷ 193).

(2) A. N. G⁷ 193. En apostille à l'analyse de cette affaire : « Bon pour un an. Commettre M. Ferrand. »

(3) A. N. G⁷ 193.

Le Prince DE LÉON *au* CONTROLEUR GÉNÉRAL.

2 Juin 1712.

On l'a prié, moyennant une commission de 20 000#, de recommander une affaire au Contrôleur général (1).

M. FERRAND, *Intendant, au* CONTROLEUR GÉNÉRAL.

10 Juin 1712.

Il l'assure qu'on s'occupe « avec tout l'empréſſement poſſible [de] la liquidation de la finance des receveurs & controlleurs des fouages... ; la liquidation de Mr de la Boiſſiere & des controlleurs generaux eſt faite, auſſy bien que celle de quatre ou cinq cens petits officiers; on va finir inceſſamment celle des Receveurs des fouages » (2).

Le Sieur TOUILLE, *Commis au Bureau du Dixième, au* CONTROLEUR GÉNÉRAL.

10 Juin 1712.

« ... J'oſe vous repreſenter... que ſi vous accordiez un delais de trois ſemaines aux gentilſhommes & roturiers de cette province pour fournir declaration du revenu de leurs biens & ſans les aſſujetir à la peine du double, l'evénement & l'afaire du dixieme ſ'expliquerait encore mieux. Il y a nombre de perſonnes qui ſont en retard & qui n'ont point encore été compris dans aucun rôle. Ils voudroient au fond ſe ſoumettre; mais cette peine encourue pour le double ralenti cette bonne volonté, ce qui ne laiſſe pas de diminuer le recouvrement.

« Le plan qu'on ſe forme ſur la verification que l'on veut faire de ce que chaque particulier a declaré avec ce qu'il poſſede veritablement n'eſt pas d'une execution facile : on pretend pour y parvenir que Mrs les ſubde-

(1) BOISLISLE, *op. cit.* T. III, n° 1283. (2) A. N. G7 193.

legués, maires de ville & autres travailleront jointement avec Mrs les Controlleurs; il faudra une grande precaution & une extreme delicateſſe pour ne pas ſe laiſſer ſurprendre dans ces ſortes d'operations, car la plupart de ces Mrs ſubdelegués & autres pouront ſe porter a cete affaire pour diferens motifs, ou parce qu'ils aprehendront de deſobliger leurs parens ou amis ou qu'ils aprehendront de deplaire aux grands... Donner un commis a chacun des controlleurs... ne ſeroit pas d'un mediocre ſecours... » (1).

Le CONTROLEUR GÉNÉRAL *à* M. FERRAND, *Intendant.*

20 Juin 1712.

Il lui « envoie un arrêt fixant le nombre des electeurs des juges-conſuls dans chaque ville, ſuivant la force du commerce » (2).

M. FERRAND, *Intendant, au* CONTROLEUR GÉNÉRAL.

1er Juillet 1712.

« J'ay receu [vôtre] lettre... ſur ce qui reſte dû par les communautez de Concarneau, Hennebont, Rhuis & Guerande du traitté des controlleurs des greffiers des hoſtels de ville. Les octrois de ces villes ne vont pas a la moitié des charges réglées par les arreſts du Conſeil, ainſy il n'eſt pas poſſible de faire payer ces reunions. Je n'ay point compris ces communautez dans le don gratuit extraordinaire, & comme tous les octrois ſe levent ſur les boiſſons, on ne peut les augmenter ſans donner lieu aux fermiers des devoirs de demander des diminutions. Je ne crois pas que ce ſoit vôtre intention qu'on y engage les Etats » (3).

---

6 Juillet 1712.

La mort de sa femme et la nécessité de régler ses affaires l'obligent à aller à Paris. Il lui demande la permission d'y séjourner un mois ou six

(1) A. N. G7 193.
(2) Boislisle, *op. cit.*, T. III, n° 1300.
(3) A. N. G7 193.

semaines. Il n'en sortira point et ne paraîtra pas à la Cour « afin qu'il soit plus aisé [au Contrôleur général] de lui accorder cette grâce... Le service n'en souffrira pas, toutes les affaires principales etant disposées ». S'il est nécessaire, quand il aura la permission qu'il demande, il écrira à M. de Torcy (1)

---

15 Juillet 1712.

Les fermiers des biens nobles sont sujets aux fouages et rations (2).

---

01 Août 1712.

Il a appris que, dans plusieurs évêchés, les gentilshommes ne se disposaient pas à payer le dixième « pour les cinq quartiers échus au 1er janvier dernier ». Bien qu'il ait écrit à plusieurs, ils n'ont rien payé.

Il estime que M. le maréchal de Châteaurenault doit les sommer d'acquitter l'impôt, mander à Rennes les plus coupables. Deux ou trois exemples intimideront les autres. Sinon, le recouvrement du dixième sera impossible. Les receveurs reculent devant les menaces ou ne peuvent trouver d'huissiers pour « contraindre » les gentilshommes (3).

M. DE MIANE, Lieutenant de Roi du Château de Nantes, au CONTROLEUR GÉNÉRAL.

16 Août 1712.

« Payement de la pension du frère de l'amirante de Castille, prisonnier d'État espagnol, dont il est chargé... » (4).

M. FERRAND, Intendant, au CONTROLEUR GÉNÉRAL.

7 Septembre 1712.

M. de Châteaurenault a écrit à deux des gentilshommes les plus obstinés pour les inviter à payer le dixième.

(1) A. N. G[7] 193. En apostille : « bon pour un mois ».
(2) BOISLISLE, *op. cit.* T. III, n° 1308.
(3) A. N. G[7] 193.
(4) BOISLISLE, *op. cit.* T. III, n° 1327.

L'un d'eux, le Mis de Brésal, a répondu qu'il avait été trop taxé pour la capitation et que, par compensation, il ne payait pas le dixième. L'autre, M. de Carman, n'a rien répondu (1).

Le CONTROLEUR GÉNÉRAL *à* M. FERRAND, *Intendant.*

12 Octobre 1712.

Il envoie les pièces d'un procès entre le fermier du tabac et le nommé Tepot, demeurant à Lorient, qu'on a traité trop sévèrement (2).

Le CONTROLEUR GÉNÉRAL *à* M. DE BRILHAC,
Premier Président du Parlement de Bretagne.

22 Octobre 1712.

Il demande l'expulsion des orfèvres installés dans l'enclos du Palais de Rennes (3).

M. FERRAND, *Intendant, au* CONTROLEUR GÉNÉRAL.

27 Octobre 1712.

Il a fait étudier les marais du lac de Grandlieu, que les Sieur et Dame de la Blottière et de Liancé veulent dessécher.

Il lui adresse les procès-verbaux et pièces concernant cette affaire très importante et très avantageuse aux propriétaires (4).

---

25 Novembre 1712.

Il est nécessaire d'écrire à M. de Brilhac au sujet du dixième, que plusieurs officiers n'ont pas payé depuis cinq quartiers et que personne, à Rennes, n'a payé pour 1712.

(1) A N. G⁷ 193.
(2) Boislisle, *op. cit.* T. III, n° 1345.
(3) Id., *ibid*, n° 1351.
(4) A. N. G⁷ 193. Voy. aussi sur ce sujet des lettre et mémoire de l'Intendant, 27 octobre et 2 janvier 1713.

La conduite de M. de la Nuit, conseiller, est particulièrement blâmable. L'an dernier, il se borna à déclarer qu'il possédait des biens dans les évêchés de Saint-Brieuc, de Tréguier et de Quimper. On lui demanda de détailler ses biens par paroisse; il refusa de le faire. Malgré toutes les démarches de l'intendant, il n'est pas revenu sur son refus; il ne paye rien. Des gentilshommes de Guingamp l'imitent; personne n'ose user de contrainte à son égard (1).

---

14 Décembre 1712.

Il est difficile de faire appliquer en Bretagne l'arrêt du 27 août 1709, qui prohibe les étoffes et les toiles des Indes, car les vaisseaux des Indes Orientales abordent en cette province et fraudent.

Il fera tous ses efforts pour exécuter l'arrêt et réprimer la fraude (2).

REQUÊTE des États de Bretagne au CONTROLEUR GÉNÉRAL.

1712.

Les États demandent d'accorder « aux deputés des villes & communautés de la province aux Eſtats tenus a Dinan en l'année 1711 ſur les deniers communs patrimoniaux & d'oƈtroy des dites villes & communautés dix livres par jour pendant la dite tenüe, & a ceux de Rennes & Nantes 15#, & ordonner qu'a l'avenir, lorſque l'aſſemblée des Eſtats durera plus de vingt jours, les deputés deſdites villes... ſeront payés par jour a la ſuſdite raiſon...

« Juſques en l'année 1679 les frais de voyages des deputés des villes & communautés étoient payés ſçavoir à ceux des communautés de

(1) A. N. G⁷ 193.

(2) A. N. G⁷ 193. Les 14 et 23 décembre 1712, l'Intendant signale qu'on a convaincu de fraude un marchand de Nantes, le sieur Colleno. Ce marchand avait acheté, à la vente des marchandises venues sur les vaisseaux de la Compagnie des Indes, 462 pièces de satin, qu'on avait déposées dans les magasins de la ferme, en attendant l'occasion pour le marchand de les embarquer. En novembre, Colleno avait déclaré vouloir les expédier à Bilbao; les pièces de satin avaient été embarquées sur le navire désigné par Colleno, mais celui-ci, quand les commis de Paimbœuf eurent visité le navire, les avait débarquées et renvoyées à Nantes (Id., *ibid.*).

Voy. autres lettres du même du 7 mars, 12 avril 1713, sur la fraude au Port-Louis (A. N. G⁷ 194).

Rennes & Nantes, à 15# par jour & ceux des autres communautés à 10#. C'eſt ſur ce pied & par rapport a la durée des Etats qui n'eſtoient alors que de vingt jours au plus que Sa Majeſté fixa les frais de voyages des deputés de Rennes & de Nantes à 300# & ceux des autres communautés de la province a 200# par l'arreſt du Conſeil du 18 Juillet 1681. Mais depuis ce tems là les affaires de la province ſ'étant beaucoup augmentées, elles n'ont pu eſtre terminées en ſi peu de temps, en ſorte que les Etats ſont ſouvent aſſemblés pendant deux & trois mois, & la dernière tenue a duré depuis le 10 Novembre 1711... juſques au 17 janvier 1712 jour de la cloture, ce qui fait ſoixante-neuf jours. Ainſy l'on jugera facilement que les deputés qui n'ont que 200# & dont on leur retient le dixième, ce qui fait qu'il ne leur reſte que 180#, ne peuvent vivre pour une ſi modique ſomme pendant un ſi longtemps, qui n'eſt que cinquante deux ſols par jour pendant qu'ont duré les Etats, outre que la plupart des députés etant eloignés du lieu où l'on tient les Etats employent encore ſept a huit jours pour ſ'y rendre & ſ'en retourner chez eux, & ces voyages ne ſe font même que dans un temps où la ſaiſon eſt très incommode. Ainſy les frais de voiture conſomment la plus grande partie de ce qui a eſté reglé par l'arreſt de 1681; c'eſt pourquoi l'on a peine à trouver dans les villes des officiers & habitans qui veuillent accepter la deputation aux Etats... Ainſy les Etats eſperent que Sa Majeſté aura la bonté d'accorder aux deputés des communautés ce qu'ils demandent... » (1).

M. DE MONTARAN, Trésorier des États de Bretagne,
au CONTROLEUR GÉNÉRAL.

28 Février 1713.

« ... L'emprunt des 800000# que j'ay eſté chargé (2) de faire pour achever de rembourſer les officiers des fouages eſt entierement remply &

(1) A. N. G⁷ 186. (Cette requête a sans doute été classée sous cette cote par erreur.) — Voy. une requête analogue présentée en 1709 (Id., *ibid.*).

(2) Le 11 février (A. N. G⁷ 194), il avait envoyé au Contrôleur général « le projet d'arreſt du Conſeil pour authoriſer la procuration... que les deputez des Etats [lui avaient] donnée pour la converſion des rentes du denier douze au denier dix-huit ».

j'ay receu plus d'argent que je n'en puis consommer pour remplacer les porteurs de contracts au denier douze, au denier quatorze, & au denier seize qui voudront recevoir leur remboursement parce que tous les créanciers des Estats se portent volontairement à la reduction au denier dix huit. . (1).

Le Comte DE TOULOUSE, Gouverneur de Bretagne, au CONTROLEUR GÉNÉRAL.

6 Mars 1713.

Les États trouvent facilement de l'argent.
Sur le lieu de la tenue des États prochains (2).

---

17 et 27 Avril 1713.

M. Ferrand est d'avis de fixer l'ouverture des États au 1er octobre prochain. Si cette date convient au Contrôleur général, celui-ci est prié de la proposer au roi. Les députés sont très heureux de connaître la date de l'ouverture des États longtemps à l'avance. « Ceux qui doivent y tenir table » peuvent faire leurs provisions. Il le prie de vouloir bien faire nommer M. de la Faluère comme second Commissaire aux États (3).

Les MAIRE, ÉCHEVINS et JUGES-CONSULS de Nantes au CONTROLEUR GÉNÉRAL.

6 Mai 1713.

Au sujet de la création d'une place où puisse être dressée la statue équestre du roi (4)

(1) A. N. G7 194.
(2) BOISLISLE, *op. cit.* T. III, n° 1416.
(3) A. N. G7 194. La date proposée fut acceptée.
(4) BOISLISLE, *op. cit.*, T. III, n° 1445.

M. FERRAND, Intendant, au CONTROLEUR GÉNÉRAL.

7 et 17 Mars 1713, 10 Mai 1713;
25 Décembre 1714.

« Travaux à faire à la pointe de Pen-Bron pour protéger les salines de Guérande et du Croisic contre l'envahissement de la mer » (1).

Le Comte DE TOULOUSE, Gouverneur de Bretagne, au CONTROLEUR GÉNÉRAL.

13 Mars 1713.

Les députés des États l'ont entretenu de la charge d'abienneur qu'ils désirent vivement rembourser. Deux choses lui ont paru particulièrement dignes d'attention : « 1° Les vexations que les commis de l'abienneur ne manqueroient jamais d'exercer ſur tous les vaſſaux du Roy dans la province, ce qui ſeroit auſſi a charge que les droits meme qu'ils ont droit de lever ». Sans doute « on aſſure toujours que les commis ſeront toujours contenus dans leur devoir & ſeverement punis ſ'ils y contreviennent », mais le Contrôleur sait mieux que lui... « que ces promeſſes là ſe ſont toujours & ne ſ'executent jamais. La 2e choſe c'eſt que non ſeulement les droits attribués a cet abienneur paroiſſent exceſſivement forts, mais encore en beaucoup d'articles ils ſont directement contraires aux diſpoſitions de la Coutume de Bretagne. Quant a ce qu'on dit que cet abienneur eſt neceſſaire dans la province, puiſque le Procureur general de la Chambre des Comptes ne ſuffit pas pour ſervir le Roy, on peut repondre que le Procureur general peut faire en Bretagne ſeul ce que font les autres dans toutes les chambres des Comptes du Royaume où il n'y a point d'abienneur, qu'il peut augmenter le nombre de ſes ſubſtituts, mais qu'il n'eſt point juſte que la negligence ou le manque d'activité d'un officier ſoit un pretexte pour charger la province de nouveaux droits & auxquels elle n'a jamais eſté aſſujetie... » (2).

(1) BOISLISLE, *op. cit.*, T. III, n° 1418.

(2) A. N. G7 194.

M. FERRAND, Intendant, au CONTROLEUR GÉNÉRAL.

10 Mai, 6 et 24 Juin 1713.

État des récoltes, achats de grains faits en Hollande et dans le Nord (1).

16 Mai 1713.

Le miseur de Lesneven « se plaint, comme tout le public, d'un abus qui est general dans toutes les recettes, sur la diminution des especes que les receveurs font porter aux parties prenantes arbitrairement, & sans raporter de procez-verbal de la representation de leurs regiftres, & des especes qui sont dans leur caisse. C'est à vous, Monsieur, d'y apporter le remede convenable dans un tems où les diminutions vont devenir considerables & frequentes; il y auroit beaucoup de justice d'y mettre une regle pour l'avenir; a l'egard du passé il est difficile d'y pourvoir. Tous les receveurs, sans en excepter,... ont fait les mêmes profits... » (2).

19 Mai 1713.

Il a reçu sa lettre relative au desséchement des marais de Routoüan. Il se rendra incessamment à Saint-Malo pour examiner cette affaire (3).

Le Comte DE TOULOUSE, Gouverneur de Bretagne, au CONTROLEUR GÉNÉRAL.

Mai 1713.

« ... Mr Ferrand vous a prié de demander pour lui une pension au Roy. Je ne pretens point joindre ma recommandation a la votre, parce qu'un Intendant ne sauroit en avoir de meilleure aupres du Roy, que le temoignage que vous rendés d'etre content de ses services mais... je ne feray point faché que Sa Majesté sache que,.. je partageray avec Mr Ferrand la reconnoissance qu'il aura de la grace qu'il espere » (4).

(1) Boislisle, *op. cit.*, T. III, no 1450.
(2) A. N. G7 194.
(3) A. N. G7 194.
(4) A. N. G7 194.

M. FERRAND, Intendant, au CONTROLEUR GÉNÉRAL.

6 Juin 1713.

Il estime qu'il faut maintenir à Nantes les deux compagnies de marine qui s'y trouvent maintenant. Les grains destinés aux provinces voisines, qui souffrent de la disette, devront passer par Nantes. Des désordres sont à prévoir (1).

---

7 Juin 1713.

« Réunion des deux offices de syndic, créés en mars 1706, à la communauté des notaires de Rennes. » (2).

---

17 Juin 1713.

Il est d'avis, étant donné les lettres patentes qui les exemptent des fouages, d'accorder aux habitants de Bréhat l'exemption des « fommes pour lefquelles ils ont été compris dans les rolles arreftez au Confeil pour la confirmation des feux affranchis... » (3).

12 Juillet, 14 Août,
8 et 27 Décembre 1713, 20 Janvier 1715.

Contrebande du tabac (4).

M. DE MONTARAN, Trésorier des États de Bretagne, au CONTROLEUR GÉNÉRAL.

21 Juillet 1713.

Projet d'arrêt pour le remboursement d'offices de commissaire général aux saisies féodales, de contrôleur et de receveur des fouages (5).

(1) A. N. G[7] 194.
(2) Boislisle, *op. cit.* T. III, n° 1461.
(3) A. N. G[7] 194. L'exemption fut accordée (Id., *ibid.* Analyse de cette affaire).
(4) Boislisle, *op. cit.* T. III, n° 1484.
(5) Id., *ibid.*, n° 1488.

Le Sieur DU SAULT au CONTROLEUR GÉNÉRAL.

5 Août 1713.

Au sujet des vaisseaux malouins armés pour la mer du Sud (1).

Le Comte DE TOULOUSE, Gouverneur de Bretagne, au CONTROLEUR GÉNÉRAL.

12 Août 1713.

Demande de fonds pour achever les réparations de l'église de Saint-Brieuc (2).

M. FERRAND, Intendant, au CONTROLEUR GÉNÉRAL.

1er Septembre 1713.

La récolte a été meilleure qu'on ne l'espérait; elle a donné « la moitié d'une bonne année ».

Les prix diminuent partout. A Nantes, le seigle, qui se vendait 200# le tonneau, est tombé à 120 (3).

1er Octobre 1713.

Le maréchal de Châteaurenault demande une gratification pour son fils et pour Mme la comtesse de Châteaurenault, à l'occasion de leur première entrée aux États prochains.

Jusqu'ici, les lieutenants généraux et leurs femmes n'ont reçu de gratifications que lorsqu'ils ont « tenu les États en chef » (4).

(1) Boislisle, *op. cit.* T. III, n° 1500.
(2) Id., *ibid.*, n° 1506.
(3) A. N. G7 195.
(4) A. N. G7 195. Les États avaient été ouverts la veille (Lettre du maréchal de Châteaurenault du 1er octobre, id., *ibid*).

9 Octobre 1713.

Les États ont accordé sur-le-champ les 3000000# du don gratuit et les 4000000# de la capitation (1).

---

12 Octobre 1713.

Le roi a promis d'aider M. de la Trémoille à soutenir les charges de la présidence aux États.

Sa Majesté consent-elle à ce qu'on accorde à M. de la Trémoille une gratification de 10000# pour sa première présidence aux États et à ce que M. de Lépine-Danican lui paye 10000# d'avances sur le produit des droits de contrôle, qui lui appartiennent?

La conduite de M. de la Trémoille est très satisfaisante. « Il soutient avec dignité le nom qu'il porte » (2).

L'ÉVÊQUE DE SAINT-MALO au CONTROLEUR GÉNÉRAL.

17 Octobre 1713.

« ... Mr Ferrand... m'a communiqué le memoire qu'il a dreſſé aprés avoir conferé enſemble de l'afaire qu'il contient; je n'ay rien a y ajouter, ſi ce n'eſt qu'il ne convient point que les Etats entrent preſentement dans la diſcuſſion des plaintes qu'il y a dans la province ſur la perception du droit de controle, non plus que dans l'entrepriſe de faire un nouveau tarif de ces droits dans cette tenue : l'expedient propoſé par le memoire eſt ce qui nous paroit de plus a propos pour le bien du ſervice & la brieveté des Etats; il eſt neceſſaire... que votre reponſe a Meſſieurs les Commiſſaires ſoit prompte & qu'elle paroiſſe plus toſt une ſuite de l'attention que le Roy a bien voulu donner aux afaires de la Province qu'une deciſion demandée de cette part cy.

Voy. aussi : Lettre de l'évêque de Saint-Malo, du 9 octobre, qui signale les premières démarches du Commandant de la province, pour faire obtenir cette gratification à son fils et à sa belle-fille. Tandis que l'Intendant se montre hostile à cette demande du Commandant, on sent que l'évêque ne veut pas se prononcer.

(1) A. N. G7 195.

(2) Id. En apostille : « Gratification de Mr de la Tremoille... approuvé ».

« Les Eſtats ont accepté ce matin l'union de ces controles a la province & propoſent,.. de ſ'en ſervir pour faire un emprunt dont les arerages ſeront pris ſur le produit de ces mêmes droits, trouvant dans la ferme qu'ils en continueroient plus de profit pour les Etats que dans l'alienation qui en avoit eté propoſée... Ces vues ne ſont pas eſloignées de ce que l'on propoſe dans le mémoire de Mr Ferrand... » (1).

Le CONTROLEUR GÉNÉRAL à M. FERRAND, Intendant.

21 Octobre et 12 Novembre 1713.
3 Juillet 1714.

« Rachat par les États des droits de contrôle des actes des notaires, petits sceaux et insinuations laïques, et mise en ferme de ces droits... » (2).

M. FERRAND, Intendant, au CONTROLEUR GÉNÉRAL.

25 Octobre 1713.

Nécessité de finir les travaux du Séminaire de la Marine, à Brest (3).

M. DE LA TRÉMOILLE, Président de la Noblesse aux États, au CONTROLEUR GÉNÉRAL.

30 Octobre 1713.

Les 10000#, que le roi lui a accordées, seront insuffisantes; il ne lui reste plus que 3000# et il sera obligé de réduire ses dépenses...

Il aurait besoin encore de 2000 écus (4).

(1) A. N. G7 195.
(2) Boislisle, *op. cit.* T. III, nos 1534.
(3) Id., *ibid.*, no 1540.
(4) A. N. G7 195. En apostille : « Je ſuis embaraſſé ſur les 6000# qu'il demande, le Roy ne voulant point prendre de ſon fonds pour fournir a la depenſe du baron qui preſide la nobleſſe... » — Le 9 novembre 1713, M. Ferrand demande au Contrôleur s'il peut donner 6000# à M. de la Trémoille sur la ferme du Contrôle des actes (Id., *ibid.*).

M. FERRAND, *Intendant*, au CONTROLEUR GÉNÉRAL.

2 et 4 Novembre 1713.

« Résiliation consentie par les fermiers des devoirs d'une nouvelle aliénation du doublement des droits de courtiers et autres; emprunt contracté pour remplacer cette source de revenus » (1).

---

6 Novembre 1713.

« Il eſt d'uſage dans les villes où ſe tiennent les Etats d'accorder aux gouverneurs lors qu'ils ſont preſents une gratification de 6000#. Elle a été donnée à Mr de la Bretonniere, gouverneur de Dinan, préſent aux Etats de 1711. Mr de la Bretonniere, ſon pére, maréchal de camp n'obtint qu'une gratification de 3000# en 1707 n'ayant pû quitter ſon commandement en Catalogne pendant cette aſſemblée, le roi voulut bien lui faire cette grâce. Mr de la Bretonniere fils, gouverneur de Dinan, capitaine de cavalerie dans le regiment de Bouzols, eſt actuellement au ſiege de Fribourg, » on ne sait s'il pourra se rendre aux États; s'il peut s'y rendre, lui donnera-t-on la gratification de 6000#? S'il ne peut y assister, lui en accordera-t-on seulement 3000?... » (2).

---

18 Novembre 1713.

La clôture des États est faite. La session a été calme; les États ont exécuté avec zèle les ordres du roi. On ne peut trop louer la prudence et l'activité de M. l'évêque de Saint-Malo, le président. La conduite de M. de la Trémoille a été aussi très satisfaisante (3).

---

23 Novembre et 22 Décembre 1713.

« Etablissement d'une patrouille à Nantes et à Rennes pour assurer la police de ces villes » (4).

(1) Boislisle, *op. cit.*, T. III, n° 1545.

(2) A. N. G7 195.

(3) A. N. G7 195.

(4) Boislisle, *op. cit.*, T. III, n° 1552.

Novembre 1713.

« ... Les Etats se sont conformez aux ordres du Roy; ils ont délibéré ... d'accorder une gratification de 20 000# à Mr le comte de Chasteaurenaut & une de 12 000 à Madame la comtesse de Chasteaurenaut. Mr le comte de Chasteaurenaut a refusé d'accepter les 20 000# que les États lui ont offerts & les en a remerciez. » (1).

27 Décembre 1713

« La Commission que vous m'avez fait l'honneur de me donner pour la répartition de la Capitation de cette province avec les deputez des Etats dont vous avez fait choix, nous fournit une occupation que je n'avois pas prévue, elle durera pour le moins jusqu'au 15e de février sans interruption d'un seul jour. Nous ferons tous en sorte de remplir ce que vous avez attendu de nos soins, mais comme par cette nouvelle commission l'ancien bureau devient inutile & qu'il n'est point necessaire de le faire subsister pour finir les affaires qui restent, je vous suplie... de faire expedier l'arrest dont le projet est joint pour donner le pouvoir aux nouveaux commissaires de les regler. » (2).

(1) A. N. G7 195. Le 18 novembre, le maréchal de Châteaurenault écrit au Contrôleur : « mon fils a refusé la gratification que les etats lui avoient accordé selon la lettre que vous m'avies fait l'honneur de m'ecrire, ma belle fille a accepté la sienne ... (Id., *ibid.*).

(2) A. N. G7 195. Voy. Lettre de M. de Cintré, le 2 février 1714, qui se plaint de n'avoir pas été renommé Commissaire au bureau de la capitation (A. N. G7 196).—Les 9 et 17 février 1714, M. Ferrand écrit qu'il a envoyé un projet d'arrêt pour réunir l'ancien bureau de la capitation au nouveau et qu'il n'en a « point entendu parler depuis ... » — Le 21 février, à M. de La Garde : « Je vous suplie ... d'en rendre compte à Mr Desmaretz & d'en procurer l'expedition, sans me renvoyer a Mr Le Pelletier des Forts, vous éviterez une brouillerie sur le changement d'un des commissaires de la noblesse, Mr Desmaretz l'a approuvé, vous voyez aussi que l'arrest n'a point été expedié par ce canal ... » Le 28 suivant, il avertit M. de La Garde qu'il a reçu de M. Le Peletier des Forts l'arrêt en question, conforme à son projet (A. N. G7 196). A propos du renouvellement du bureau de la capitation et de l'exclusion de M. de Cintré, M. Ferrand écrit qu'en août 1713, en présence du Contrôleur général, de M. de Nointel, de M. de Valincour et de M. de Montaran, on le chargea de former le nouveau bureau de la capitation et il ajoute : « Je proposai donc ceux qui devoient [le] composer; Mr de Calloet fut approuvé pour la noblesse & Mr le senechal de Rennes pour le tiers-etat. Tous convinrent de leur capacité. Je suis très faché que ce choix ait exclu M. de Cintré & Mr le lieutenant du presidial de Rennes, mais je ne pouvois autrement me charger [d'arrêter les rôles]; je ne sais comment Mr de Cintré attaque la qualité de Mr Calloet qui assiste à tous les etats & est de toutes les principales deputations pour la noblesse... » (Id., *ibid.*, lettre du 2 mars 1714 au Contrôleur général).

Le CONTROLEUR GÉNÉRAL *à* M. FERRAND, *Intendant.*

Décembre 1713.

Création d'offices d'inspecteurs aux saisies réelles (1).

Le Comte DE TOULOUSE, *Gouverneur de Bretagne,*
au CONTROLEUR GÉNÉRAL.

4 Mars 1714.

Il demande un règlement pour la communauté de Saint-Malo (2).

M. FERRAND, *Intendant, au* CONTROLEUR GÉNÉRAL.

13 Avril 1714.

Demande d'exemption des droits des cinq grosses fermes, dans les paroisses limitrophes du Poitou, pour les habits et hardes des particuliers de Bretagne, non marchands (3).

M. DE BRILHAC, *Premier Président du Parlement de Bretagne,*
au CONTROLEUR GÉNÉRAL.

27 Avril 1714.

« Il demande que la connaissance des faits relatifs à la ferme du tabac soit rendue à sa compagnie » (4).

M. FERRAND, *Intendant, au* CONTROLEUR GÉNÉRAL.

28 Avril 1714.

« J'ay l'honneur de vous envoyer .. trois etats qui vous feront connoiſtre les trois inſpecteurs qui ont eté établis en Bretagne, ſoit ſur les

(1) BOISLISLE, *op. cit.*, T. III, n° 1564.
(2) ID., *ibid.*, n° 1594.
(3) BOISLISLE, *op. cit.*, T. III, n° 1618.
(4) ID., *ibid.*, n° 1626.

draps & autres etoffes, ou ſur les toiles, les lieux dans leſquels chacun d'eux eſt obligé de faire ſes viſites & les appointements qui ſont reglez pour chaque inſpecteur. Les ſieurs Ducluſeau & Richer, qui ſont prepoſez pour maintenir les reglements des manufactures ſur les draps & autres etoffes, doivent recevoir leurs appointements ſur le ſol pour pieces d'etoffes. Le ſieur Caillau dont l'inſpection eſt ſur les toiles, reçoit ſes appointements au Treſor Royal. Je n'ay point receu de plaintes contre la conduite de ces trois inſpecteurs.

« Les ſieurs Ducluſeau & Richer ſe ſont plaints à nous que les marchands refuſoient de paier ce qui avoit eté reglé par mes ordonnances pour leurs appointements... J'ay fait... quelques changements... S'il arrive de nouvelles difficultez, qui ne viennent point de l'obſtination des marchands, je les leveray ſ'il m'est poſſible, ſinon j'auray l'honneur de vous en ecrire... » (1).

(1) A. N. G[7] 196. A cette lettre est joint un « Etat des villes & lieux de la province de Bretagne où il ſe fabrique des toilles & où le ſieur Caillaud inſpecteur fait ſes viſites », dont voici l'analyse : Dans la ville et faubourgs de Quintin, il y a 390 tisserands et 616 métiers, deux marchés de toile par semaine, le mardi et le vendredi, ce dernier plus important que celui du mardi. Les paroisses voisines apportent aussi leurs toiles sur ces marchés, où l'on a vu jusqu'à 2, 3, 4 ou 500 pièces de toile. L'aunage de ces toiles varie entre 10, 15, 20, 25, 30, 35, 40 et 50 aunes la pièce; à Uzel, 92 tisserands et 106 métiers, un seul marché, le mercredi, alimenté par Uzel et les paroisses des environs; on y trouve ordinairement 3, 4 et 500 pièces; à Loudéac, 48 tisserands et 46 métiers, un seul marché, le samedi, qui reçoit de 3 à 500 pièces de toiles « propres pour l'Eſpagne & pour les Indes & pour le Royaume. Les marchands de Pontivy les achetent, les font enſuitte blanchir d'où elles ſont nommées pontivy ». — Dans la ville et faubourgs de Pontivy, il n'y a que 12 tisserands et 22 métiers; les toiles qu'on y fabrique « ſont pour l'uſage des bourgeois & peu pour le commerce ». — A Tréguier, quelques tisserands font des « toilles bourgeoiſes » qu'on vend à la foire annuelle de la ville. — Dans les paroisses environnant Lannion, on fait « des toilles de demi aulne de large nommées gratiennes... propres pour faire des enveloppes des toilles qu'on envoye en Angleterre »; Guingamp fait pareillement un commerce assez important de « gratiennes »; Morlaix exporte beaucoup en Espagne, aux Indes, des toiles fabriquées dans les évêchés de Léon et de Cornouailles, « ordinairement de cent aunes, en deux demies pièces ». — A Landivisiau, on compte 14 tisserands et 17 métiers; les toiles sont vendues à Morlaix et Landerneau; Landerneau expédie beaucoup de toiles fabriquées dans l'évêché de Léon en Espagne, en Languedoc, Gascogne et Guyenne, et en Angleterre. — A Dol, 9 tisserands, 15 métiers; à Antrain, 20 tisserands, 26 métiers; à Combourg, 20 tisserands et 25 métiers, et ceux des paroisses voisines tissent partie « pour l'uſage des bourgeois & l'autre pour le commerce »; à Bàzouges, 6 tisserands,

10 Mai 1714.

Il lui écrit au sujet de la communauté de Saint-Malo et lui envoie un projet de réglement approuvé par l'évêque et par le comte de Lannion, gouverneur de la ville.

Il est à désirer que les douze notables soient choisis parmi tous les commerçants et que les élus ne puissent refuser leur charge.

On manque d'hommes capables pour leur confier les fonctions importantes, car les personnes qui en sont exemptes ne veulent pas les remplir.

Ce projet de réglement est joint à sa lettre (1).

M. DE VALINCOUR, Secrétaire du Gouvernement Général de Bretagne, au CONTROLEUR GÉNÉRAL.

28 Mai 1714.

Les députés regrettent d'avoir mis les rentes de la province au denier vingt-deux (2).

M. DE MONTARAN, Trésorier des États de Bretagne, à M. DE LA GARDE.

6 Juin 1714.

Il propose d'avancer, sans intérêts, 40912# 10 sous pour l'entretien des grands chemins (3).

7 métiers travaillent pour les Iles et pour le royaume; les paroisses voisines fournissent un nombre considérable de toiles. — A Fougères, 156 tisserands, 220 métiers; « les toilles qui s'y font sont partie pour le bourgeois & l'autre pour le commerce, les paroisses voisines en fournissent beaucoup, elles sont propres pour le Royaume, pour les Isles & pour l'Angleterre lorsque le commerce est libre »; à Vitré, 58 tisserands, 92 métiers; les toiles sont destinées à l'Espagne, aux Indes et aux Iles; les paroisses voisines en fabriquent beaucoup; quelques-unes sont dites « rondelette propres à faire des voiles de chaloupes & des perroquets a de petits vaisseaux »; à Rennes, on ne fait point de toile, « mais bien dans les paroisses voisines que l'on nomme toille de Noyal propres pour les vaisseaux du Roy ».— A Dinan, 169 tisserands, 231 métiers qui vendent aux Iles et dans le royaume,

« Le sieur Caillaud inspecteur ne perçoit aucun droit sur les toilles en Bretagne où il n'y a point de maitrise pour les tisserands, point de communauté ni de jurez gardes... »

(1) A. N. G[7] 196. Le 20 mai 1714, il envoie un nouveau projet et une nouvelle lettre.

(2) BOISLISLE, *op. cit.*, T. III, n° 1648.

(3) ID., *ibid.*, n° 1652.

M. FERRAND, Intendant, au CONTROLEUR GÉNÉRAL.

22 Juin 1714.

Après plus de huit années de bonnes relations, M. le maréchal de Châteaurenault s'est brouillé avec lui. Aux derniers États, il affectait de ne point l'apercevoir, il sortait d'une chambre à son entrée, ou lui tournait le dos. Il n'a pas voulu lui donner les raisons de son attitude. M. Ferrand l'attribue à l'influence de son fils, le comte de Châteaurenault, qui éloigne, par son caractère, tous les amis de son père (1).

Le Comte DE TOULOUSE, Gouverneur de Bretagne, au CONTROLEUR GÉNÉRAL.

14 Juillet 1714.

Les dispositions prises pour assurer le recrutement de la communauté de Saint-Malo et l'ordre pendant ses séances sont très utiles.

Il demande qu'on les étende aux autres grandes villes de la province, à Rennes surtout, où il en est le plus besoin (2).

M. FERRAND, Intendant, au CONTROLEUR GÉNÉRAL.

8 Août 1714.

Il a examiné le projet d'arrêt tendant à autoriser dans les provinces, exemptes de gabelles, l'entrée gratuite des viandes salées d'origine étrangère.

Il lui semble que l'entrée en franchise serait avantageuse à la province, où le nombre des bestiaux a considérablement diminué (3). Le bas peuple des villes en profitera beaucoup.

(1) A. N. G[7] 196. Cf. Boislisle, *op. cit.*, T. III, n° 1662.

(2) A. N. G[7] 196.

(3) Le 19 octobre 1714, M. Ferrand écrit au Contrôleur qu'il va s'assurer s'il est vrai « qu'il s'eſt vendu depuis peu à Saint-Meen juſqu'à 1700 bœufs que les marchands ont dit etre deſtinez pour l'Italie... » ; le 24 suivant, il déclare qu'il ne se vend que des vaches dans ce canton et qu'il y en a été vendu « un grand nombre depuis près d'un an [pour la] Normandie... » A. N. G[7] 196.

Dans les campagnes, les propriétaires vignerons, qui, d'habitude, tuent et salent de nombreuses bêtes à cornes pour nourrir leurs vendangeurs, pourront s'approvisionner de ces viandes salées, meilleures, car mieux préparées. Ils y feront encore du bénéfice : la viande de bœuf fraîche vaut de 5 à 6 sous la livre; rendue dans les ports bretons, la viande de bœuf salé d'Irlande ne revient qu'à 2 sous 3 deniers.

Les fermiers des droits des boucheries en seront un peu lésés; on pourra les indemniser (1).

---

2 Décembre 1714.

Sur la pêche de la sardine (2).

M. LEGALLO, Curé de l'Ile des Saints, par Brest, au CONTROLEUR GÉNÉRAL.

16 Décembre 1714.

Sur l'état de l'île des Saints et l'anarchie qui règne dans l'île (3).

M. FERRAND, Intendant, au CONTROLEUR GÉNÉRAL.

23 Février 1715.

« Il y a longtems que l'on se plaint de la continuation de la levée des octrois accordéz à la ville de Saint-Malo en 1694 ». Il lui envoie un long mémoire relatif à ces octrois, à leur produit depuis 1694 et aux moyens de les supprimer (4).

---

13 Mars 1715.

Il a reçu sa lettre relative aux offices de maires et autres créés dans les hôtels de ville dont le roi a permis le rachat. Il a informé les commu-

(1) A. N. G[7] 196.
(2) Boislisle, *op. cit.* T. III, n° 1747.
(3) Id., *ibid.*, n° 1749.
(4) A. N. G[7] 197. Il s'agit des « droits d'ancienne coûtume, pancarte, quays & chaussées & le doublement d'iceux [accordés] pour estre le produit employé au rembourſement de la ſomme de 160 000# due pour l'armement des galères, fregates & brulots qui fut fait en 1693 pour la deffenſe du port de la ville & pour achapt de munitions... »

nautés bretonnes qu'elles auraient la liberté, après avoir remboursé les officiers pourvus de ces charges, de confier les fonctions de maire à un homme de leur choix, sans qu'aucun autre officier eût le droit de les présider. Mais quelques maires s'opposent au rachat. Il serait à propos de leur ôter momentanément la présidence des communautés, pour permettre à celles-ci de délibérer librement sur ce sujet et de chercher les moyens de rembourser les officiers en charge (1).

---

16 Avril 1715.

« Réparation des quais de Roscoff démolis par un ouragan » (2).

MÉMOIRE pour les États de Bretagne de l'année 1715.

17 Mai 1715.

Le Comte de Toulouse a proposé de tenir les États à Saint-Brieuc. En effet, les évêques de Saint-Malo et de Rennes se sont récusés, ceux de Vannes et de Nantes ne sont pas « en état de les tenir », et les autres villes épiscopales ne conviennent pas à une tenue d'États.

L'évêque de Saint-Brieuc, « mal dans ſes affaires », aura besoin de grands secours. Pour ne pas augmenter les charges de la province, on compte lui faire donner la grande députation, à moins que l'abbé de Sourches, ayant été pourvu de l'évêché de Dol avant les États, ne l'obtienne, suivant l'usage; dans ce cas, M. Desmaretz a promis de faire donner une gratification sur les fonds des États à M. de Saint-Brieuc.

« Le temps des Etats se pourra determiner ainſi que M^r^ Deſmaretz le jugera a propos, lorſqu'il aura donné ordre à Mr Ferrand de venir à Paris pour tenir a l'ordinaire avec Mr de Nointel la petite aſſemblée où l'on doit digerer les principales affaires qui doivent faire la matiere des prochains Etats. » (3).

(1) A. N. G^7^ 197.
(2) BOISLISLE, *op. cit*, T. III, n° 1817.
(3) A. N. G^7^ 197. En apostille : « bon ».

M. le Maréchal DE CHATEAURENAULT, *Commandant en Bretagne, au* CONTROLEUR GÉNÉRAL.

21 Juin 1715.

« ... Il y a onze ans Monſieur que j'ay l'honneur de commander en Bretagne, ces quatre dernieres années je n'ay pas touché un ſol des apointemens qui m'eſtoient donnés en cette qualité, à prendre ſur la ſubſiſtence de l'extraordinaire des guerres qui montent a 71 000#, quoique je les ay depenſés & bien au delà, pour le ſervice que j'ay fait pendant ces quatre années & la tenue des Etats.

« J'avois eſperé Monſieur juſqu'icy que ces effets auroient un ſort plus heureux pour moy, mais j'aprend par les treſoriers de l'extraordinaire des guerres qu'ils veulent me neceſſiter a mettre ces effets à la loterie royale en forme de tontine créé par edit du mois de juin 1714 & déclaration rendue en conſéquence le 2 mars dernier, quoique par la lecture que j'ay priſe, je ne voye pas qu'on ſoit obligé a mettre a cette loterie les billets de l'extraordinaire des guerres, donnés par les treſoriers ou leurs commis depuis 1710, juſqu'au jour de cet édit, me paroiſſant au contraire qu'il n'oblige qu'a y mettre ceux donnés ſur l'extraordinaire des guerres juſqu'en 1710, mais comme je ne dois point interpreter l'intention de ſa Majeſté, je vous ſuplie ... de me dire ſi les billets de l'extraordinaire des guerres qui m'ont etté donnés pour les années 1710, 1711, 1712 & 1713, pour le ſervice que j'ay fait pour ces quatre années en Bretagne, ſont dans le cas de cet edit & ſi je dois les mettre dans cette loterie en forme de tontine, ce que je ſouhaiterois bien éviter... » (1).

Le Sieur LE CLUSERANT, *en Bretagne, au* CONTROLEUR GÉNÉRAL.

15 Juillet 1715.

Projet de rendre navigables les riviéres de Belle-Isle à Lannion, de Malestroit à Josselin, de Pontivy à Hennebont (2).

(1) A. N. G⁷ 197.

(2) BOISLISLE, *op. cit.* T. III, nº 1855.

Le CONTROLEUR GÉNÉRAL à M. FERRAND, Intendant.

30 Juillet 1715.

Demande d'indemnité présentée par Mme Foucquet et le Comte de Belle-Ile pour les fortifications existant dans la terre de Belle-Ile, quand celle-ci passa aux mains du Roi (1).

M. DE TORCY, Secrétaire d'État des Affaires Étrangères, à M. DESMARETZ.

4 Août 1715.

L'intention du roi est que l'on propose aux États de Bretagne la construction de casernes dans le château de Nantes.

Il désire aussi que les États veuillent bien établir à leurs frais des « poſtes pour les courriers » dans la province (2).

M. FERRAND, Intendant, au CONTROLEUR GÉNÉRAL.

22 Août 1715.

Le messager de Saint-Malo a exigé d'un particulier « 164# pour le port d'un baril & d'une caiſſe venant de la Rochelle du poids de 150 livres remplie de matieres valant environ 9000#. Il eſt vray que le prix que le meſſager ſ'eſt fait payer eſt exceſſif, mais vous obſerverez, Monſieur, que de... 164#, il en a eté payé 152# au meſſager de Nantes & de la Rochelle, & que celuy de Saint-Malo n'a receu pour lui que 12#. Je n'ay pû regler cette affaire, ſ'agiſſant d'un meſſager qui eſt hors de mon departement. Ces meſſagers ſont ſur le pied partout d'exiger ce qu'ils veulent, ils ont leurs cauſes commiſes au Conſeil du Roy, & refuſent très ſouvent de ſe ſou-

(1) Boislisle, *op. cit.* T. III, n° 1861.

(2) Boislisle, *op. cit.*, T. III, n° 1863.

mettre a la jurifdiction de Mrs les Intendants. Il feroit pourtant tres important qu'ils euffent ordre de les contenir dans les bornes de leurs employs » (1).

---

6 Septembre 1715.

Il a reçu les ordres du duc d'Orléans, déclaré régent du royaume ; il s'efforcera de les faire exécuter.

On ne reçoit pas assez de fonds pour payer entièrement les troupes cantonnées en Bretagne; « on paye feulement le preft en efpeces, le furplus eft paié partie en efpeces, partie en billets ». Il demande si toute la dépense de l'extraordinaire des guerres sera payée en espèces depuis le début de ce mois (2).

(1) A. N. G[7] 197.

(2) A. N. G[7] 197.

APPENDICE

I

ASSEMBLÉE DES ÉTATS (1)

« 'Assemblée des États, qui se tenoit autrefois tous les ans, se convoque, depuis 1630, de deux ans en deux ans, & la convocation s'en fait par des lettres de cachet du Roy ecristes à tous les evesques, abbés & chapitres, aux barons, & à une certaine quantité de gentilshommes, & à toutes les communautés de la province, & c'est ce qui compose les trois corps de l'Eglise, la noblesse & du tiers état, & tous les Etats.

(1) Bien que cette description de l'Assemblée des États et du cérémonial de leurs séances ait été en partie insérée par Depping dans le T. I de sa « Correspondance administrative », j'ai cru bon de lui donner place dans cet Appendice.

En effet, outre que Depping n'a pas analysé les passages élagués, il n'a pas édité correctement tous ceux qu'il reproduit. Ainsi, il écrit « l'evêque au conseil » pour « l'evêque en camail... » (p. 465, 2e alinéa); ... « mais l'usage est présentement de l'accorder (le don gratuit) aussi tost après que Mrs les commissaires sont sortis, même sur le théâtre, & se retirer aux chambres pour en délibérer », au lieu de... « & sans se retirer aux chambres pour en délibérer » (p. 465, 5e alinéa).

D'autre part, il n'est pas inutile de rapprocher cette description des pages que ce volume consacre aux questions de préséance et de cérémonial.

Ces lettres du Roy ſont accompagnées de celles de Mr le Gouverneur de la province, ou principal commiſſaire du Roy qui convie de ſe rendre au jour & lieux déſignés par Sa Majeſté pour la tenue de l'ouverture des Etats.

Le corps de l'Egliſe qui eſt le premier dans les Etats eſt composé des 9 evêques qui ſont dans la province, des députés des 9 chapitres des Egliſes cathédrales de leurs diocèzes & de 42 abbés, leſquels ont tous droit d'entrer dans l'Aſſemblée.

Le corps de la nobleſſe eſt composé des barons, & de tous les gentilſhommes.

Les baronnies ſont au nombre de 9 dont les deux premières ſans conteſtation ſont celles de Léon & de Vitré, qui appartiennent à Mrs les ducs de Rohan & de la Trémoille.

La préſidence des Etats eſt attachée à l'une & à l'autre de ces deux baronnies, & par cette raiſon Mrs les ducs de Rohan & de la Trémoille préſident alternativement.

Les 3 autres baronnies qui ſont après celles de Vitré & de Léon, & dont le rang n'eſt pas réglé entre elles ſont celle de Chateaubriand qui apartient à Mr le Prince, celle de la Rochebernard a Mr le duc de Coaſlin, & celle d'Ancenis à Mr le duc de Charoſt.

La 6e eſt la baronnie du Pont, & elle reçoit quelque conteſtation car Mr le duc de Coaſlin prétend que c'eſt la terre de Pontchateau qui luy apartient, & d'un autre coſté Mr d'Ernothon Me des requêtes prétend que cette dignité eſt attachée à la terre du Pont l'Abbé qu'il a achetté de Mr le duc de Richelieu. Les ſeigneurs des deux terres ont préſidé en qualité de barons, mais le ſeigneur de Pontchateau l'a fait plus ſouvent.

Les 3 dernières baronnies ſans dificulté ſont celle de d'Erval qui apartient à Mr le Prince, celle de Maleſtroit qui eſt poſſédée par le comte de Lannion & celle de Quintin à Mr le duc de Lorges.

Il faut remarquer que quoyque le Roy n'écrive qu'à un certain nombre de gentilſhommes, néant moins tous ceux qui ſont originaires de la province, ou qui y ont des terres, ont droit d'entrer aux Etats.

Le corps du tiers Etat eſt composé des députés de quarente princi-palles communautés de la province, quelqu'unes peuvent y envoyer deux députés, & les autres un seulement, mais quelque nombre de députés qu'elles y ayent, ils ne font qu'une voix.

L'evesque diocézain du lieu où se tient l'Assemblée des Etats est toujours le Président du corps de l'Eglise, en son absence le plus ancien des evesques, & n'y ayant point d'evesques, le plus ancien des abbés.

La Présidence de la noblesse apartient de droit aux baronies de Vitré & de Léon alternativement comme il a esté dejà marqué, en leur absence le plus ancien baron y préside de droit & sans y estre nommé, mais s'il ne s'y en trouve point, la noblesse en ce cas là nomme un gentilhomme, & c'est ordinairement le doyen de ceux qui sont aux Etats, il prend aussy tost la chaise de président & ne la quitte point qu'il n'y ait un des 9 barons.

Les présidents ou senéchaux des 4 présidiaux de la province, qui sont Rennes, Nantes, Vannes et Quimper, président au corps du tiers état, chacun dans leur ressort, & il est à propos d'observer qu'il est necessaire qu'ils soient députés de leur communauté pour pouvoir présider, car sans cette députation ils n'auroient pas droit d'entrer aux Etats.

Voilà ce qui compose l'Assemblée des Etats. Le Roy de son costé a ses commissaires qui sont M^r^ le Gouverneur de la province, les deux lieutenants généraux d'ycelle, les 3 lieutenants de Roy, les deux commissaires du Conseil, le premier président & le 2e & 3e président du Parlement, le 1er & 2e président de la Chambre des Comptes, le procureur général & un des avocats généraux du parlement, le procureur général de la Chambre des Comptes, les 2 présidents & le procureur du Roy du bureau des finances, le Receveur général des finances, le grand Maître des eaux & forêts, le Receveur général des domaines & les controlleurs généraux des finances de la province.

M^rs^ les commissaires du Roy s'étant rendus au lieu & temps désigné pour l'Assemblée des Etats, M^r^ le Gouverneur en fait proclamer l'ouverture, ce qui se fait a son de trompette, dans les places publiques, elle est ordinairement indiquée pour le lendemain.

Les Etats s'assemblent dans une grande sale où il y a un théâtre élevé de 7 ou 8 marches, lequel tient la moitié de la salle, & le grand prévost de la province en garde la porte & le bas du théâtre, pour empescher qu'il n'y entre que ceux qui ont droit d'y entrer.

Au fonds dudit théâtre & prés de la muraille qui en fait la face, il y a sous un dais 2 chaises à bras égales & qui se joignent pour les présidents de l'Eglise & de la noblesse, & à costé de l'un & de l'autre, des bancs dont ceux du costé droit sont pour les evesques, & ceux du costé gauche sont pour les barons. Le reste du théâtre est partagé en trois espaces, sçavoir un au milieu qu'on laisse vuide, & qui est vis à vis de la place qu'occupe Mr le Gouverneur, l'autre en retour du costé où les evesques sont placés & cet espace est occupé en partie par les abbés & députés des chapitres & par ceux des communautés qui composent le tiers état & ces deux corps ne sont séparés entre eux que par une planche qui règne depuis le bas de l'espace jusqu'à la muraille, & qui n'est qu'à la hauteur d'appuy. Le Président du tiers état occupe la première place de la partie de cet espace, occupé par les deputés des communautés. Le 3e espace est en retour du costé du président de la noblesse & des barons, & il est entièrement occupé par la noblesse, si ce n'est dans l'extrémité où l'on met le bureau des officiers des Etats.

Il y a un grand dais sur les chaises des présidents de l'Eglise & de la noblesse, lequel couvre aussy le lieu où Mr le Gouverneur & les deux lieutenants généraux de la province se placent quand ils entrent aux Etats.»

SÉANCE DES ÉTATS

« Le jour destiné pour l'ouverture des Etats, les présidents des 3 corps estant arrivés sur le théâtre, & les 3 corps y etant assemblés, le procureur général sindic de la province propose de députer vers Mrs les Commissaires du Roy pour les prier d'en venir faire l'ouverture, on nomme six personnes de chaque ordre, & à la teste de celuy de l'Eglise est toujours un evesque, lesquels se rendent dans la maison de Mr le Gouverneur où les autres Commissaires du Roy se trouvent.

L'evesque qui est en camail & en rochet prend la parole, & prie Mrs les Commissaires du Roy de la part des Etats de vouloir bien venir ouvrir l'Aſſemblée, dont la réponſe étant qu'ils vont ſe mettre en marche pour ſ'y rendre, les députés des Etats y retournent auſſytoſt pour y rendre compte de leur députation; & ſur l'avis que les Commiſſaires du Roy aprochent, les mêmes députés ſe rendent à la porte de la ſale pour les recevoir.

Les Commiſſaires du Roy eſtant entrés & montés ſur le théâtre, les gardes de M^r^ le Gouverneur en occupent la montée, & il va prendre ſa place précédé de ſon capitaine des gardes & de ſon ſecrétaire qui ſe mettent derrière ſa chaiſe.

La chaiſe de M^r^ le Gouverneur eſt ſous le dais ſur une plate forme ou haut dais élevé de 3 marches, & placé de manière qu'il a ſon aſpect vers le théâtre & le bas de la ſalle, & tourne le dos aux préſidents de l'Egliſe & de la nobleſſe. La chaiſe eſt couverte d'un tapis de velours miparty des armes de France & de Bretagne.

Les chaiſes des deux lieutenants généraux ſont à droit & à gauche de celle de M^r^ le Gouverneur & dans ce même aſpect, elles ſont à bras ſans tapis & ſur deux plates formes plus baſſes que celle où eſt la chaiſe de M^r^ le Gouverneur.

Celles des 3 lieutenants de Roy ſont à gauche de M^r^ le Gouverneur & ſans aucune plate forme qui les élève au deſſus du terrain du théâtre.

A droit au deſſous & hors le haut dais le premier préſident du Parlement a une chaiſe à bras tournant le dos à l'Egliſe & au tiers etat, & ayant l'aſpect vers le coſté de la nobleſſe.

Enſuite de luy ſur la même ligne, les 2e & 3e préſidents, le procureur général & l'avocat général du parlement ſont aſſis ſur des chaiſes ſans bras.

On croit devoir marquer icy qu'aucun des 2e & 3e préſidents ne ſ'y trouve à cauſe de la différence de la chaiſe.

A gauche vis à vis le premier préſident & hors le haut dais eſt la chaiſe du 1er commiſſaire du Conſeil, qui eſt une chaiſe à bras comme celle du premier préſident, & il a l'aſpect tourné vers l'eſpace occupé par les abbés & députés des chapitres & le corps du tiers tournant le dos à la nobleſſe.

Il eſt ſuivy ſur la même ligne du 2e commiſſaire du conſeil qui a une chaiſe ſans bras, des préſidents & du procureur du Roy du bureau des finances, du Receveur général des finances de la province, du grand maître des eaux et foreſt, du receveur général des domaines et des controlleurs généraux des finances leſquels ſont aſſis ſur un banc couvert d'un tapis vert.

Les préſidents & le procureur général de la Chambre des comptes ont un banc à doſſier couvert d'un tapis vert qui eſt en face de la chaiſe du gouverneur & cela forme un eſpace vuide qui eſt entre celuy occupé d'un coſté par la nobleſſe & de l'autre par l'Egliſe & le tiers.

Mais le premier & le 2e préſident de la Chambre ne ſ'y trouvent jamais, la place ne leur paroiſſant pas honorable.

Et le procureur général de la chambre quand il y eſt, ſe met à la ſuite du procureur general du parlement, & on le tolère.

Voilà la forme & l'aſſemblée des Etats. Mrs les commiſſaires du Roy ayant pris leurs places, Mr le Gouverneur prend de ſa main de ſon ſecrétaire la commiſſion générale du Roy & la fait donner au greſſier des Etats, qui en fait publiquement la lecture & à haute voix.

Cette Commiſſion eſt pour Mr le gouverneur, les deux lieutenants generaux, le premier préſident du parlement, les 2e & 3e préſidens dudit parlement, pour les 1e & 2e préſidens de la chambre des comptes, les préſidens & le procureur du Roy du bureau des finances, le grand maitre des eaux & forets, le receveur general des finances, le receveur general des domaines & les controlleurs generaux des finances de la province.

Mr le gouverneur fait donner enſuite au greſſier des Etats les commiſſions particulières des lieutenants généraux de la province, des trois lieutenants de Roy, du procureur general & de l'avocat general au parlement & du procureur general de la chambre qui en ont chacun une ſéparée.

Après la lecture de toutes ces commiſſions, Mr le gouverneur ayant ſalué les préſidents des Etats, fait un petit diſcours à l'Aſſemblée qui eſt ſuivy d'un autre que fait le premier préſident & de la réponſe du procureur général ſindic de la province.

C'eſt tout ce qui ſe fait dans cette première aſſemblée en préſence de Mrs les commiſſaires du Roy qui ſe retirent auſſytoſt que le procureur general ſindic a fini ſa harangue, & ſont reconduits juſqu'à la porte de la ſalle par les mêmes députés qui les ſont allés inviter d'entrer aux Etats.

Mrs les commiſſaires etant ſortis de la ſalle & les députés qui les ont reconduits eſtant remontés ſur le théâtre, les Etats ordonnent qu'avant d'enregiſtrer les commiſſions qui ont été lues, que trois députés de chaque ordre les examineront pour voir ſi elles ſont conformes à une de 1626 qui ſert comme de loy.

Ils ordonnent enſuite que l'on chantera le lendemain une meſſe du Saint Eſprit qu'un eveſque célébrera pontificalement & à laquelle les Etats aſſiſtent en corps.

La meſſe du Saint Eſprit etant achevée, M[rs] les Commiſſaires du Roy font avertir qu'ils ont deſſein d'entrer aux Etats, & ſ'y etant rendus, ils trouvent à la porte de la ſalle de l'aſſemblée les mêmes députés qui les avoient eté inviter le jour précédent de venir faire l'ouverture de l'aſſemblée.

Et étant entrés & montés ſur le théâtre, M[r] le gouverneur & les autres commiſſaires prennent leurs places ordinaires.

M[r] le gouverneur prend enſuite de la main de ſon ſecrétaire les commiſſions du 1e & du 2e commiſſaires du conſeil & les fait remettre au greffier des Etats qui en fait la lecture publiquement.

M[r] le gouverneur fait encore un fort petit diſcours pour expliquer ſeulement que le 1er commiſſaire du conſeil va faire connoître les intentions de ſa Majeſté & le premier commiſſaire du Conſeil ayant pris la parole il fait la demande du don gratuit.

Le procureur général de la province répond à ſon diſcours pour repréſenter l'état de la province & le beſoin qu'elle a des bontés de ſa Majeſté.

M[rs] les commiſſaires ſe retirent enſuite étant reconduits à la porte de la ſalle par les mêmes députés qui ſe ſont trouvés pour les recevoir.

Autrefois avant de délibérer ſur le don gratuit on examinoit les contraventions aux précédents contrats, & l'on en portoit la plainte à M[rs] les commiſſaires du Roy, on négocioit même longtemps ſur la ſomme à laquelle on porteroit le don gratuit, mais l'uſage eſt préſentement de l'accord auſſytoſt aprés que M[rs] les commiſſaires ſont ſortis, ſur le théâtre & ſans ſe retirer aux chambres pour en délibérer.

La délibération en etant priſe, les Etats en envoyent porter la nouvelle à M[rs] les commiſſaires du Roy par 6 députés de chaque ordre & M[rs] les préfidens de l'Eglife et de la nobleffe font à la tefte de cette députation. Mr le gouverneur depefche auffytoft un courrier en cour.

Les deux premières journées de l'affemblée des Etats font occupées de ces fonctions là, & le troifiéme jour ils commencent à donner les commiffions pour les différentes affaires qu'ils ont à traiter.

Il eft à propos de remarquer que quoyque ces commiffions ne regardent que les affaires des Etats, ils font obligés d'informer Mrs les commiffaires du Roy des délibérations qu'ils prennent & defquels elles doivent eftre approuvées & fignées, mais ils le font à l'égard de quelques unes fans autre cérémonie que celle d'une députation & il y en a auffy qui donnent lieu à des conférences qu'ils demandent en cérémonie à Mrs les commiffaires du Roy & ces dernières font celles qui concernent les contraventions aux précédents contrats, les conditions des baux & la fignature du contrat.

L'affaire des contraventions eft celle qui donne lieu à la première conférence, les députés nommés par les Etats pour les contraventions, à la tefte defquels eft toujours un evefque, ont foin de f'inftruire fur les mémoires qu'on leur donne & qu'ils demandent à tout le monde, des griefs que la province peut avoir receus dans fes privilèges & dans l'infraction aux contrats paffés avec fa Majefté & ils en font le raport fur le theatre d'où les corps fe retirent ordinairement aux Chambres pour délibérer fur ce qu'ils les chargeront de propofer à l'affemblée.

Quand ces chefs differens des contraventions font arreftés & énoncés fur le theatre, lefdits députés envoyent le hérault demander audience à Mrs les commiffaires du Roy, & ils f'y rendent à l'heure qui leur a efté marquée.

Mrs les commiffaires du Roy attendent dans une falle où il y a une fort longue table qui peut avoir deux pieds & demy de large, couverte d'un tapis de velours.

Mr le gouverneur eft au bout l'occupant luy feul & ayant à fes coftés, mais hors rang, les deux lieutenants généraux de la province affis dans des fauteuils.

A cofté droit de Mr le gouverneur & le long de la table eft Mr le premier préfident du parlement dans une chaife à bras, & il eft fuivi des autres préſidents & des procureurs & avocats généraux dudit parlement, du procureur general de la chambre des comptes dans des chaiſes ſans bras.

De l'autre coſté de la table vis à vis le 1er préſident & à gauche de Mr le gouverneur eſt le premier commiſſaire du conſeil qui eſt dans une chaiſe à bras, & il eſt ſuivy du 2e Commiſſaire qui eſt dans une chaiſe ſans bras, des preſidens & du procureur du Roy du bureau des finances, du grand maître des eaux & forets, du receveur general des domaines, du receveur & des controlleurs généraux des finances qui ſont aſſis ſur un banc. Le premier & le deuxième préſidents de la Chambre quand ils ſ'y trouvent ſont hors d'œuvre entre la chaiſe du ſecond lieutenant general & du premier commiſſaire du Conseil tirant en dehors.

Les députés des Etats trouvent MMrs les commiſſaires du Roy placés & après leur avoir fait la révérence & l'avoir reçue d'eux ils prennent leur place à l'autre bout de la table, ſçavoir : le premier député de l'Egliſe qui eſt toujours un eveſque & en rochet & en camail, & le premier député de la nobleſſe dans des fauteuils qui occupent le large de la table & ſont en face de Mr le gouverneur. Les autres députés de l'Egliſe & de la nobleſſe ſe placent à droit & à gauche le long de la table ſur des bancs & les députés du tiers ſont derrière l'eveſque & le premier député de la nobleſſe.

L'eveſque prend la parole & après un diſcours étudié il commence à expliquer les contraventions & à repréſenter ce qui lui a eſté ordonné par les Eſtats. Mr le gouverneur y repond & quelquefois Monſieur le premier Préſident & le premier Commiſſaire du Conſeil. La conférence des contraventions ne finit pas le premier jour, il y a au moins deux ſéances.

Après les ſéances des contraventions finies, les eſtats demandent deux autres conférences qui ſe font avec la même cérémonie & ſont celles des conditions des baux des devoirs de la province, qui en font le revenu particulier, & des conditions du contract que les commiſſaires du roi paſſent avec les états au nom de ſa Majeſté.

Ce contract porte le don gratuit qui a eſté accordé au Roy par la province & les conditions que ſa Majeſté accorde auſſy à la province.

Il y a auſſy une cérémonie particulière à l'égard de la ſignature du contract, dont on doit faire icy la remarque & qui conſiſte en ce qu'il y a deux expéditions égales du dict contract que Mr le gouverneur ſigne & les deux lieutenants généraux auſſy; que Mr le gouverneur prend enſuite les deux expéditions en ſes mains qu'il croiſe, & en donne en même temps l'une au premier préſident & l'autre au premier commiſſaire du Conſeil. Le premier préſident ayant ſigné la ſienne, les autres préſidents & le procureur général de la chambre la ſignent & auſſi après que le premier commiſſaire du conſeil a ſigné ſon expédition, elle eſt ſignée enſuite par le deuxième commiſſaire, par les préſidents & le procureur du roi du bureau des finances, par le grand maître des eaux & forêts, par le Receveur général des domaines & par le receveur général & controlleurs généraux des finances de la dite province.

Mais l'expédition du premier commiſſaire du conſeil n'eſt ſignée que par honneur, affin que tout paroiſſe égal entre le premier préſident & luy, & la vérité eſt que l'expédition que ſigne le premier préſident eſt le véritable original du contract.

Les ſignatures ſont ſur trois colonnes : ſcavoir à la droite celles de Mr le gouverneur, des lieutenants généraux de ladite province, du premier préſident, des préſidents, procureurs & avocats généraux du Parlement; à la gauche & vis à vis, celles des députés des Etats, & on laiſſe un eſpace entre les deux, qui eſt pour la colonne de la ſignature des Commiſſaires du Conſeil & des autres officiers de finances qu'ils ſont chez eux au retour des Etats.

Cette minute du contract demeure entre les mains des notaires & ſecrétaires des états, qui en font une expédition que l'on envoye au Conſeil pour y faire mettre les lettres patentes qui ſont néceſſaires pour le faire enregiſtrer en parlement & à la chambre des comptes de la province.

Ce contract étant ſigné, & les conditions des baux réglés, les Etats renvoyent prier Mrs les commiſſaires du Roy d'en faire publier la ferme & d'en venir adjuger le bail dans leur aſſemblée. Mr le Gouverneur eſt celui qui prononce l'adjudication à extinction de chandelle qu'un des Préſidents du Bureau tient allumée & cette adjudication ſe fait d'ordinaire pour deux années, aparemment par rapport à ce que l'Aſſemblée des Etats ne ſe tient préſentement que de deux en deux ans.

L'adjudication des fermes des Etats eſtant faite, les députés nommés pour dreſſer l'état des fonds, qui eſt proprement l'etat de toutes les dépenſes, dont ladite province eſt chargée, l'arrêtent & le portent enſuite à Meſſieurs les commiſſaires du Roy pour le ſigner.

Après le rapport fait ſur le théâtre de l'état des ſonds, qui eſt une des dernières affaires de l'Aſſemblée, les Etats envoyent ſix deputés de chaque ordre prier M[rs] les Commiſſaires du Roi de venir clore l'Aſſemblée, leſquels y étant arrivés, M[r] le Gouverneur fait un petit diſcours ſur la ſatiſfaction que le roi a eu de tout ce qui ſ'y eſt paſſé, le procureur général ſyndic de ladite province y répond & ſa harangue ferme & finit les Etats » (1).

II

PROJET D'INSTRUCTION pour le Gouverneur et l'Intendant de Bretagne.

13 Septembre 1699.

« Sa Majeſté veut que ſuivant l'uſage eſtably dans les précédentes aſſemblées leſdits ſieurs commiſſaires faſſent la demande du don gratuit auſſitoſt après l'ouverture des Eſtats & pour les obliger a accorder par une ſeule délibération la ſomme qui leur ſera demandée de ſa part, Ils leur repréſenteront que ſur la fin de la dernière guerre ils reconnurent auſſitoſt les principaux motifs qui portoient ſa Majeſté a vouloir la terminer, qu'elle eut ſoin que cette province recueillit meſme par avance les premiers fruits d'une paix prochaine, & ſans attendre la concluſion Elle donna des ordres qui leur aprirent combien Elle avoit à cœur de dimi-

(1) Extrait du « Mémoire de l'état préſent de la province de Bretagne », rédigé par M. de Nointel, en 1698 (Bibliothèque Mazarine, ms. 3198). Il existe de nombreuses copies de ce Mémoire dans les dépôts d'archives et les bibliothèques publiques; Cf. par exemple : Bibl. Nat. (Mss. français 8149 et 16757); Bibl. municipale de Rennes (Ms. 317); Arch. Nat. (H. 424 et aussi en partie H. 442).

nuer les contributions dont cette province estoit chargée pour les necessités de l'Estat, que cette inclination se fortiffie chaque jour & qu'il ne tient qu'aux conjonctures qu'elle ne se manifeste dans toute son estendue; mais que l'importance d'affermir de plus en plus la tranquillité universelle... exige des précautions incompatibles avec le plaisir qu'Elle goûteroit de faire tout ce que sa tendresse luy demande pour le soulagement de ses peuples... en sorte que tout ce que sa Majesté peut faire est de se contenter de la mesme somme de *trois millions* qui luy a esté accordée par les précédents Estats & qui sera payée dans les mesmes termes.

« Sa Majesté permet auxdits Estats de lever pendant les années 1700 & 1701 sur les contribuables aux fouages un doublement entier montant à 428000# par an & désire que les fermes des grands & petits devoirs & du tiers en sus estably dans la dernière assemblée soient adjugés pour les années 1702 & 1703 aux conditions que ceux, auxquels elles seront adjugées, payeront par avance le prix de leur bail es mains du trésorier des Estats, moitié pendant l'année 1700 & l'autre moitié pendant l'année 1701, de laquelle avance l'interest leur sera payé à la fin de chaque année sur le pied du denier 14.

« Les adjudicataires desdites fermes des grands & petits devoirs & tiers en sus pour les années 1702 & 1703 auront la Faculté de rembourser aux fermiers desdits devoirs pour les années 1700 & 1701 les sommes qu'ils auront avancées pour le remboursement des officiers de courtiers, gourmets & commissionnaires créés par édit du mois de Juin 1691 & la somme de deux cens vingt mil livres que lesdits fermiers ont payée pour la révocation de l'Edit du mois de mars 1693, portant que nul ne poura tenir hostellerie, auberge, chambre garnie & gargote, sans prendre des lettres, à condition que les nouveaux adjudicataires desdits devoirs jouiront des droits attribués ausdits courtiers gourmets & commissionnaires de commencer du premier janvier 1702. Ensemble du droit annuel dont l'establissement a esté accordé par sa Majesté à la dite province pour le fonds desdits 22000#.

« Ces adjudicataires des devoirs pour les années 1702 & 1703 pouront pareillement rembourser ausdits fermiers des devoirs des années 1700 & 1701 la somme de deux cens vingt mil livres qu'ils ont payée pour la finance des offices des Jaugeurs de vins, cidres, biéres, eau de vie & liqueur creés par Edit du mois de juin 1696 à condition que lesdits nouveaux fermiers des devoirs jouiront des droits attribués aus dits offices a commencer du 1er janvier 1702.

« L'Estat des recettes & depenses des derniers Estats appelé communément l'Estat de fonds, ayant esté rédigé suivant les arrest du Conseil & les intentions de Sa Majesté, lesdits commissaires auront soin de faire suivre le mesme ordre dans l'Estat de fonds qui sera fait aux prochains Estats. »

Les fonds précédemment affectés au rétablissement des digues de Pontorson, Roz-sur-Couesnon et Saint-Georges de Grehaigne se trouvant insuffisants, le roi « désire que les dits commissaires obligent les Estats de faire le fonds de la somme de quinze mil livres qui sera payée pendant les années 1700 & 1701 & employée ausdits ouvrages suivant les marchés qui en seront faits par le sieur de Nointel ».

« Les fonds que les Estats firent en leur assemblée de l'année 1691, pour la construction du séminaire de la Marine de Brest n'ayant pas esté sufisant pour le finir, Sa Majesté tient que lesdits sieurs commissaires demandent ausdits Estats la somme de quinze mil livres qui sera remise aux jésuites pour faire achever ce bastiment suivant le dessein qui en a esté réglé. »

Le roi recommande d'examiner les plaintes des fermiers des fermes unies et de leurs sous-fermiers, de leur donner la protection nécessaire et de rappeler les États à l'exécution des réglements relatifs aux fermes.

Il veut que ses commissaires « tiennent la main à ce que la reformation des domaines & le papier terrier s'achévent incessamment; »

Qu'ils se mettent en relations avec les principaux négociants de la province et les assurent de la protection du roi;

Qu'ils « examinent les pertes soufertes par les sous fermiers des devoirs pendant l'année 1698 & la courante a cause de la grande augmentation du prix des eaux de vie & de la mauvaise qualité des vins, & en connoissance de cause Sa Majesté permet ausdits sieurs Commissaires d'accorder ausdits sieurs sous fermiers jusques à la somme de deux cens mil livres de diminution au plus. Et comme a ce cas il ne seroit pas juste que les fermiers generaux euſſent le proffit entier de leur bail general les Eſtats prenant ſur eux meſmes une partie de l'indemnité deſdits ſous fermiers, leſdits ſieurs commiſſaires obligeront les fermiers généraux de faire de leur part aux ſous fermiers une diminution de pareille ſomme de deux cens mil livres du bénéfice qu'ils ont ſur leur ferme, la répartition deſquelles deux ſommes revenantes à quatre cens mil livres ſera faite par le ſieur de Nointel » ;

Qu'ils se faſſent communiquer les contraventions à l'arrêt du Conseil du 9 septembre 1687 défendant de planter des vignes et qu'ils veillent à l'exécution de cet arrêt;

Qu'ils demandent aux États d'affecter un nouveau fonds de trente mille livres au développement des haras de la province ;

« La ſuppreſſion des charges de voyers, experts, priſeurs, arpenteurs jurés nobles & greffiers de l'Ecritoire de la province créés par les Edits des mois de may & de decembre 1690, mars 1696 & novembre 1697 ayant eſté agréé par le Roy & la finance deſdites charges qui montoit ſuivant les rolles arrettés au conſeil a la ſomme de 804612# ayant eſté modérée à cinq cens mil livres & les 2 ſols pour livre payables ſçavoir aux traittants deſdites charges 286497# & les 2 ſols pour livre moitié au 1er janvier & l'autre moitié au 1er de mars prochain, pour la finance de celles qui n'ont pas eſté rendues, & le ſurplus aux particuliers pourveus deſdits offices qui ont eſté rendues, dans les temps qu'ils jugeront a propos; Sa Majeſté veut que leſdits ſieurs Commiſſaires obligent leſdits Eſtats de faire payer ladite ſomme de cinq cens mil livres & les 2 ſols pour livre par les habitants des villes & bourgs de la province deſnommés dans la déliberation faite par leſdits Eſtats le 21 octobre 1693 pour la répartition des ſommes qui ont eſté levées pour le rachapt de l'affranchiſſement des cens, rentes & lods & ventes, que l'impoſition en ſoit faite conformément à ladite délibération & le recouvrement ſans frais ſuivant celle du 23 dudit mois d'octobre de ladite année 1693 & leurs deniers remis par les receveurs es mains du tréſorier des Eſtats pour ſon rembourſement de l'avance qu'il fera de la ſomme de cinq cens mil livres & les 2 ſols pour livre dont les intéreſts luy ſeront payés par les Eſtats. »

« Leſdits ſieurs Commiſſaires eſcouteront les remontrances qui leur feront faites par lefdits Eftats fur l'exécution de l'Edit du mois de Mars & la déclaration du 4 Septembre 1696 & arrefts du Confeil des 4 & 16 Septembre 1698 & 26 may 1699 rendus pour l'aliénation des droits d'Efchanges & droits honorifiques, & de préminence dans les Eglifes de la province, & en cas que lefdits Eftats fe portent a offrir la fomme de trois cens mil livres & les 2 fols pour livre pour acquerir les droits d'Echange dans les fiefs des feigneurs particuliers de la province & obtenir la révocation defdits arrêts du 2 Septembre 1698 & 26 May 1699, Sa Majefté permet aufdits fieurs commiffaires de l'accepter a condition qu'il en fera payé cent mil livres par les Eftats & les deux cens autres mil livres par les feigneurs de fiefs de ladite province dans le courant de l'année prochaine fur les rolles qui feront arreftés par les Eftats.. & remifes es mains du Tréforier defdits Eftats qui en fera le payement à Mr Sebaftien de Noyeres le 1er Janvier 1701 en conféquence duquel lefdits feigneurs de fiefs de la province jouiront a l'avenir du droit d'Echange dans l'Etendue de leurs fiefs & les droits honorifiques & de préminence dans les Eglifes de la province ne pouront eftre rendues par Sa Majefté. »

Le roi désire que le gouverneur de Saint-Brieuc, le comte de la Rivière, reçoive 8000# sur les 48000# de gratification dont disposent les États; il laisse à ceux-ci la liberté de répartir à leur gré les 40000# restant; cependant il leur recommande d'en faire bénéficier de préférence les gentilshommes pauvres, en particulier ceux qui ont servi dans ses armées.

« Le fieur Marquis de Coetlogon ayant efté receu en furvivance dans la charge de findic des Eftats de la dite province, Sa Majefté luy permet de folliciter lefdits Eftats pour luy accorder une penfion fur le fonds que les Eftats jugeront à propos (1).

(1) A. N. G7 181.

III

« *TERMES des Commiſſions générales pour les États de Bretagne* (1). »

États de 1691.

« Nous ne doutons point auſſi que nos ſujets de nôtre pays & duché de Bretagne [ne consentent]...
A nous donner des marques de leur zèle & des aſſiſtances proportionnées à ces beſoins. »

États de 1693.

« Nous attendons avec raiſon du zele que nos ſujets & habitans de notre pays & duché de Bretagne... à nous donner des aſſiſtances proportionnées aux beſoins que nous en avons dans la conjointure preſente. »

États de 1697.

« Mais quoy que nous ayons tout lieu d'eſperer d'eſtre bientôt en état de faire reſſentir à nos ſujets les effets de la bonne volonté que nous avons de les ſoulager,
Nous eſperons recevoir en cette occaſſion de la part de notre dit pays & duché de Bretagne des marques de la continuation & du zele que nous avons reconnu en eux juſqu'a préſent. »

(1) Ces « termes » sont les formules dont se servirent, aux sessions des États, les Commissaires du Roi pour demander le don gratuit.

États de 1701.

« C'eſt ce qui fait que nous nous trouvons dans la néceſſité de demander à nos ſujets de notre dit pays & duché de Bretagne la continuation du zele & de l'affection qu'ils nous ont toujours faits paroiſtre. »

États de 1703.

« Les dépenſes extraordinaires que nous ſommes obligés de faire pour ſoutenir la guerre dans laquelle nous nous trouvons engagés ne nous permettent pas de procurer du ſoulagement à nos ſujets de notre province.

Nous nous voyons dans la neceſſité de leur demander la continuation des ſecours qu'ils nous ont donnés cy devant, ce que nous eſperons du zele qu'ils ont toujours marqué pour nôtre ſervice. »

États de 1705.

« Et ne pouvant quant à préſent par ces raiſons ſuivre l'inclination que nous avons de ſoulager nos ſujets de notre pays & duché,

Nous eſperons qu'ils ſe porteront volontiers à nous donner des marques de leur zele & de leur affection en nous accordant la continuation des ſecours qu'ils nous ont donnés dans leurs précédentes aſſemblées. »

États de 1707.

« Nous nous voyons obligés de demander à nos ſujets du pays & duché de Bretagne la continuation du zele qu'ils ont toujours témoigné pour notre ſervice.

De nous accorder des fecours comme ils ont toujours faits dans les affemblées précédentes. »

ÉTATS DE 1709.

« Et par conféquent il eft neceffaire que nous demandions encore à nos fujets de notre pays & duché de Bretagne des marques...

En nous aidant cette année comme ils ont fait les années precedentes. »

ÉTATS DE 1711.

« Nous nous trouvons obligés de demander à nos fujets du pays & duché de Bretagne des marques ...

En nous aidant cette année comme ils ont fait les années precedentes. »

ÉTATS DE 1713.

« Les mêmes termes qu'en 1711. »

ÉTATS DE 1715.

« Et de donner des marques à nos fujets de la province de Bretagne de la fatiffaction que nous avons de l'attachement qu'ils ont toujours fait paroître pour le fervice de l'Etat...

De nous donner les memes fecours qu'ils ont accordés à nôtre dit Seigneur & Bifayeul dans les precedentes affemblées » (1).

(1) A. N. H. 422.

IV

DISCOURS prononcé par M. DE NOINTEL, Intendant, aux États de Bretagne de 1709.

« MESSIEURS,

« Nous ne fommes plus dans ces tems heureux où l'augmentation de la puiffance & de la gloire du Royaume etoit la feule fin de cette augufte affemblée, la régle & le fondement de vos délibérations. Vous y apportiez avec vous la confiance & la joye : la magnificence & l'éclat vous y diftinguoient autant que vôtre naiffance & vos rangs : toutes les mefures que le zéle & la prudence y faifoient prendre étoient ordinairement prévenues par la fortune qui couroit au devant de nos vues & de nos projets.

Nous n'en fommes plus là Meffieurs. La providence qui balance & qui maintient les Etats par une diverfité d'événements, pareille a celle des faifons qui forment le temperament du monde, a réduit la gloire de la France au point de n'être plus l'ouvrage de fon bonheur mais de toutes fes forces & de toute fa valeur.

C'eft fans doute avec ces fentiments fi juftes & fi neceffaires que vous vous eftes rendus icy pour y fignaler votre zele & votre fidélité; non plus comme autrefois par la pourpre & par l'éclat, (le tems en reviendra fi nous le fçavons rappeller) mais par un tendre amour pour la patrie, une parfaitte confpiration d'efprits & de volontés, un oubly généreux des avantages particuliers pour l'avantage & le falut de l'Etat; furtout par un fouvenir magnanime de ce que vos anceftres ont fait par le feul amour du nom françois, lorfque les intereft de la Bretagne étoient encore féparés de ceux de la France, & que la couronne de vos princes étoit autre que celle de nos Rois.

Jusquicy nous n'avions qu'a combattre qu'au dehors : ceux qui nous attaquoient nous estoient connus depuis longtems par leurs anciennes jalousies, par leurs témeraires prétentions, par l'opposition des religions, de mœurs, & des interests. Nous nous mesurions avec eux à armes pareilles; nous eprouvions entre nous, par divers evenements, ce que peut la force & la valeur avec la fortune, & même contre la fortune.

Deux ennemis nouveaux & imprévûs se sont élevés au milieu de nous. Au sein de l'opulence même on a veu naistre l'indigence & du sein de l'abondance on a vû sortir la stérilité; deux maux si rares dans la France, qu'ils y étoient presqu'inconnus, & que bien loin de les sçavoir combattre, on négligeoit même de les prévoir.

Il est inutile de vous exposer, M[rs], combien ces deux maux en ont traisné d'autres à leur suite; on a vû la terreur & la défiance s'emparer de tous les esprits; le crédit, la correspondance & la bonne foy disparoistre. Il me suffit de vous faire remarquer que ces deux ennemis domestiques & intestins ont été sans comparaison plus funestes que tous les autres, & que si les puissances conjurées contre ce Royaume ont jamais pû se flatter du succez infaillible de leurs pernicieux desseins, ça été dans le cours de cette fatale année, où la France au milieu des richesses dont elle regorge, a vû l'or & l'argent tarir dans ses propres mains, & le peuple se cacher les aliments les plus nécessaires avec la même frayeur & le même empressement, que s'il eut fallu les soustraire au pillage des ennemis.

Ces deux nerfs de la guerre estant ainsi dessechez, qu'elle ressource restoit-il à nos affaires, & quel obstacle aux progrés des ennemis? Ils estoient si persuadés que l'épuisement de nos forces nous feroit tomber les armes des mains, qu'ils ne vouloient pas même entendre à traitter avec nous ; ce qu'ils nous proposoient sous le nom de paix n'etoit qu'un joug impérieux, une loy barbare & tirannique opposée à toutes les Lois de l'honneur & de la raison.

Et c'est, M[rs], cette même insolence, où quelques années de bonheur ont porté ces peuples jaloux; c'est cette même extrémité de nos besoins qui a servi de rempart à la France, & de digue à leur fureur.

Quelques vœux que nous eussions faits pour la paix, à quelques sacrifices que le Roy se fut résolu pour mettre ses sujets en possession d'un bien si désiré, quelque douleur qu'il eut de nous voir porter si longtems le poids de la guerre ; cependant à la premiére veue des conditions de cette indigne paix, il jugea de notre cœur par le sien ; il crut que la continuation des travaux & des hazards de la guerre nous seroit plus douce à souffrir, que la honte d'un repos acheté par tant de bassesses, & que nous risquions moins à nous livrer encore aux caprices de la fortune, qu'à nous abandonner à la foy de tels ennemis.

S'est-il trompé dans l'idée qu'il se formoit de notre amour pour la gloire encore plus que pour la paix ? Le refus qu'il a fait d'en écouter les conditions n'a-t-il pas réveillé en nous cette audace & cette ardeur que nos péres sembloient avoir amorties ? on s'est fait du desespoir de la paix un présage presque certain du retour de la fortune. Le luxe s'est rendu tributaire aux besoins publics ; l'or & l'argent ont disparu des tables & des buffets pour remplir les trésors du prince : on a pour ainsi dire oublié la soif & la faim pour courir au combat, & [illegible] la victoire ; elle a semblé quatre fois en un jour se laisser arracher des mains de nos ennemis, & si elle nous est encore échapée, ce n'a été qu'en nous laissant une partie de leurs dépouilles, & toute couverte de leur sang.

Reprenons donc, Messieurs, ces hauts sentiments que nous avions de nos forces, & que nous soutenions si bien depuis cinquante ans. Nos Ennemis eux-mêmes les ont repris. Ils ont reconnû en Flandres ces mêmes françois qui avoient autrefois réduit la Hollande aux derniers soupirs ; qui disputoient à leurs flottes & à celles de l'Angleterre l'art & la fortune de la mer ; qui faisoient trembler Vienne il n'y a que quatre ou cinq ans ; qui avoient maintenu sept ans contre leurs efforts la franchise de l'Italie. Si nous avons esté contraints de céder le champ de bataille à la superiorité du nombre, ils ont éprouvé partout ailleurs à forces égales la superiorité de la valeur. Ils ont fui deux fois en Catalogne aux approches de nôtre armée, comme ils fuyoient autrefois devant Mastrich & devant Charleroy. Ils ont plié sous nos coups en Alsace comme ils y plioient autreffois à Coquesberg & à Turquen. Ils ont vû leurs projets déconcertés en Savoye & en Dauphiné, comme dans ces tems fortunés où nos seuls partis tenoient en respect leurs armées.

Ils n'imputeront pas sans doute ces evénemens glorieux comme ils le faisoient autreffois à nos richesses inépuisables, à nos inombrables armées, aux munitions de nos places, à la puissance de nos alliéz. Nous sommes réduits à nous seuls, à notre propre valeur, & si dans ce dépouillement des moyens & des appuys necessaires à la valeur, la nôtre a pû se signaler dans ces fâcheuses conjonctures par sa seule intrépidité, & sa seule fermeté, cette année menaçante & terrible en tant de facons ne doit pas être distinguée dans l'histoire beaucoup moins par ses rigueurs que par le retour de nos espérances, & le rétablissement de l'honneur du nom françois.

Et quelle part, M[rs], n'avez vous pas à cet honneur? De quel secours vôtre province a t-elle eté cette année à tout le reste du Royaume? Il est vray que nous sommes privéz des avantages du commerce étranger, les ports des nations ennemies nous sont fermés, leurs artifices nous ont dérobé nos alliez. On a trouvé dans la Bretagne une ressource à tous ces maux.

Quel commerce & quelle alliance attireroit chez nous plus de biens & de richesses, que vos seuls armateurs n'ont coutume d'en reporter des extrémités de l'univers? Ils trouvent dans la confiance & la bonne foy des peuples les plus barbares de quoy nous dédommager de la haine de nos voysins, & tandis que l'avarice & la dureté du mauvais françois conspire avec les étrangers à la ruine de l'Etat par le recélement des espèces, on voit la Bretagne ouvrir son sein pour réparer les finances épuisées, & contribuer des fruits précieux de son commerce à la suppression de l'usure & au rétablissement du crédit.

Ce n'a pas eté seulement contre l'indigence & la rareté de l'argent que la France a trouvé sa ressource dans la Bretagne, Elle y en a trouvé encore une aussi abondante contre la stérilité. Si la Sicile se vantoit autrefois d'être la nourrice de Rome & de l'Italie, la France est trop reconnoissante pour ne pas honnorer la Bretagne du même nom.

Deux fois depuis seize ans, la fécondité de vos terres a sauvé le cœur du Royaume des allarmes de la famine, & réparé l'injure des saisons. Graces au ciel qui a voulu nous éprouver, mais qui ne veut pas nous perdre, il remet insensiblement les provinces en estat de se passer de vos secours. Il est vrai que nous venons d'éprouver ce que ses anciens ducs avoient voulu figurer par le collier de leur ordre, qu'ils composoient d'hermines & d'épics entrelaſſés pour marquer la candeur de leur âme, & la fertilité de leur pays. Vous nous avez donné, Meſſieurs, des preuves de l'une & de l'autre en partageant genereuſement les dons de la terre & du ciel avec la France gémiſſante. Elle aura ſoin d'en tranſmettre un jour le ſouvenir à ce royal enfant qui etend ſi loin nos eſpérences, & qui fait revivre dans l'univers le nom & la memoire de vos princes. Il apprendra le prix & la nobleſſe de ce nom par l'importance des ſervices que vous aurez rendu à ſes Péres, & vous donnera dans ſon cœur le même rang, que le zele de la gloire & du ſalut de l'Etat a toujours eu dans vos cœurs.

Il ne ſera qu'imiter par cette juſte affection celle que le Roy ſon grand ayeul a conſervé juſqu'icy pour vôtre province, dont vous avez pour gage un Prince qui le touche de ſi prés, beaucoup moins par l'avantage de la naiſſance que par la reſſemblance des vertus. On reconnoiſt en luy l'image de la Majeſté tempérée par la bonté; de la valeur gouvernée par la prudence; de la magnificence réglée par la diſcrétion; de la probité ſoutenue par la piété; toutes ces inclinations bienfaiſantes & royales ont paſſé dans ſon cœur avec le ſang, & c'eſt au bien de la Bretagne que le Roy a voulu qu'elles fuſſent dévouées lorſqu'il vous a donné ce Prince pour gouverneur.

Ne regrettez donc point, Meſſieurs, les efforts extraordinaires où vôtre fidélité vous a portez juſques à préſent pour un Roy digne d'être ſervi par tant de preſſantes raiſons; mais ne vous laſſez point des ſecours qu'il exige encore, & ſans leſquels tous les ſecours paſſez ſeroient ſans effet.

Vous, Monſieur, qui autoriſez par vôtre préſence cette illuſtre aſſemblée avec le pouvoir dont le Roy a honoré vôtre mérite; avec toute l'expérience que de longs ſervices peuvent donner; avec une prudence éprouvée en tant de périls; avec un courage ſignalé par tant de victoires; avec une bonté digne de la confiance & de l'affection de la Province, ſoyez icy le lien de tous les cœurs pour les affermir dans le deſſein d'arracher aux ennemis la paix que la générolité du Roy leur a donnée tant de fois & que leur jalouſie nous refuſe.

Un ſeul moyen capable d'y parvenir eſt de vaincre l'obſtination de l'envie de nos ennemis par l'opiniaſtreté de notre zéle. A qui réſervons-nous nos biens, notre ſang & notre vie, ſi nous la refuſons à la juſtice, à l'honneur, à la religion ; tout cela follicite notre courage & notre libéralité ; quoy qu'il en doive arriver, il vaut mieux être les victimes de la patrie, que la proye de nos ennemis.

Que ceux d'entre vous, M[rs], que le facré miniftère encore plus que leurs ferments engage à deffendre le fanctuaire, comprennent la néceffité d'en prodiguer, f'il le faut, les tréfors pour en empêcher la profanation.

Que la nobleffe fe fouvienne qu'elle ne tire fon éclat que de la Majefté du trofne, & qu'elle n'a receu la vie qu'avec obligation de le foutenir.

Que ceux qui exercent la juftice & qui maintiennent les loix fachent que l'intéreft public & capital du Royaume renferme les interefts de tous les particuliers.

Soutenu de fi puiffants motifs, je ne craindrai point, M[rs], de vous demander, au nom de fa Majefté, un don gratuit de trois millions de livres payables dans les termes accoutumez & deux millions de livres pour la capitation de chacune des années 1710 & 1711, non compris les frais de recouvrement, fur quoy fera tenu compte du montant de la capitation des compagnies & des particuliers qui en ont payé l'affranchiffement. » (1).

V

« *CONTRAT paffé en la ville de Rennes, en l'année 1689, entre Meffieurs les Commiffaires du Roy & Meffieurs des Eftats de Bretagne, pour les années 1690-1691.* »

« Devant nous Confeillers Notaires Secrétaires du Roy, Maifon, Couronne de France, & des Eftats de la Province de Bretagne : ont Perfonnellement comparu Très-Haut & Tres-Puiffant Seigneur Meffire Jean Comte d'Eftrées, Premier Baron du Boulonnois, Chevalier des Ordres du

(1) A. N. G[7] 180.
Cf. des copies d'autres discours d'ouverture prononcés en 1700 (A. N. G[7] 174), et en 1711 (A. N. G[7] 192).

Roy, Vice-Amiral & Maréchal de France, Vice-Roy de l'Amérique, & Commandant pour Sa Majesté en ses Pays & Duché de Bretagne, & en ses Armées, Commissaire principal envoyé pour la tenue des Etats dudit Pays & Duché de Bretagne, convoqués & assemblés par autorité du Roy en la Ville de Rennes suivant les Lettres patentes de Sa Majesté du 27 Septembre dernier, & Nosseigneurs les autres Commissaires de Sadite Majesté d'une part = Et Messieurs les deputez des Estats soussignez d'autre. Entre lesquels ont esté accordés les articles cy-après; Sçavoir est que lesdits Sieurs des Estats ayant deliberé sur lesdites lettres patentes, propositions & demandes faites par Nosdits Seigneurs les Commissaires, pour témoigner au Roy l'extrême désir qu'ils ont de secourir Sa Majesté, & subvenir à partie de la dépense qu'elle a esté obligée de faire pour les raisons qui leur ont esté representées par Mondit Seigneur le Maréchal, & en considération des asseurances, qu'il ne sera cy-après fait demande de sommes si excessives ausdits Sieurs des Estats, forçant leur impuissance; Ont accordé a Sadite Majesté la somme de trois Millions de livres pour don gratuit, payable trois cens mille livres le quinze Decembre prochain, pareille somme de trois cens mille livres le quinze Février aussi prochain, & les deux millions quatre cens mille livres par les mois des années prochaines 1690 & 1691, par chacun dernier jour d'iceux & par payemens égaux jusques à la concurrence de ladite somme de deux Millions quatre cens mille livres; pour satisfaire au payement de laquelle somme, & de ce qu'ils jugeront necessaire de lever & retenir pour leurs affaires, Ont consenti qu'il soit levé pendant les années 1690, 1691, & 1692, le Devoir de quatre sols par Pot de vin du crû hors la Province, deux sols huit deniers par Pot de vin du crû du pays qui sera transporté d'Evêché en autre pour y estre consommé, un sol quatre deniers par Pot de vin du crû dudit pays qui sera consommé dans l'Evêché où il croist, huit deniers par Pot de Cidre & Biere, & vingt-cinq sols par Pot d'Eau de vie, le tout vendu & débité en détail en cette Province pendant lesdites années 1690, 1691, 1692, chaque Pipe attentée à deux cens pots, sans que les Adjudicataires en puissent lever ni prétendre davantage; Pour estre fait Bail desdits devoirs en leur presente Assemblée au plus offrant & dernier enchérisseur, soit en général ou en particulier par les Evêchés aux meilleures conditions que faire se pourra : pour estre

Délibération de Messieurs des Estats.

Don gratuit de trois Millions.

Impositions sur les vins & autres Breuvages ès années 1690, 1691, 1692.

les deniers provenans desdits Devoirs mis aux mains de leur Tréforier, & par luy employez fuivant le rang & l'ordre de l'état qui luy fera fait. Comme auffi ont avifé de lever par redoublement fur leur petit Devoir pendant lesdites années 1690, 1691 & 1692 la fomme de cent dix fols par Barrique de vin hors, & cinquante cinq fols fur celuy du crû du pays, Cidre, Biere & autres Brevages = pour eftre comme dit-eft les deniers provenans dudit redoublement mis auffi aux mains dudit fieur Tréforier des Eftats, & par luy employez fuivant le rang & ordre de l'état qui luy en fera prefcrit. De plus ont arrefté de lever par forme d'emprunt fur les contribuables aux Foüages de cette Province, un demy redoublement desdits Foüages en l'année prochaine 1690, montant à la fomme de deux cens quatorze mille livres, & un pareil demy redoublement des mefmes Foüages en l'année fuivante 1691, montant à pareille fomme de deux cens quatorze mille livres pour eftre levés par les termes ordinaires & accoutumez desdites deux années 1690, & 1691, lesquelles fommes montant enfemble à celle de quatre cens vingt-huit mille livres, fera égaillée fur lesdits contribuables, le plus également que faire fe pourra, le fort aidant au foible, & fera levée fur les Mandemens dudit fieur Tréforier des Eftats, & payez fur fes quitances ès lieux ordinaires & accoûtumez, & portez par les Marguilliers & Receveurs des Paroiffes aux Bureaux établis & défignez par ledit fieur Tréforier, & mis ès mains de fes Commis, qui délivreront fes quitances deuëment fignées & garanties pour les fommes qu'ils recevront; Pour à quoy parvenir Nofdits Seigneurs les Commiffaires de Sadite Majefté feront délivrer toutes Lettres néceffaires pour la levée de ladite fomme & fans frais, laquelle fomme fera reftituée aux particuliers qui y auront efté cotifez lors que les affaires de la Province le pourront permettre, & cependant leur en fera payé l'intereft à raifon du denier de l'Ordonnance.

Redoublement fur le petit Devoir pendant lesdites années 1690, 1691 & 1692.

Emprunt fur les Foüages pour les années 1690, & 1691.

PREMIER

Defquels Devoirs cy deffus confentis fur les vins & autres Breuvages, ainfi qu'il eft porté par les conditions raportées au Contrat du 14 Juillet 1659, (Qui feront executées felon leur forme & teneur), Nul ne fe pourra pretendre exempt des Droits & Devoirs des Eſtats pour quelque pretexte que ce ſoit, ſoient officiers du Parlement, Chambre des Comptes, Commanderies, Chancelleries, Monnoyes, Maréchauſſées, Conciergeries, Maiſons Franches, Suiſſes de la Garde du Roy, leurs Veuves ou autres de quelque qualité & condition qu'ils ſoient, Seigneurs, Gentilſhommes, & Gouverneurs de Places, conformément aux Baux precedens, & à l'Arreſt du Conſeil du 26 Juin 1663 & que les Beuvetiers de Meſſieurs du Parlement & de la Chambre des Comptes de cette province ſeront tenus de ſouffrir la marque de tous les vins qu'ils logeront, & payeront tous les Devoirs des Eſtats, fors aprés la dite marque qu'ils demeureront exempts & déchargez deſdits Devoirs, Sçavoir, le Beuvetier de meſdits ſieurs du Parlement pour leur Beuvette de dix-huit tonneaux de vin, & celuy de la Chancellerie de quatre tonneaux pour la Beuvette de ladite Chancellerie, & le Beuvetier deſdits ſieurs de la Chambre des Comptes du nombre de quinze tonneaux pour la Beuvette de ladite Chambre, ſans que leſdits Beuvetiers puiſſent loger aucuns vins, ni lever Brandon hors l'enclos de leurs Palais, ni par eux ni par perſonnes interpoſées, & en cas que quelqu'un ſe pretende privilegié pour Offices, ou autrement, & eſt refuſant de payer leſdits Devoirs, les fermiers ſe pourront pourvoir au Conſeil du Roy contre les pretendans de ladite exemption en ce cas ſeulement, hors lequel ils ne pourront ſe pourvoir que devant les Juges des lieux en premiére inſtance, & par appel au Parlement.

Nul ne ſera exempt des Devoirs des Eſtats.

Beuvetiers du Parlement, de la Chambre des Comptes & de la Chancellerie exempts de tous Devoirs.

II

Payeront leſdits Fermiers le prix de leurs Fermes dans les termes convenus, ſans pouvoir pretendre aucun rabais pour quelque cauſe que ce ſoit, ni ſe pourvoir intenter aucune action pour l'execution de leur Bail, ailleurs que devant les Juges de la Province, & par appel au Parlement, nonobſtant tous Arreſt, jugemens & aſſignations au contraire, leſquels demeurent nuls & de nul effet, ſi ce n'eſt pour le cas du Privilege cy-devant mentionné, pour lequel ſeulement ils ſe pourront pourvoir au Conſeil du Roy; Comme auſſi tous ceux qui payeront ledit Devoir des Eſtats ſeront obligez de payer ceux conſentis aux Chapitres, Villes & Com-

Les fermiers ne pourront prétendre aucun rabais.

munautez ſur la vente & debit des Vins & autres breuvages, & y ſeront contraints par les meſmes voyes & rigueurs portez par ledit Bail des Devoirs des Eſtats, & en cas de conteſtation ou refus, ne ſe pourront pourvoir ailleurs que par devant les Juges de la Province, & par appel au Parlement d'icelle, comme eſt dit cy-deſſus.

III

Tenüe des Eſtats renvoyée au mois de ſeptembre 1691.

En conſideration dudit don gratuit que font leſdits ſieurs des Eſtats à Sa Majeſté, Noſſeigneurs les Commiſſaires accordent qu'il n'y aura point de tenüe d'Eſtats en ladite Province juſques au mois de Septembre 1691, pendant lequel temps Sa Majeſté ne demandera aucune choſe à la Province pour quelque cauſe que ce ſoit.

IV

Heredité des offices de Procureurs & Notaires accordée.

Accordent auſſi Noſſeigneurs les Commiſſaires qu'en conſequence du payement des taxes fait par les Procureurs & Notaires, & proviſions par eux obtenües, ils joüiront à l'avenir de leurs Offices hereditairement ſans pouvoir ni leurs ſucceſſeurs y eſtre troublez directement ni indirectement.

V

Domaine & Papier Terrier.

Accordent pareillement Noſdits ſeigneurs les Commiſſaires que les procedûres à faire pour le Domaine du Roy, ſeront faites à l'ordinaire par devant les Senéchaux des Juridictions Royales, & en cas d'abſence par devant les autres Juges, ſelon l'ordre du tableau, & que les Jugemens à ce regard ſeront executez nonobſtant oppoſitions ou appellations quelconques, & ſans y préjudicier, & en cas d'appel, la connoiſſance en appartiendra à la Grand'Chambre du Parlement; & à l'égard de la Confection du Papier Terrier, elle ſera inceſſamment continuée par des Commiſſaires, les Juges Royaux des lieux appelez, & ce ſans frais, & ce qui ſera par eux ordonné ſera executé nonobſtant oppoſitions ou appellations quelconques,

& ſans préjudice d'icelles, & en cas d'appel il ſera auſſi porté au Parlement.

VI

Et pour l'execution des articles cy-deſſus, promettent Noſdits ſeigneurs les Commiſſaires de faire expedier inceſſamment ſans aucuns frais toutes Lettres patentes, Déclarations & Arreſt neceſſaires auſdits ſieurs des Eſtats, pour la revocation des Edits, Déclarations & Arreſt contenus auſdits articles, & de les faire enregiſtrer au Parlement & à la Chambre des Comptes de cette Province, & de faire délivrer leſdites expeditions à leur Procureur Général Syndic dans un mois.

Delivrance de toutes expeditions ſans frais.

VII

Accordent Noſſeigneurs les Commiſſaires, que pour quelque cauſe & pretexte que ce ſoit, il ne ſera fait aucune levée de deniers dans la Province ſans le conſentement exprés deſdits ſieurs des Eſtats, & verification aux Cours Souveraines de cette Province, & que des Devoirs qui ſeront par eux conſentis, les Baux à Ferme ſ'en feront en leur Aſſemblée, & non ailleurs, en la maniére accoûtumée, & que les Actes de cautionnement des Fermes deſdits Devoirs ſeront expediés pendant la tenüe de ladite Aſſemblée, & repreſentez en icelle.

Nulle levée de deniers ne ſera faite dans la Province ſans le conſentement des Eſtats—Actes de Cautionnement.

VIII

Accordent Noſſeigneurs les Commiſſaires que nul ne pourra eſtre recherché de l'intereſt de dix pour cent par an, cy-devant receu du tréſorier des Eſtats avant le premier jour d'Avril 1684 ni à raiſon du denier quatorze reçû depuis, & qu'il recevra à l'avenir à cauſe des avances faites ou à faire audit tréſorier ſur le prix des Fermes de la Province, & dont il a donné ou donnera les quitances ſur le prix deſdites fermes.

Nulle recherche de l'intereſt de dix pour cent des avances faites au Tréſorier avant le 1er Avril 1684 & à raiſon du denier 14 depuis.

IX

Libertez de la province conservées.

Comme auffi Nofdits Seigneurs les Commiffaires accordent que tous les Droits, Franchifes & Libertés de la Province foient confervés, & que les Articles des Contrats cy-devant faits entre Sa Majefté, fes Commiffaires, & les Eftats feront executés fans aucune contravention, comme f'ils eftoient inférés au préfent Contrat.

X

Décharge de Gens de Guerre.

De plus Noffeigneurs les Commiffaires accordent que ladite Province demeurera exempte de tous emprunts, fubfiftance, & levée de Gens de Guerre, Quartier d'hyver, Garnifons & logemens = Et ne fera ladite Province chargée d'aucuns Prifonniers de Guerre, & que les Gens de Guerre paffans dans la Province feront obligez de prendre l'attache de ceux qui commandent de la part du Roy, & tenus de payer conformément aux Ordonnances & Réglements de Sa Majefté, & les Provofts des Maréchaux feront obligez de les fuivre dans leurs routes, & les faire vivre fuivant la difcipline requife.

XI

Tous Edits & Déclarations de nul effet fans le confentement des Eftats.

Pareillement accordent Nofdits feigneurs les Commiffaires qu'aucuns Edits, Déclarations, Commiffions & Arrefts du Confeil, & généralement toutes Lettres Patentes & Brevets Contraires aux Privilèges d'icelle, n'auront aucun effet, f'ils n'ont efté confenti par les Eftats verifiés aux Cours Souveraines de la Province, quoy qu'ils foient faits pour le Genéral du Royaume = Et qu'il ne f'y fera aucune création d'Officiers & Meffagers, & en cas que fi après les Cours Souveraines de la Province euffent regiftré ou verifié aucuns Edits fans le confentement exprés defdits Eftats, ils n'auront aucun effet ni execution dans la Province. Et promettent Nofdits Seigneurs les commiffaires f'employer pour qu'il ne foit rien changé à l'ancienne Route & établiffement des Meffagers.

XII

Accordent Nosdits seigneurs les Commissaires qu'il ne sera rien changé du nombre, qualité, fonctions & exercice des Officiers de la Province, & ce faisant qu'il ne sera fait aucune création d'officiers, ni création de nouvelle Juridiction.

Nul changement d'officiers.

XIII

Comme aussi Nosdits seigneurs les Commissaires promettent de s'employer conformément aux Contrats passés en la Ville de Vennes aux années 1643 & 1667 à ce qu'après l'expiration du Bail des Imposts & Billots retirez par Sa Majesté, le Bail s'en fasse en l'Assemblée des Estats en la manière accoûtumée avant l'engagement, comme denier d'octroy & que les deniers en soient portez a la Recepte générale de la Province, conformément aux Commissions du Roy des 15 Juillet 1665, 27 Aoust 1667, 30 Août 1669, 6 May 1671, 27 Septembre 1673, 16 Septembre 1675, 20 Aoust 1677, 20 Aoust 1679, 28 Juin 1681, 1er Juillet 1683, 30 Juin 1685, 27 Aoust 1687, & 27 Septembre dernier registrées au Greffe des Estats. Et promettent Nosdits Seigneurs les Commissaires s'employer envers Sa Majesté à ce que le prix du Bail soit receu par les Receveurs généraux de la Province, à commencer au mois de Janvier prochain 1690. Et de plus, accordent que lesdits Fermiers n'en pourront jouir qu'aux charges ordinaires, & en la manière que les precedens Fermiers en ont bien & deüment joui ou dû jouir avant l'engagement, soit par cause d'exemption ou ancienne possession, & en cas de contravention consentent que les Complaignans se pourvoient devant les Juges des lieux & par appel au Parlement de la Province & que les actions qui pourroient naistre à raison dudit Devoir, & celuy du poids le Duc soient traitées, comme dit est, en première instance devant les Juges de la Province, & par appel au Parlement de ce païs, nonobstant tous arrests du Conseil & assignations données en conséquence, si aucuns sont, qui demeurent nulles & de nul effet.

Imposts & Billots.

XIV

Exemptions de Traite Foraine.

De plus Nos ſeigneurs les Commiſſaires accordent que les Eccleſiaſtiques, Gentils-hommes, & autres particuliers non Marchands debitans en gros, & en détail, ſeront exempts de toutes ſortes de Devoirs de Traites Foraines, pour les habits, hardes & Vaiſelle d'argent armoyée qu'ils tranſporteront, tant pour la ſortie qu'entrée en ladite Province. Comme auſſi que les particuliers domiciliers d'icelle, qui ont des heritages qu'ils poſſèdent es Provinces voiſines, ſeront exempts deſdits Devoirs de Traite, pour ce qu'ils feront venir de leurs Terres du crû d'icelles, le tout de bonne foy & ſans fraude : & ſ'employeront à ce qu'il ſoit donné Arreſt au Conſeil d'Eſtat du Roy, portant défenſe aux Fermiers des Traites de contrevenir au preſent Article, & en attendant l'obtention dudit Arreſt, promettent de faire ſignifier un autant du preſent Article à tous les Bureaux voiſins de cette Province, avec un ordre exprés de Sa Majeſté d'y garder état, de faire rembourſer par les Fermiers deſdites Traites aux particuliers des ſommes qu'ils ont payées au préjudice des Contrats des années 1663, 1665, 1667, 1669, 1671, 1673, 1675, 1677, 1679, 1681, 1683, 1685 & 1687, & promettent Noſdits Seigneurs les Commiſſaires de faire executer l'ordre du Roy envoyé aux Bureaux, & qu'il n'y ſera apporté aucune contravention.

XV

Décharge des Tailles & Gabelles.

Pareillement accordent Noſdits Seigneurs les Commiſſaires, que les Habitans & Domiciliers de la Province de Bretagne ne ſeront contraints pour les Tailles, Gabelles & Subſides à raiſon des Terres qu'ils poſſèdent ès Provinces Taillables & ſujètes aux Gabelles & autres impoſitions, aux termes des Arreſts & Reglemens du Conſeil des années 1644, & 1645, donnez ſur la Requeſte deſdits ſieurs des Eſtats, & meſme celuy donné au profit de Julien Goulier de la Paroiſſe de Chelun rendu au Conſeil le 17 novembre 1655, & que les Taxes faites, Sentences & Jugemens donnez au contraire demeureront nulles & de nul effet, & promettent Noſdits

Seigneurs les Commiſſaires s'employer vers Sa Majeſté pour faire executer le preſent Article en ſon entier.

XVI

Noſdits Seigneurs les Commiſſaires accordent que les Lettres Patentes obtenues par les Chapitres & Communautéz de la Province pour la levée de leurs deniers communs & d'Octroy ne pourront tant au Seau qu'à la verification d'icelles, eſtre chargées d'aucunes aumônes de quelque nature qu'elles puiſſent eſtre, ni employées à autres uſages que ceux auſquels ils ont eſté deſtinez par le conſentement des Chapitres & Communautez, & que les Lettres Patentes deſdits Chapitres & Communautez qui ne ſe trouveront conformes aux conſentements des Etats deſdits Chapitres & Communautez demeureront nulles, & que les deniers communs & d'Octroy deſdites Communautez ne pourront pareillement eſtre ſaiſis ni arreſtez en autres mains qu'en celles de leurs Miſeurs ou Syndics, leſquels ne pourront eſtre contraints en leurs propres biens & perſonnes pour les dettes des Communautez, & ne compteront leſdites Communautez qu'en la maniere accoûtumée, & tous les Jugemens & Sentences rendües au contraire demeureront nuls & de nul effet. Communautez.

XVII

Accordent en outre Noſdits Seigneurs les Commiſſaires que le Commerce ſera inviolablement entretenu & maintenu en la maniere accoûtumée & ancienne, ſans aucune innovation, ſuivant les Declarations de Sa Majeſté, leurs précedens Contrats ratifiez par Sadite Majeſté, & l'Arreſt du Conſeil du 14. May 1655 portant Reglement pour le fait de l'Admirauté de ladite Province, & ſans que les Marchands ſoient tenus pour quelque cauſe que ce ſoit de prendre Paſſe-ports ſous pretexte d'Admirauté ni autrement, ni que les Communautez des Villes, Ports & Havres où paſſent & abordent les Vaiſſeaux chargez de bleds & autres Marchandiſes, puiſſent ſur la vente d'icelles impoſer aucun prix neceſſaire, ni que les Marchands de Bleds ſoient tenus de tenir planche plus long-temps que Commerce. Marchands de Bleds.

trois jours, aprés lesquels ils pourront transporter leurs Marchandises où bon leur semblera, ni mesme qu'il soit fait aucune taxe sur les Marchands de bleds de ladite Province, ni aucunes impositions sur les Toiles & autres Marchandises aux Ports & Passages, Villes & Marchés de la Province.

XVIII

Monnoyeurs.

Comme aussi accordent Nosdits Seigneurs les Commissaires que les Officiers, Ouvriers & Monnoyeurs qui travaillent actuellement aux Monnoyes de Rennes & Nantes Joüissent des Privileges, prerogatives, & exemptions attribuez à leurs charges en la maniere accoustumée, dont sera fait un Rólle qui sera leu aux Paroisses & lieux de leurs établissemens.

XIX

Marchandises achetées en la Province & consommées en icelle.

De plus Nosdits Seigneurs les Commissaires accordent conformément aux précedents Contrats que les Marchandises achetées en la Province de Bretagne, qui se transporteront d'un lieu de la Province en autres lieux de la mesme Province de Bretagne, & qui s'y consommeront lors que les Marchands seront obligez de passer par quelques endroits des Provinces voisines, ne payeront aucunes taxes aux Bureaux, & les Commis obligez de leur donner des Passeports pour faire leurs routes.

XX

Deniers des Estats ne seront arrestez ni les Officiers contraints en privé nom pour les affaires des Estats.

Accordent Nosdits Seigneurs les Commissaires que les deniers desdits Sieurs des Estats ne pourront estre saisis ni arrestez entre les mains des Fermiers & Sous-Fermiers de leurs Devoirs pour quelque cause que ce soit, ni en celle de leur Trésorier, si ce n'est pour ceux qui ont des parties employées dans l'Estat & sur le fond, & sans que leur Procureur Général Syndic, son Substitut, ou Trésorier puissent estre contraints en leurs privez noms pour les dettes & affaires desdits Estats, ni que les condamnations qui sont, ou seront rendües contre eux, puissent avoir effet sur leurs biens

& perſonnes, & que les Jugemens & Arreſts donnez au contraire demeureront nuls & revoquez.

XXI.

Promettent Noſdits Seigneurs les Commiſſaires conformément aux precedens Contracts ſ'employer à ce que les Gages des Provoſts des Maréchaux, ſes Lieutenans, Greffier, & Archers rétranchez dans l'Eſtat du Roy au préjudice de l'Arreſt du Conſeil du 22 May 1658, & des Eſtats expediez en conſéquence, ſoient rétablis. Comme auſſi les Gages des Officiers de la Chancelerie, Receveurs des Foüages & autres Officiers de la Province & le quart rétranché ſur les rentes deſdits Foüages ſoient pareillement reſtablis ſans qu'à l'avenir il ſe faſſe aucun rétranchement ſur iceux. Gages retranchez.

XXII

Comme auſſi promettent Noſdits Seigneurs les Commiſſaires de faire executer le Reglement donné par Sa Majeſté au mois de Juillet mil ſix cens quatre-vingt-un, touchant la levée du Droit de 50 ſols par tonneau ſur les vaiſſeaux étrangers, & de ſ'emploïer à ce qu'il ſoit donné Arreſt au Conſeil portant attribution de Juridiction en cas de conteſtation ſur ledit Droit aux Juges competans ordinaires des lieux, & par appel au Parlement. Taxes ſur les vaiſſeaux Etrangers.

XXIII

Pareillement Noſdits Seigneurs les Commiſſaires accordent qu'il ne ſera exécuté dans la Province aucune Commiſſion de Sa Majeſté pour la levée des Matelots ſans l'attache de M^r le Gouverneur, & en ſon abſence des Lieutenans generaux de Sa Majeſté en icelle, & que les porteurs des commiſſions ſeront tenus de faire déclaration du nombre des Matelots qui leur ſeront neceſſaires, ſoit à S. Malo ou ailleurs, ſans pouvoir ſous ce pretexte prendre les Vaiſſeaux, & Hommes de leurs équipages ni les Maiſtres & contremaiſtres deſdits Vaiſſeaux, & Officiers neceſſaires à la peſche, non plus qu'arreſter les Vaiſſeaux par ſaiſie, leſquels ſeront Matelots.

librement leurs Voïages, & que les Commiſſions & declarations ſeront enregiſtrées aux Greffes des lieux où ils voudront lever leſdits matelots.

XXIV

Prévoſté de Nantes.

Quant à la Ferme de la Prevoſté de Nantes, attendu la reconnoiſſance faite par les Commis à la Recepte, qu'eux ni les Fermiers precedens n'ont reçû aucune choſe des Droits mentionnez en l'Arreſt du Conſeil du 3 Octobre 1662 qui ſont de trente ſols pour Tonneau amené par Mer & déchargé au Terroir du Croiſic, & huit ſols par Tonneau de Vin breton, dix ſols pour Tonneau d'autre Cru de Vin, ſeize ſols pour Tonneau de Froment, & huit ſols pour Tonneau de gros Bled ſortant de la Province, & que le dernier Bail de ladite Prevoſté n'a eſté fait que pour en joüir comme les precedens, Noſdits Seigneurs les Commiſſaires promettent conformément aux precedens Contrats, & ſe chargent d'en informer Sa Majeſté, & ſ'employer auprès d'Elle pour en obtenir la décharge & cependant accordent la ſurſceance dudit Arreſt, juſqu'à la tenüe des prochains Eſtats, & promettent de ſ'employer à ce que les deniers provenans de la Ferme de ladite Prevoſté ſoient mis entre les mains des Receveurs Generaux de la Province pour eſtre portez par eux au Tréſor Royal, les Charges & Gages ſur iceux aſſignez deduits :- Comme auſſi promettent de faire expedier, & envoyer auſdits Receveurs l'Eſtat du Roy au commencement de chacune année, & que la connoiſſance des procés pour raiſon de la Ferme de la Prevoſté appartiendra en première inſtance au Seneſchal de Nantes, & par appel au Parlement de cette Province.

XXV

Patache.

Comme auſſi Noſdits Seigneurs les Commiſſaires accordent que la Patache, Batteaux & Bureaux eſtans ſur la Rivière de Loire, appartenans aux Fermiers des Gabelles, ſe retireront à la Pointe, ancien lieu de leur Eſtabliſſement; Et ſera le preſent article ſignifié au Bureau où eſt ladite Patache, afin qu'il ait ſon entiere execution.

XXVI

Accordent auſſi Noſdits Seigneurs les Commiſſaires que conformément aux precedens Contrats les inſtances pendantes au Conſeil du Roy, en ſon Grand Conſeil, & ailleurs, pour les indults ſur les Benefices ſitués en ladite Province ſoient ſurcis, & même tous les Arreſts intervenus ſur ce ſujet, juſqu'à ce qu'il ait plû au Roy juger deffinitivement les Privileges de la Province pour l'intereſt deſdits Indults. Indults.

XXVII

Finalement Noſdits Seigneurs les Commiſſaires promettent de faire expedier auſdits Sieurs des Eſtats ſans frais toutes Lettres Patentes, Déclarations & Arreſts neceſſaires pour l'entiere execution du preſent Contrat, & de ſ'employer pour la conſervation & confirmation de leurs Privileges & execution des autres precedens Contrats. Et parce que Noſdits Seigneurs les Commiſſaires & leſdits Sieurs Députez des Eſtats ont promis & juré entretenir & accomplir ce qu'ils ont cy-deſſus conſenti & accordé, & leſdits Seigneurs Commiſſaires le faire agréer & ratifier à Sa Majeſté, & en faire delivrer auſdits Sieurs des Eſtats toutes Ratifications & Expeditions ſans frais = à ce titre de leurs conſentemens, & à leurs Requeſtes les y Avons jugez & condamnez par l'autorité & jugement de la Cour Royale de Rennes, à laquelle ils ſe ſont ſoûmis & prorogé de Juridiction, meſme aux Requeſtes du Palais à Vennes, pour l'entiere execution & accompliſſement des Preſentes. Fait & grée en la Ville de Rennes en l'Hoſtel de mondit Seigneur le Mareſchal d'Eſtrées, le huitième jour du mois de Novembre mil ſix cens quatre-vingt-neuf après midy ſous ſon ſeing, & ceux de Noſſeigneurs les autres Commiſſaires du Roy, & deſdits Sieurs Députez de Meſſieurs des Eſtats, mis & apposez en la Minute des Preſentes demeurées vers Le Clavier Conſeiller & Secrétaire du Roy (1) ».

(1) A. N. H. 422.

VI

« *EXTRAIT ABRÉGÉ du Cahier des Remontrances des Estats de Bretagne, & les Réponses qu'on peut faire.* »

4 Août 1711.

ART. 1er.

Bénéfices aux originaires bretons.

« Sa Majesté continuera d'y avoir égard... (Sa Majesté aura égard au mérite des sujets de la province) (1).

ART. 2e.

Descharge de l'entretien de deux Régimens : l'un de dragons, l'autre d'infanterie qui servent avec les troupes du Roy.

Sa Majesté entretient d'autres troupes dans la Province, ce qui desdommage les Estats de cette dépense.

(Bon.)

Et du paiement des quartiers d'hyver & des étapes & restitution des sommes levées sur les paroisses pour les dispenser de la milice.

La restitution des sommes paiées pour la milice a esté accordée & Sa Majesté en a ordonné le fonds.

(Bon.)

ART. 3e.

Liberté d'affranchir, ou de n'affranchir pas la capitation.

L'affranchissement n'est point à charge aux Estats, Sa Majesté voulant bien tenir compte des cottes affranchies sur l'abonnement.

(Bon.)

ART. 4e.

Descharge des droits attribués à differens officiers sur la capitation des Contribuables aux fouages, qui l'augmentent de 140000# par an.

La revente de ces charges fait partie du projet de fonds pour les prochains Estats.

(Bon.)

(1) Les mots mis entre parenthèses sont des annotations de la main du Contrôleur Général.

Art. 5°.

Comme l'année 1709.

(Le Roy ordonnera à M^r ferrant de luy envoier un eſtat des officiers militaires de terre & de mer de la province dont les capitations ſont retenues par les tréſoriers de l'extraordinaire des guerres & de la marine & y pourvoira en conſéquence.)

Diminution ſur la capitation ou d'ordonner que tous les officiers & ceux qui poſſèdent des terres dans la Province y contribueront.

Art. 6°.

La revente des charges créées depuis 1693 fait partie du projet de fonds pour les Eſtats prochains.

Sa Majeſté donnera ſur cela les ordres neceſſaires lorſqu'elle le jugera à propos.

(Bon.)

Sommes exceſſives attribuées à différens officiers qui ſe lèvent ſur les contribuables aux fouages.

Règlement demandé pour ordonner qu'il ne ſera fait qu'un rolle & un ſeul mandement.

Art. 7°.

Sa Majeſté fera examiner les ſujets de plaintes que les particuliers auront & empeſchera qu'il ne ſoit fait aucune extenſion à l'édit.

(Bon.)

Décharge des droits attribués aux commiſſaires aux décrets volontaires pour les ventes forcées, ſoit en conſéquence de ſaiſies, ſoit à la diligence d'un héritier benéficiaire, ou qu'il ſ'agiſſe de delegation d'heritages faite aux veuves pour leurs deniers dotaux, & empeſcher l'extenſion que ces officiers font à l'édit.

Art. 8°.

Sa Majeſté donnera les ordres néceſſaires pour faire jouir de l'exemption des droits de traites foraines ceux qui ont droit d'en jouir ſuivant les contracts paſſés entre les commiſſaires & ceux des Eſtats.

(Bon.)

Exemption de tous droits de traites foraines en faveur des eccléſiaſtiques, gentilſhommes & autres particuliers non marchands pour leurs hardes & vaiſſelle d'argent, & fruits qu'ils feront venir de leurs terres conformément aux contracts paſſés avec les Commiſſaires du Roy.

»

Art. 9e.

Suppreſſion des droits attribués aux greffiers conſervateurs des regiſtres des bapteſmes, mariages & ſepultures créés par édit du mois de Juillet 1709, officiers inutiles.

Sa Majeſté a ſupprimé les offices de greffiers conſervateurs des regiſtres des bapteſmes, mariages & ſepultures..... par édit du mois de Juillet 1710.

(Bon.)

Art. 10e.

Edit du mois de Juillet 1708 concernant les dixmes infeodées, Inutile dans la Province de Bretagne. Révocation.

Sa Majeſté a ordonné de ſurſeoir à l'exécution de l'Edit du mois de Juillet 1708 concernant les dixmes inféodées dans toute l'eſtendue du Royaume.

(Bon.)

Art. 11e.

Edit du mois de Décembre 1708 pour la levée du doublement des droits de péages & déclarations du 30 Avril 1709 auſquels on donne des extenſions.

Sa Majeſté donnera les ordres neceſſaires pour qu'il ne ſe faſſe aucune extenſion auſdits édit & déclaration.

(Bon.)

Art. 12e.

Edit du mois de Juin 1708 portant création des offices des milices bourgeoiſes, contraire aux articles premier & 21 du contrat de 1707. Révocation.

Sa Majeſté y ſera conſidération.

(Bon.)

Art. 13e.

Suppreſſion de l'édit du mois de Juillet 1708 portant création d'un contrôleur inſpecteur des domaines aliénés, & de la déclaration du 13 Aouſt 1709 rendue en conſéquence.

Extenſions qu'on y donne.

Sa Majeſté déſire que ſon édit & ſa déclaration ſoient exécutés dans la Province de Bretagne ſans aucune extenſion, & comme dans les autres provinces du Royaume.

(Bon.)

Confidération.

(Bon.)

ART. 14e.

Différentes dépenfes extraordinaires à la charge des Eftats montant à 87898# 5 f. 11 d. à imputer fur le don gratuit en principal & interefts.

(Bon.)

Efpèces qui fe trouvent dans les caiffes lors des diminutions receues au Tréfor royal pendant les trente jours qui fuivront la diminution fur le pied qu'elles avoient cours avant la diminution.

Sa Majefté donnera ordre de recevoir au Tréfor royal ces efpèces fur le même pied pendant (quinze) jours après la diminution.

(Bon.)

ART. 15e.

Demandent que la fomme de 93 600# qui eft en billets des receveurs généraux à cinq ans dans la caiffe des Etats foit imputée en principal & interefts fur le don gratuit, & l'abonnement de la capitation 1710 & 1711 (1). »

Sa Majefté ne peut donner des marques de fon affection aux Eftats dans cette occafion à caufe des grandes conféquences.

(Bon.)

(1) A. N. H. 217-224.

TABLE ANALYTIQUE DES MATIÈRES

ERRATA

Page III, note 2, au lieu de : *deux*, lire : *les* pièces reproduites en Appendice.

Page IV, note 1, rétablir ainsi les premières lignes : « *En général d'ailleurs, le fonds G¹ ne fournit, en dehors des pièces relatives à la création d'offices, au recouvrement de taxes, qu'assez peu de renseignements sur l'histoire économique et sociale de la province...* »

Page 6, deuxième article, au lieu de : *Belle-Isle*, lire : *Belle-Ile*.

Page 10, deuxième article, au lieu de : recourir au *gouverneur*, lire : au *commandant*.

Page 11, quatrième article, au lieu : d'*Ormaillé*, lire : d'*Armaillé*.

Page 20, troisième article, au lieu de : M. *de la Busnelaye*, lire : M. *de la Busnelays*.

Page 30, quatrième article, au lieu de : *chereté*... des vins, lire : *cherté*.

Page 34, cinquième article, en titre, au lieu de : *M. de Léon*, lire : de *l'Évêque de Léon*.

Page 35, premier article, au lieu de : dans leurs *paiements*, lire : *payements*.

Page 48, premier article, en titre, au lieu de : M. de *Mœslieu*, lire : *Mœslien*.

Page 52 note 3, au lieu de *Coetby*, lire *Coisby*.

Page 61, troisième article, au lieu de : *a M. de Langle*..., lire : *à Madame de Langle*.

Page 72, au lieu de : « les Estats estant à *Rennes*... », lire : « les Estats estant à *Vannes*... »

Page 93 note 2, au lieu de : *Moncassin*, lire : *Montcassin*.

Page 108, premier article, au lieu de : officiers des *monnaies*, lire : officiers des *Monnaies*.

Page 110, troisième article, au lieu de : la *monnaie* de Rennes, lire : la *Monnaie* de Rennes.

Page 117, quatrième article, au lieu de : « *M. de Grandville-Locquet, Député au Conseil de Commerce* », lire : « *M. de Grandville-Locquet, Député au Conseil de Commerce, au Contrôleur général* ».

Page 154, deuxième article, au lieu de : les États de *Rennes* en 1703, lire : les États de *Vannes*...

Page 163, quatrième article, au lieu de : l'établissement *de* inspecteurs, lire : l'établissement *des* inspecteurs.

Page 177, troisième article, au lieu : *dexploits*, lire : *d'exploits*.

Id., cinquième article, ajouter le titre : *M. Ferrand, intendant, au Contrôleur général*.

Page 187, troisième article, au lieu de : « M. de la Boissière, *Receveur général* en Bretagne... », lire : « M. de la Boissière, *Receveur général des Finances* en Bretagne... »

Page 204, deuxième article, au lieu de : « les plus pauvres étant les plus accablez (*1*), » lire : « les plus pauvres étant les plus accablez (*2*) » ; par suite, à la note deuxième, lire (*2*) au lieu de (*1*).

Page 230, deuxième article, au lieu de : « ... prier les États d'être *le parrain* de son fils ... », lire : *les parrains* ; au lieu de : de deux *lieutenants généraux*, lire : de deux *lieutenants du roi*.

Page 255, deuxième article, au lieu de : M. de Valincour, *Secrétaire du gouvernement général* de Bretagne, lire : *Secrétaire général du gouvernement* de Bretagne...

Page 308, table analytique, article Biouan, au lieu de : Député du *Tiers*, lire : Député de la *Noblesse*.

ACHEVÉ D'IMPRIMER

A RENNES

PAR FRANCIS SIMON

POUR LA

SOCIÉTÉ DES BIBLIOPHILES BRETONS

LE XVIIe JOUR DE DÉCEMBRE

MCMVII

www.ingramcontent.com/pod-product-compliance
Ingram Content Group UK Ltd.
Pitfield, Milton Keynes, MK11 3LW, UK
UKHW012008240726
13965UKWH00001B/243